Monika Pelz
Der hellwache Träumer

W0087085

Monika Pelz

Der hellwache Träumer

Die Lebensgeschichte des
Jean-Jacques Rousseau

Monika Pelz, geboren 1944 in Wien, studierte Philosophie und Geschichte und arbeitet als Sozialwissenschaftlerin, Journalistin und Schriftstellerin. Sie hat zahlreiche Romane und Erzählungen veröffentlicht; bei Beltz & Gelberg erschienen von ihr der Roman *Die Diebe der Zeit* und *»Nicht mich will ich retten«. Die Lebensgeschichte des Janusz Korczak.*

www.beltz.de
© 2005 Beltz & Gelberg
in der Verlagsgruppe Beltz · Weinheim Basel
Alle Rechte vorbehalten
Neue Rechtschreibung
Lektorat Frank Griesheimer
Einband Dorothea Göbel
Bildnachweis im Anhang
Satz und Bindung: Druckhaus »Thomas Müntzer« GmbH,
Bad Langensalza
Druck: Druckhaus Beltz, Hemsbach
Printed in Germany
ISBN 3 407 80934 4
1 2 3 4 5   09 08 07 06 05

Inhalt

Prolog
Seite 7

Prolog

Kann ein »Nein« Geschichte machen? Ein »Nein«, das vielleicht mehr oder minder zufällig entstanden ist? Das genauso gut ein »Ja« hätte werden können?

Niemand kann sagen, welche Erscheinung der kleine, bis dahin kaum bekannte Literat Jean-Jacques Rousseau auf dem Weg nach Nancennes wirklich hatte. Er selbst gibt verschiedene Beschreibungen davon; dann wieder behauptet er, das Geschaute nicht mehr in Worte fassen zu können. Doch aus dieser seiner Vision, seiner *Erleuchtung*, wie er sie nennt, entsteht eine leidenschaftliche Kampfschrift, die mit einem Schlag die Aufmerksamkeit der Öffentlichkeit auf ihn lenkt. Es ist eine Absage an alles, woran seine Freunde und Zeitgenossen, die Literaten der französischen Aufklärung, glauben: Jean-Jacques Rousseau leugnet darin den Fortschritt und die Möglichkeit einer Verbesserung des Menschen. Stattdessen beschreibt er die Zerstörungen und Verwüstungen, die das vorwärts rollende Rad der Geschichte – die Entwicklung von Kultur und Zivilisation – angerichtet hat. Und er benennt die Sündenfälle der Menschheit: Ungleichheit, Unfreiheit, Entzweiung, Entfremdung. Die Entfaltung der menschlichen

7

Vernunft geht für Jean-Jacques Rousseau einher mit der gleichzeitigen Verkümmerung von Mitgefühl und Moral.

Der ersten Schrift folgen weitere. Weitere »Neins«: zum herrschenden Geschmack, zur herrschenden Erziehungspraxis, zu konfessionellen Dogmen. Zu einer Welt der Diskriminierungen und Zwänge.

Jean-Jacques Rousseau war gewiss nicht der Erste, der die revolutionären Werte benannte und einmahnte: Freiheit – Gleichheit – Brüderlichkeit. Von den Sklavenaufständen bis zu den Bauernaufständen, von urchristlichen Bewegungen und urkommunistischen Sekten bis zu den Utopien der Neuzeit – alle großen Erhebungen der Geschichte schrieben sich ähnliche Ziele auf ihre Fahnen: Gleichheit, Freiheit, Brüderlichkeit. Alle Reformatoren benannten die gleichen Übel: Unterdrückung und Ausbeutung der Massen durch die Reichen und Mächtigen, unbeschränkte Gewalt der weltlichen und kirchlichen Herrscher.

Warum war es also gerade Rousseau, dessen »Nein« die Welt veränderte? Voltaire war geistreicher, Denis Diderot war der bessere Schriftsteller, Immanuel Kant der ungleich bedeutendere Philosoph! Warum prägten ausgerechnet Rousseaus Gedanken – auch auf unheilvollste Weise – die Philosophie und Politik bis ins 21. Jahrhundert hinein? Was verschaffte seinen Worten diese Geschichtsmächtigkeit?

Einer der Gründe ist, dass Jean-Jacques Rousseau das große »Nein« nicht nur aussprach, sondern auch verkörperte. Er stellte es dar. Mit voller Absicht (und auch ohne es zu wollen).

Er war nichts, nämlich ein gesellschaftlicher Niemand, und gehörte nirgends hin. Weder zum Adel noch zum Volk. Weder zu Frankreich, wo er wirkte, noch zu Genf, von wo er herkam. Er war der personifizierte Außenseiter. Und als Jean-Jacques Rousseau endlich etwas geworden war: eine Berühmtheit, ein Star, als er hätte dazugehören können, da wollte er nicht. Reichtum, gesellschaftlicher Aufstieg – er lehnte alles ab.

Im Grunde lehnte Jean-Jacques auch ab, was er mit solcher Besessenheit tat: Lernen, Arbeiten, systematisch Denken, Schreiben, Veröffentlichen. Für all das, so fand er, sei er gar nicht geschaffen. Lieber wäre er herumgewandert und hätte vor sich hin geträumt. Am liebsten hätte er gar nichts getan, gar nicht gelebt.

Kaum zu zählen sind seine Krankheitsepisoden und die Diagnosen, die auch nach seinem Tod darüber angestellt wurden. Dabei tat sein Körper nur das, was sein Verstand tat: Er sagte »Nein«. Er verweigerte.

Jean-Jacques Rousseau war nicht der gute und gütige Mensch, als der er sich gern sah und bezeichnete. Er entsprach nicht einmal dem von ihm selbst propagierten Ideal der absoluten Aufrichtigkeit und Authentizität. In seinem Leben gab es »Leichen im Keller«. Er machte anderen und nicht zuletzt sich selbst etwas vor. Doch so, wie er war – widersprüchlich und zerrissen, sehnsüchtig und scheiternd –, schuf er doch eine neue und, wie es scheint, dauerhafte Utopie: die des Menschen mit universellen Rechten gegenüber Staat und Gesellschaft, nicht zuletzt mit dem Recht auf Selbstbestimmung und Selbstverwirklichung.

Nur als freier Einzelner – ohne sich einer Gruppe, einer Klasse oder einer Elite zugehörig zu fühlen – kann der Mensch Bürger sein, kann er mit anderen freien und gleichen Einzelnen eine echte Gemeinschaft bilden. Erst durch den freiwilligen Vertrag eines jeden mit allen, den »Gesellschaftsvertrag«, einen Akt höchster politischer Reife, kann Gerechtigkeit entstehen. Nichts anderes vermag dem Rad der Geschichte eine Wendung zu geben und doch noch eine bessere Gesellschaft zu schaffen. Nicht die Gnade eines Herrschers noch die Gnade eines Gottes.

Rousseaus einzigartige Wirkung beruhte auf seiner ungewöhnlichen Person (und Selbstdarstellung), die dazu führte, dass so viele Idealisten sich mit ihm identifizieren konnten. Sie beruhte auch darauf, dass er sein rigoroses »Nein« zu einem historischen Zeitpunkt aussprach: als die große Revolution in Frankreich sich vorbereitete. Als das ausgeplünderte und ausgehungerte Volk reif dafür wurde, das Ancién Régime zu stürzen. Als tausende von Sympathisanten in Europa und im jungen Amerika auf Frankreich blickten. Jean-Jacques war der richtige Mann zum richtigen Zeitpunkt am richtigen Ort.

Diese Geschichte seines Lebens versucht darzustellen, wie das »Nein« Jean-Jacques' entstand. Wie es ihn zum großen Vorbild (und zum kleinen Ungeheuer) formte. Wie es ihn ins Unglück stürzte und zugleich rettete und bewahrte. Wäre Jean-Jacques imstande gewesen, sich anzupassen, er wäre untergegangen und vergessen. Doch sich anpassen, sich integrieren, das konnte er nicht; er musste sich treu bleiben.

Zugleich – größtes Paradoxon – vermochte Jean-Jacques es nicht, wirklich er selbst zu sein. Vermutlich wusste er nicht einmal so recht, wie er eigentlich war, wenn er er selbst war. Stattdessen wurde er Jean-Jacques Rousseau.

I. Mutterlos und vom Vater verlassen
»Mit Zärtlichkeit an meinen Luftgebilden hängend«

Jean-Jacques' früheste Erinnerung ist, dass er sich in jemand anderen verwandeln kann, dass er aufhören kann, Jean-Jacques zu sein. Er schlüpft in ein fremdes Ich. Statt ein kleiner schwacher Junge ist er dann ein großer, ungemein tapferer Held namens Artamenes oder ein in Leidenschaft entbrannter Jüngling namens Orodantes. Ein Held zu sein bedeutet, dass man die Stimme hebt und die Worte beim Lesen hinausschreit. Leidenschaft bedeutet, dass man dabei auch noch keucht, als wäre man zu rasch gelaufen.

Jean-Jacques sitzt in der Uhrmacherwerkstatt seines Vaters und liest laut aus einem Buch vor, während der Vater arbeitet. Jean-Jacques kann sich nichts Schöneres vorstellen. Welch ein Glück, dass es Bücher gibt und dass er sie schon zu lesen versteht!

Das Glück ist eigentlich ein Unglück, denn die Bücher gehörten alle der seligen Mama. Zehn Tage nach seiner Geburt ist sie gestorben. »Ich kostete meine Mutter das Leben«, weiß Jean-Jacques. Nun hat der arme Papa nur noch ihn und das Andenken an die über alles geliebte Tote. Es gibt auch noch François, den älteren Bruder, aber François ist leider so wild und böse, dass er dem Vater nichts als Verdruss bereitet. Jean-

Jacques bereitet keinen Verdruss. Alle lieben ihn. Und er liebt alle. Das liebevolle, gefühlvolle Herz hat er von seiner Mama, heißt es. Und vom Papa hat er den edlen Stolz geerbt, der sich durch keine Gewalt und keinen Tyrannen bezwingen lässt.

»Gefühle« bedeuten, dass die Stimme zittert und fast versagt, weil das Herz so voll von ihnen ist.

Die Großen finden, dass Jean-Jacques ein weit über seine Jahre gescheites Kind ist. Gern erzählen sie einander die rührenden und drolligen Aussprüche, die er von sich gibt. Einmal, als sein Vater begann: »Komm, Jean-Jacques, lass uns von deiner Mutter sprechen!«, antwortete der Vierjährige ernsthaft und verständig: »Dann wollen wir also weinen, Vater!«

Und wirklich brach Papa in Schluchzen aus und drückte ihn heftig an sich. »Gib sie mir wieder! Tröste mich!«, seufzte er. Jean-Jacques sagte die freundlichsten und zärtlichsten Worte, die ihm einfielen, aber er wusste, er konnte Papa nicht trösten, zu wild und unstillbar war sein Schmerz. Er spürte es an den warmen Tränen und der krampfhaften Umarmung des Vaters, die seinen kleinen Körper zusammenschnürte.

Auf einmal sind die Bücher von Mamas Bibliothek ausgelesen. Glücklicherweise gibt es noch viel mehr Bücher auf der Welt! Von ihrem verstorbenen Vater, der vermögend gewesen war und hoch gebildet, hatte Mama ja ebenfalls Bücher geerbt, noch viel mehr und bessere

Bücher, als sich in ihrer eigenen kleinen Damen-Bibliothek fanden! Bald verachtet Jean-Jacques den Kinderkram, die Feenromane und schwülstigen Erfindungen, in denen sie bisher geschmökert haben. Denn jetzt hält er wahre Lebensbeschreibungen von echten Helden in Händen, wie der große Historiograph Plutarch sie berichtet. Was sind das für Männer! Jean-Jacques nimmt sich fest vor, später einmal auch so ein Held zu werden. Er spielt, er wäre schon jetzt einer.

Die Großen erzählen, wie Jean-Jacques bei Tisch die Geschichte des Gaius Scaevola vortrug, der einst seine Furchtlosigkeit unter Beweis stellte, indem er die rechte Hand ins Altarfeuer hielt. Der achtjährige Jean-Jacques unterbrach das Lesen, sprang zum Herd, riss ein Türchen auf und hielt seine Hand ins Kohlefeuer, so dass alle entsetzt aufschrien.

Hat er dabei Schmerzen gespürt? Er kann sich später nicht erinnern. Er weiß nur, dass er in diesem Augenblick der furchtlose Scaevola war.

Doch Tapferkeit und Unbeugsamkeit können auch Leid bringen. Sein geliebter Vater, der zärtlichste, aber auch stolzeste aller Männer, ist von einem Tag auf den anderen aus Jean-Jacques' Leben verschwunden. Isaac Rousseau, dessen größte Ehre es war, sich »Genfer« zu nennen, Teil einer Gemeinschaft Freier und Gleicher zu sein, muss aus der Stadt fliehen, um nicht in den Kerker geworfen zu werden oder Schlimmeres zu erleiden. Der Uhrmacher Isaac Rousseau hat nämlich die Beleidigungen eines gewissen Hauptmanns Gautier erwidert, indem er diesen zum Duell aufforderte. Gautier hielt es für unter seiner Würde, sich mit einem einfachen Handwerker zu duellieren; worauf Isaac Rousseau ihn wutentbrannt mit dem Degen schlug; Gautier erhob hierauf Klage vor Gericht. Nun drohte Kerkerhaft. Die Freiheit zu verlieren war jedoch für einen Isaac Rousseau unmöglich, und so musste er, der treueste und glühendste Bürger Genfs, die Heimatstadt für immer verlassen.

Es ist das Jahr 1722. Jean-Jacques beginnt zu begreifen, dass es unter den Freien und Gleichen auch Freiere und Gleichere gibt.

Der nun zweifach verwaiste Jean-Jacques kommt zu seinem Onkel Bernard. Und damit verlässt auch er in der Folge Genf. Denn da er schon zehn Jahre alt ist und längst die Schulreife erreicht hat, schickt ihn der Onkel zusammen mit dem eigenen Sohn Abraham zu einem Geistlichen nach Bossey. Beim Herrn Lambercier sollen die beiden Jungen unterrichtet werden und auch wohnen.

Alles ist so ungewohnt und neu, dass Jean-Jacques gar keine Zeit hat, um den verschwundenen Vater zu trauern. Zum ersten Mal in seinem Leben wird er genötigt, zu lernen, zu arbeiten, eine Aufgabe zu erledigen; zum ersten Mal wird ihm mit Strafe gedroht, wenn er nicht gehorcht. Zum ersten Mal tut Jean-Jacques etwas, weil er es tun muss, und nicht, weil er es tun will.

Doch zugleich wohnt er auf dem Land, inmitten von Gärten und Wiesen, und er ist davon wie berauscht. Überall Bäume! Blumen! Heckenrosen! Man hört die Nachtigall schlagen! Zum offenen Küchenfenster wächst sogar die Ranke eines Himbeerstrauches herein!

Und zum ersten Mal hat Jean-Jacques einen gleichaltrigen Freund und Gefährten: seinen Vetter Abraham Bernard.

Abraham ist auf den ersten Blick das Gegenteil von Jean-Jacques. Er ist lang und dünn, Jean-Jacques klein und gedrungen, Abraham ist blond, Jean-Jacques hat schwarze Locken.

Von den beiden weiß Jean-Jacques immer alles besser; Ideen und Einfälle sprudeln nur so aus ihm heraus; Abraham ist langsamer von Begriff und stiller. Im Haus des Onkels ist natürlich Abraham der Liebling, und Jean-Jacques wird nur aus Pflichtgefühl mit ihm zusammen aufgezogen. Und auch in der Pfarrei, bei den Lamberciers gilt Abraham ein bisschen mehr – immerhin ist sein Vater ein achtbarer Ingenieur und Festungsbauer, während Monsieur Rousseau einer ist, der Raufhändel sucht und vor dem Gesetz davonläuft.

Bei den Großen ist Jean-Jacques immer an zweiter Stelle. Doch beim gemeinsamen Spiel mit Abraham ist immer er der Anführer, und beim Unterricht sagt er seinem Vetter hilfsbereit vor, wenn dieser die Antwort nicht weiß und belämmert dreinschaut. Jean-Jacques findet, dass auf diese Weise das Gleichgewicht wieder hergestellt wird. Sein starker Gerechtigkeitssinn ist damit zufrieden gestellt.

Vor allem aber – und das ist das Wichtigste in seinem neuen Leben – ist Vetter Abraham ein richtiger Freund! Einer, der am liebsten mit ihm zusammen ist und alles am liebsten gemeinsam mit ihm tut. Jean-Jacques ist glücklich in Bossey. Zum ersten Mal im Leben ist er ganz er selbst. Nicht der Sohn des untröstlichen Witwers, der dem Papa die geliebte Verstorbene ersetzen soll, auch nicht irgendein römischer Held oder Spartaner. Beim Spiel mit Abraham ist er einfach Jean-Jacques, ein nicht sehr braver, aber auch nicht besonders schlimmer Junge, zufrieden mit sich und mit dem ganzen Universum.

Natürlich gibt es ab und zu auch Streit mit dem Vetter, aber nie ernstlich; kein Zerwürfnis, das nicht Minuten später wieder beigelegt und vergessen wäre. Und natürlich setzt es auch manchmal Hiebe, wenn sie es gar zu arg treiben; aber da die Schwester des Pastors, Fräulein Gabrielle Lambercier, die Schläge austeilt, fallen diese nicht sehr hart aus. Eines Tages fühlt Jean-Jacques sogar, dass die Hiebe auf den Hintern ihm so angenehm sind, dass er sich wünscht, Fräulein Lambercier möge die Strafe bald wiederholen. Er kann es sich nicht recht erklären, er kann auch nicht mit Abraham darüber sprechen, so komisch kommt es ihm vor, doch seit dieser Züchtigung fühlt er sich zu Fräulein Lambercier, die er schon vorher sehr gern hatte, noch mehr hingezogen.

Und dann ist der nächste Unfug begangen, ist die nächste Tracht Hiebe fällig. Aber auf einmal erklärt Fräulein Lambercier, sie würde ihn nicht nochmals schlagen, es ermüde sie zu sehr. Auch ihr ist offenbar etwas seltsam vorgekommen. Ein Knabe, der die Schläge auf den Hintern zu genießen scheint! In der Folge ordnet Mademoiselle Lambercier an, dass die beiden Jungen, die bis dahin bei ihr im Zimmer geschlafen haben, in ein eigenes Zimmer umziehen.

Im kleinen Paradies von Bossey, im glücklichen Gleichmaß von ruhiger Häuslichkeit und Spielen in der Natur, von langweiligen Pflichten und spannenden Abenteuern, in einem Kinderparadies von Vertrauen und Offenherzigkeit herrscht auf einmal eine seltsame Befangenheit und Spannung. Etwas braut sich zusammen. Als dann der Blitz niederfährt, kommt er nicht aus heiterem Himmel.

Jean-Jacques sitzt in einer Stube neben der Küche und soll lernen. In der Ofennische liegen Fräulein Lamberciers Kämme zum Trocknen. Er nimmt einen und spielt damit, verbiegt die Zähne. Und auf einmal sind ein paar Zähne herausgebrochen. Erschrocken legt er den Kamm zurück und hofft, dass es nicht gleich bemerkt wird. Aber da kommt schon die Magd herein und sieht auf den ersten Blick den angerichteten Schaden. Jean-Jacques sagt, er hätte den Kamm gar nicht angefasst. Die Magd ist hell empört. Keiner außer ihm war im Zimmer! Beschuldige er etwa sie? Jean-Jacques sagt, dass er sie nicht beschuldige, aber er sei es eben auch nicht gewesen.

Er hat zu zittern begonnen. »Ich war es nicht! Wirklich, ich war es nicht!« Und als alle ihn ermahnen, die Wahrheit zu gestehen, steigert sich seine Aufregung zu Hysterie.

Die Lamberciers sind enttäuscht und entrüstet über sein freches Leugnen. Onkel Bernard kommt eigens aus Genf, um ihn zu verhören und zu bestrafen.

Während der furchtbaren Prügel, die er nun vom Onkel bezieht, wächst und wächst in Jean-Jacques die Überzeugung, unschuldig zu sein. Und zugleich steigert er sich in helle Empörung über die erlittene Ungerechtigkeit. Diese Empörung, von der er jetzt ganz entflammt ist, verleiht ihm die Standhaftigkeit – »teuflischer Starrsinn« nennen es die anderen –, an seiner Behauptung festzuhalten.

Es ist der erste wilde Schmerz seines Lebens. Nicht die Prügel, die er bezog, sondern dass man ihm nicht glaubte. Dass man stattdessen fest davon überzeugt war, er hätte gelogen. Der Himmel über Bossey ist nun für immer verdüstert. Auch Abraham hat – aufgrund welcher Anklagen der Lamberciers auch immer – eine Tracht Prügel vom Vater bezogen. Das Klima zwischen den beiden Jungen und Herrn und Fräulein Lambercier ist vergiftet. Das gegenseitige Vertrauen ist durch unauslöschlichen Groll und stetes Misstrauen ersetzt.

Schließlich werden die Jungen – wohl aus Veranlassung des Herrn Lambercier – zurück nach Genf geholt, wo sie noch eine kurze Überbrückungszeit haben, bis sie alt genug für eine weitere Ausbildung geworden sind.

Gabriel Bernard erteilt seinem Sohn ein wenig Unterricht in Algebra und technischem Zeichnen, da er ihn für den Ingenieurberuf bestimmt hat. Jean-Jacques nimmt an diesen Unterrichtsstunden teil. Ansonsten sind die beiden Jungen sich selbst überlassen.

Sie sind nun engere Freunde als je. Da sie ein auffälliges Paar sind, der eine hoch aufgeschossen, der andere klein und stämmig, werden sie von den übrigen Jungen im Viertel verspottet. Das schweißt sie nur noch mehr zusammen.

Langeweile haben sie nie. So wie sie in Bossey kleine Festungen gebaut und Bäumchen gepflanzt haben, so basteln sie jetzt in der Uhrmacherwerkstätte des Großvaters, wobei sie wertvolle alte Instrumente ruinieren. Glücklicherweise kümmert es keinen. Tante Theodora singt fromme Lieder und befasst sich mehr mit ihrem Seelenheil als mit Erziehung.

Nachdem Jean-Jacques und Abraham einmal ein Puppenspiel besuchen durften, beschäftigen sie sich tagelang mit dem Anfertigen von Marionetten und schreiben Lustspiele für ihre Harlekine und Pulcinellen. Dann wieder werden sie von einer Sonntagspredigt dazu angeregt, selbst Predigten zu verfassen. Bei diesen kreativen Projekten ist immer Jean-Jacques die treibende Kraft. In seinem Herzen betrachtet er es als Ausgleich für die stete Herabsetzung, die er im Haus des Onkels erfährt. Jean-Jacques bekommt zwar ordentlich zu essen – sein Vater zahlt den Bernards dafür auch ein ziemlich hohes Kostgeld –, doch wird er weder recht erzogen noch eigentlich unterrichtet.

Der Vater hat sich am Nordufer des Genfer Sees in Nyon niedergelassen, wo Jean-Jacques ihn hin und wieder besucht. Isaac Rousseau, gewandt und charmant, ist in der Nyoner Gesellschaft recht beliebt; auch Jean-Jacques wird bei seinen Visiten von den Leuten wohlwollend aufgenommen. Bald hat er sein Herz verloren; und zwar nicht nur an ein Mädchen, sondern gleich an zwei.

Die eine, Mademoiselle Vulson, ist schon eine junge Dame, der es wohl Spaß macht, sich von einem drolligen kleinen Kavalier hofieren zu lassen und gleichzeitig mit ihren erwachsenen Verehrern zu flirten. Jean-Jacques geht, wie er es immer tut, voll in diesem Spiel auf: Er himmelt Fräulein Vulson an. Er ist besitzergreifend, eifersüchtig, schmollt, wenn sie sich anderen zuwendet. Wenn sie so tut, als würde sie ihn den anderen vorziehen, dann glüht Jean-Jacques vor Triumph. Und doch ist es nur ein Schauspiel, das sie den anderen bieten. In Gesellschaft beflügelt ihn seine »Liebe«, die er auf alle mögliche Weise zum Ausdruck bringt. Aber Jean-Jacques ahnt: Wären Fräulein Vulson und er allein miteinander, so würde er nur in Verlegenheit geraten und wüsste ihr überhaupt nichts zu sagen. Von leidenschaftlicher Liebe wäre dann gewiss nicht die Rede.

Ganz anders ist die Sache bei seiner zweiten Nyoner Herzensdame: Margot, genannt Goton. Sie ist in Jean-Jacques' Alter, sogar jünger. Und doch schulmeistert diese Goton ihn, behandelt ihn wie ein kleines Kind, das ihr in allem zu gehorchen habe. Und Jean-Jacques, der sich im tiefsten Herzen genau das wünscht – eine Demoiselle, die ihm befiehlt, die gnadenlos streng zu ihm ist und schnell böse wird –, Jean-Jacques ist verrückt nach Goton. Wenn er sie nur sieht, glaubt er vor Herzklopfen zu ersticken. Mit Goton ist es keine spielerische Liebe, sondern wirklich schon ein erotisches Spiel, und es ist nicht für Zuschauer bestimmt, sondern nur für sie selbst.

Trotzdem bleibt es nicht unbeobachtet, denn ihre Zusammenkünfte werden eines Tages unterbunden. Jean-Jacques wird Goton nicht wiedersehen, doch er wird sie niemals vergessen.

Auch die Spiel-Liebe zu Demoiselle Vulson muss enden. Wenn Jean-Jacques vom Besuch bei seinem Vater nach Genf zurückkehrt, so versäumt er nicht, leidenschaftliche Briefe an sie zu schreiben, die von ihr ebenso pathetisch erwidert werden. So sehr steigert er sich in seine Gefühle hinein, dass er allen Ernstes glaubt, Mademoiselle Vulson hielte es vor Sehnsucht nach ihm nicht mehr aus, als sie eines Tages ankündigt, nach Genf zu kommen. In den zwei Tagen, die sie hier ist, ist Jean-Jacques vor Freude wie betrunken; als sie wieder abreisen muss, will er sich fast in den See stürzen und kann nicht aufhören zu weinen. Kurz darauf erhält er von ihr ein Päckchen mit Bonbons und Handschuhen. Von anderen jedoch erfährt er, dass Demoiselle Vulson demnächst heiraten werde und nach Genf bloß kam, um ihr Hochzeitskleid zu kaufen.

Der vierzehnjährige Jean-Jacques wird in eine Lehre gegeben. Wie es ihm vorkommt, in die nächstbeste. Beim Gerichtsschreiber Masseron soll er das – wie sein Onkel Bernard sagt – nützliche Gewerbe des Geldeintreibens lernen. Jean-Jacques findet den Beruf ekelhaft und unehrenhaft. Mehr noch stört ihn die vom Lehrherrn geforderte Pünktlichkeit, überhaupt der Zwang und die lähmende Langeweiligkeit seiner Tätigkeit, die zunächst nur aus Abschreiben besteht.

Er stellt sich dumm an und Herr Masseron regt sich auf über seine unerhörte Faulheit und Unwissenheit. »Man hat mir versichert, du hättest Kenntnisse! Man hat mir einen brauchbaren Jungen versprochen und mir einen Esel geschickt!«

Jean-Jacques fliegt aus der Kanzlei. Für einen Schreiberposten langt es offenbar nicht bei ihm. »Der kann höchstens mit der Feile umgehen, nicht mit der Feder!«, ist das verächtliche Urteil des Lehrherrn.

Also wird entschieden, dass Jean-Jacques zum Graveurmeister Ducommun kommt. Er ist durch sein Versagen und den Schimpf der Entlassung so eingeschüchtert, dass er nicht zu widersprechen wagt. Die Lehrzeit bei Ducommun wird zum Alptraum. Zum bisher größten Bruch in seinem Leben, noch schlimmer als das Verlassenwerden durch den Vater.

Aus dem geliebten Wunderkind, das Plutarch zitierte, aus dem glücklichen Spielgefährten Abraham Bernards, aus dem kleinen Kavalier der Nyoner Demoiselles wird ein geprügelter, ausgehungerter Lehrling. Der Allerletzte in der Rangordnung des Hauses Ducommun. Denn dort muss er jetzt nicht nur arbeiten, sondern auch wohnen. Die Arbeit selbst wäre für Jean-Jacques nicht so schrecklich gewesen, das Zeichnen und Gravieren hätten ihm sogar Freude bereitet. Doch die Brutalität des Meisters macht, dass er sich vorkommt wie ein Sträfling am Ruder einer Galeere.

Im Rückblick begreift der alte Jean-Jacques Rousseau den Erniedrigungs- und Zerstörungsprozess, der da während seiner Kindheit und frühen Jugend vor sich ging und der in den Prügelstrafen Ducommuns seine traurige Vollendung fand: *Ich war bei meinem Vater unerschrocken, bei Herrn Lambercier zwanglos, bei meinem Onkel bescheiden; bei meinem Meister wurde ich furchtsam, und seitdem war ich verloren.*[1]

Zur körperlichen Misshandlung kommt die seelische. Jean-Jacques ist völlig rechtlos, er gilt nichts, hat nur Anspruch auf ein Mindestmaß an Verpflegung, ge-

24

rade ausreichend, um nicht zu verhungern. Bei Tisch muss er vor Auftragen des Hauptgerichts aufstehen und das Zimmer verlassen. Er ist ständig hungrig, ohne Protest auch nur zu wagen.

Stattdessen lernt er zu stehlen. Er stiehlt aus Hunger, er stiehlt aus Wut, er stiehlt aus Rache. Wieder dieses schwelende Bedürfnis nach Ausgleich, nach Gerechtigkeit. Je mehr Prügel er bezieht, desto mehr sieht er sich berechtigt zu stehlen. *Ich glaubte, wenn man mich wie einen Schelm schlug, man mich dadurch ermächtigte, einer zu sein. In dieser Anschauung verlegte ich mich ruhiger als zuvor aufs Stehlen. Ich sagte mir: Was kann schließlich dabei herauskommen? Ich werde geprügelt werden. Gut, dazu bin ich geschaffen!*[2]

Jean-Jacques stiehlt ein Stück Käse, eine Scheibe kalten Braten, einen Apfel. Als er die Möglichkeit entdeckt, sich Zutritt zu einem versperrten Privatraum Ducommuns zu verschaffen, stiehlt er auch Werkzeug, Zeichnungen und Drucke seines Lehrherrn. Dahinter steckt nicht nur das Verlangen nach diesen schönen Dingen, sondern auch die magische Vorstellung, sich dadurch der Geschicklichkeit von Ducommun zu bemächtigen. *Ich glaubte, ihm mit seinen Werken auch das Talent zu stehlen.*[3]

Zu Jean-Jacques' »Rache« gehört es auch – eine unter geschundenen Arbeitern übliche Strategie –, dem Meister durch Arbeitsverweigerung zu schaden. Und Jean-Jacques besinnt sich auf eine Beschäftigung, die für ihn viel spannender und befriedigender ist als die reine Faulheit oder das Kartenspiel mit den Kollegen; er beginnt wieder zu lesen.

Dieses Lesen auf Kosten meiner Arbeit wurde ein neues Verbrechen, das mir neue Strafen zuzog. Der durch das Verbot noch gesteigerte Hang wurde zur Leidenschaft, ja bald zur Lesewut. Die Tribu, eine bekannte Bücherverleiherin, lieferte mir Werke jeder Art. Gute und schlechte, alles kam an die Reihe. Ich wählte nicht, ich las alles mit gleicher Gier. Ich las am Werktisch, ich las, wenn ich meine Botengänge machte, ich las auf dem Abtritt und vergaß mich ganze Stunden dabei. Die Lektüre verdrehte mir den Kopf, ich tat nichts mehr als lesen. Mein Meister lauerte mir auf, ertappte mich, schlug mich, nahm mir meine Bücher. Wie viel Bände wurden zerrissen, verbrannt, durch die Fenster geworfen! Wie viel Werke kamen unvollständig zur Tribu zurück! Wenn ich sie nicht mehr bezahlen konnte, gab ich ihr meine Hemden, meine Halstücher, meine Kleider. Meine drei Sou Taschengeld, die ich alle Sonntage bekam, trug ich regelmäßig zu ihr.[4]

Nach einem Jahr gibt es kein Buch mehr im Laden der Tribu, das Jean-Jacques nicht gelesen hat. Doch dann entdeckt er eine neue, unversiegbare Quelle der Zerstreuung: die eigene Phantasie. Seine unerschöpfliche Fähigkeit, sich Gestalten zu erfinden und sich Situationen auszudenken: Abenteuer, Luftschlösser. *Chimären* wird er die Gebilde seiner Einbildungskraft nennen.

Jean-Jacques ruft sich Szenen aus den gelesenen

Büchern ins Gedächtnis und ändert sie so ab, dass sie ihm noch besser gefallen. Er versetzt sich in Gedanken gleich selbst ins Geschehen und imaginiert sich in den wunderbarsten Situationen. Seine Phantasie wird angetrieben von unausgegorenen sexuellen Wünschen und unklaren Sehnsüchten, die mit nichts in Einklang zu bringen sind, was er kennt, und die ihn nur verwirrt und ratlos machen.

Jean-Jacques ist völlig unaufgeklärt. Unter Sexualität kann er sich nur kopulierende Hunde vorstellen, die man ihm einmal gezeigt hat; ein Anblick, der ihn in höchstem Maß abgestoßen hat. In seinen Träumen segelt er in Gesellschaft der schönsten Mädchen nach Kythere, der Insel der Liebe. Dort wird geschmaust und getrunken, gekost und geküsst, und wenn Jean-Jacques unartig war, dann kann es geschehen, dass die göttliche Aphrodite selbst aus dem Schaum der Wellen steigt und ihn zur Strafe übers Knie legt.

So erreichte ich nun mein sechzehntes Jahr, unzufrieden mit allem und mir selbst, ohne Lust zu meinem Beruf, ohne Vergnügungen meines Alters, verzehrt von Begierden, deren Gegenstand ich nicht kannte […] kurz, mit Zärtlichkeit an meinen Luftgebilden hängend, da ich um mich her nichts sah, das ihnen gleichgekommen wäre.[5]

In dieser aussichtslosen Lage, mit der er sich schon fast abgefunden hat, trifft ihn der nächste Schicksalsschlag. So erscheint es ihm zumindest: ein Schlag des blindwütigen Schicksals. Und doch zeigt das Verhalten aller Beteiligten, dass die Richtung, die Jean-Jacques' Leben nun nimmt, von allen – einschließlich ihm selbst – unbewusst gewünscht und herbeigeführt wurde. Denn ein Anhalten und eine Umkehr wären jederzeit möglich gewesen.

Am Sonntag nach der Messe geht Jean-Jacques mit einigen Kameraden vor der Stadt spazieren. Keiner hat auf die Zeit geachtet, und als man endlich umkehrt, ist es zu spät geworden: Die Stadttore werden schon geschlossen. Zufällig hat an diesem Abend jener Hauptmann Wachdienst, der immer um eine Viertelstunde zu früh schließt. Jean-Jacques ist schon zweimal fürchterlich dafür verprügelt worden, dass er außerhalb der Stadtmauer nächtigen musste und erst am Montagvormittag wieder zur Arbeit erschien, für das dritte Mal sind ihm noch schrecklichere Strafen angedroht.

Er hat solche Angst, dass er zu rennen beginnt. *Eine halbe Meile vor der Stadt höre ich die Retraite blasen, ich verdopple den Schritt; ich höre trommeln, ich laufe aus Leibeskräften, atemlos und ganz in Schweiß lange ich an. Das Herz klopft mir. Ich sehe von fern die Soldaten auf ihren Posten; ich laufe hin, ich schreie mit erstickter Stimme. Es ist zu spät. Zwanzig Schritt von der Außenwache entfernt, sehe ich die erste Zugbrücke sich heben. Ich zittere, als ich diese fürchterlichen Hörner in der Luft sehe, das Unheil verkündende und verhängnisvolle Zeichen des meiner wartenden unvermeidlichen Schicksals. In meinem ersten*

Schmerzensausbruch warf ich mich auf das Glacis *und biss in die Erde.*[6]

Doch schon im nächsten Augenblick beschließt Jean-Jacques kurzerhand, nicht zu seinem Meister zurückzugehen. Für ihn ist das gleichbedeutend mit dem Entschluss, seine Heimatstadt Genf für immer zu verlassen. Wie einst sein Vater wird auch er jetzt zum Flüchtling, zum Verstoßenen.

Man muss annehmen, dass Jean-Jacques' Sehnsucht nach Freiheit und Abenteuer mindestens so stark war wie seine Angst vor den Prügeln Meister Ducommuns oder vor dem Zorn seines Onkels. Denn, wie er selbst in seinen Lebenserinnerungen, den *Bekenntnissen* schreibt: Von dem Moment an, als er seinen Entschluss zur Flucht gefasst hatte, dachte er nicht an das drohende Elend und die anderen Gefahren, denen er – noch ein halbes Kind, völlig mittellos, ohne Rückhalt und Unterstützung – auf der Straße ausgesetzt sein würde. Er dachte nur noch an das Glück, das in der weiten Welt auf ihn wartete. *Die Unabhängigkeit, die ich gewonnen zu haben glaubte, war das einzige Gefühl, das mich erfüllte.*[7]

Jean-Jacques setzt sich noch mit seinem Vetter Abraham Bernard in Verbindung, um sich von ihm zu verabschieden. Zwischen den beiden Jungen ist inzwischen eine gewisse Entfremdung eingetreten. Abraham Bernard ist der ordentliche Bürgersohn, dessen Zukunft gesichert ist, Jean-Jacques der arme, schon halb verwahrloste Lehrling, aus dem einmal mit Sicherheit ein Taugenichts und Gauner, wenn nicht ein Verbrecher werden wird. Längst wünschten Onkel und Tante den Umgang der beiden nicht mehr. Doch der Vetter kommt zum vereinbarten Treffpunkt. Halb hat Jean-Jacques erwartet, dass Abraham ihn eindringlich bitten würde, doch in Genf zu bleiben, zur Familie zurückzukehren. Aber Abraham Bernard fühlt wohl oder weiß, dass dies auf Seiten seiner Familie gar nicht erwünscht wäre. Er hat dem Vetter einige Kleinigkeiten mitgebracht: Wegzehrung, ein paar Sou, sogar einen kleinen Degen, von dem Jean-Jacques entzückt ist.

Dann, als Abraham mich entschlossen sah, verließ er mich ohne viel Tränen. Wir haben uns nie geschrieben noch wiedergesehen. Es ist schade. Er hatte einen wahrhaft guten Charakter; wir waren geschaffen, uns zu lieben.[8]

Einige Tage lang treibt Jean-Jacques sich in der Umgebung von Genf herum. Wie er im Nachhinein erfährt, wussten sowohl sein Onkel als auch sein Vater noch wochenlang genau, wo er sich jeweils aufhielt, und hätten ihn zu Pferd leicht einholen und zurückholen können, wenn sie es wirklich gewollt hätten.

Jean-Jacques mutmaßt später wohl mit Recht, dass der Vater ihn nicht zu sich nahm, weil er durch seine Flucht profitierte. Sowohl Jean-Jacques als auch der Jahre zuvor verschollene Bruder François hatten von ihrer Mutter ein bescheidenes Vermögen geerbt. Von den Zinsen des Vermögens war Jean-Jacques' Unterbringung im Haus seines Onkels bestritten worden. Verschwand auch er auf Nimmerwiedersehen, dann blieb dem Vater das Geld zur Nutznießung.

Jean-Jacques erahnt mit der Zeit diese allzu offensichtlichen Zusammenhänge – warum hat der Vater ihn denn während der Besuche in Nyon niemals aufgefordert, wieder mit ihm zusammenzuleben? Im Lebensrückblick wird Rousseau schreiben, dass er den Vater verstünde und ihm die Gleichgültigkeit gegenüber dem Schicksal seines Sohnes sogar verzeihe. Für ihn als Moralphilosophen sei es ein Beispiel dafür, dass die Interessen (sprich: die Habgier) in Widerspruch zu den Pflichten geraten können – und die Liebe eines Vaters zu seinem Sohn *etwas abschwächten*.

Nun ist Jean-Jacques sechzehn und er ist frei. Er blickt nach vorn, nicht zurück.

Immer wieder wird er es in seinen Schriften betonen: Ich blickte niemals zurück. Doch keiner hat so gebannt auf sein Leben zurückgeblickt, keiner war so besessen von der eigenen Geschichte wie Jean-Jacques Rousseau. Und im Rückblick auf sein wildes und seltsames Leben wird und kann Jean-Jacques es in Wahrheit niemals vergessen und verzeihen, dass sie alle ihn damals ziehen ließen und sich nicht den Teufel um sein Wohlergehen scherten. Es bedeutet eine weitere tiefe Kränkung; in einem Leben, das schon zu viele Kränkungen zu verkraften hatte.

II. Lockende Abenteuer
»Ich genoss, ohne zu wissen, was ich genoss.«

Vagabunden, Abenteurer, Glücksritter – wie oft hat Jean-Jacques von ihren Erlebnissen und Taten gelesen! Vom stolzen Amadis de Gaula, vom tollkühnen Buscón, vom aberwitzigen Junker Quijote von der Mancha. Nun ist er also selbst ein solcher Abenteurer.

Es ist der März 1728. Beherzt wandert der Ausreißer durch eine Frühlingslandschaft, in der ihm alles erfüllt scheint von freudiger Erwartung: erste blühende Primeln, sonnentrunkene Bienen, halb schon geöffnete Knospen an den Zweigen. In seinem Tagtraum gelangt Jean-Jacques zu einem Schloss, wo er gastliche Aufnahme findet. Bald schon ist er der Günstling von Schlossherr und Schlossherrin, vielleicht sogar eines Tages der Geliebte des schönen Schlossfräuleins …

Aber Jean-Jacques findet bloß Unterschlupf in Bauerngehöften. Man hält ihn für einen Handwerksburschen auf der Walz, bewirtet ihn freundlich, beherbergt ihn über Nacht. Selbst einem Träumer wie Jean-Jacques dämmert, dass es so nicht weitergehen kann. Als er von einer Gelegenheit hört, rasch zu viel Geld zu kommen, spitzt er die Ohren. Die Sache ist zwar reichlich unmoralisch, aber befindet er sich nicht in einer Zwangslage? Also lässt er sich den Plan, gegen Bezahlung seinem Glauben abzuschwören, durch den Kopf gehen.

Der kleine Stadtstaat Genf ist eine Festung des Calvinismus, umgeben von den katholischen Ländern Savoyen und Frankreich, die es als ihre heilige Pflicht ansehen, möglichst viele der Genfer Ketzer zum rechten Glauben zu bekehren.*

Jean-Jacques findet seinen Weg zu einem dieser Katholikenmacher, einem Herrn von Pontverre, Pfarrer in Confignon. Prompt wird der Junge ins Pfarrhaus eingeladen und fürstlich bewirtet, was ihn für den katholischen Glauben schon einmal sehr einnimmt.

Doch statt ihn auf der Stelle selbst zu bekehren und ihm einen ordentlichen Betrag dafür auszuhändigen, rät der freundliche Geistliche dem Jungen, im nahe gelegenen Annecy – nicht mehr als eine Tagesreise entfernt – eine gewisse Baronin von Warens aufzusuchen, die ihm genauere Anweisungen für seinen Glaubensübertritt geben werde.

Die Aussicht auf ein solches Unternehmen schmeckt Jean-Jacques nun überhaupt nicht. Zu einer Frömmlerin und Betschwester weitergereicht zu werden, so hat er sich das nicht vorgestellt! Aber was soll er sonst tun, um an Geld zu kommen? Zumindest lässt Jean-Jacques sich tagelang Zeit, streunt umher, bis er sich endlich aufmacht nach Annecy.

Zum düsteren Bild, das er sich von Madame de Warens macht, kommt noch das peinliche Bewusstsein ih-

---

* siehe Erläuterung unter *Anmerkungen* am Ende des Buches

res höheren Standes. In seinen Träumen bezaubert Jean-Jacques Schlossherrn und Schlossherrin samt Tochter; wenn er es recht betrachtet, wird ihm jedoch klar, dass er keine Ahnung hat, wie er sich einer Baronin gegenüber benehmen soll. Also schreibt er – aus Angst, es könnte ihm die Rede verschlagen – einen schönen Brief an die Dame. Da hinein faltet er das Empfehlungsschreiben des Pfarrers und macht sich endlich auf den Weg zur gefürchteten Audienz.

Madame de Warens sei eben zur Kirche gegangen, wird ihm mitgeteilt. Aus einem jähen Antrieb heraus läuft Jean-Jacques der Gestalt nach, die er in der Ferne wandeln sieht. Als er sie einholt, wendet Françoise Louise-Eléonore de la Tour, Baronin von Warens sich um und ist eine überaus anziehende, noch junge Frau. Mehr noch, sie ist unendlich sanft und freundlich zu dem kleinen Streuner. Sogleich kehrt sie mit ihm um und ordnet an, dass ihm ein Frühstück gegeben wird, während sie die Messe besucht. Schließlich, im darauf folgenden Gespräch, zeigt sie ihm jenes herzliche Mitgefühl, das er jahrelang so entbehrt hat.

Jean-Jacques ist völlig hingerissen. Auch von ihren weiblichen Reizen, die er auf einen Blick wahrgenommen hat: Augen in der Farbe des Frühlingshimmels! Ein makelloser, blütenweißer Teint! Und – soweit das ihn züchtig bedeckende Tuch ahnen lässt – ein bezaubernder Busen!

Anstatt augenblicklich in Verliebtheit zu entbrennen und in die sie begleitende Sinnesverwirrung und Gedankenlähmung zu verfallen, wie es sonst seine Art ist, fühlt Jean-Jacques sich auf einmal ganz ruhig und sicher und geborgen. Ihm ist, als hätte er auf märchenhafte Weise eine Mutter gefunden.

Für wenige kostbare Stunden verwandelt er sich wieder in das unbefangene Kind, das er einmal war. *Während ich ihr erzählte, fand ich das ganze Feuer wieder, das ich bei meinem Meister verloren hatte.*[1]

Louise-Eléonore de Warens weiß, dass es am besten für Jean-Jacques wäre, nach Genf zu seinem Onkel zurückzukehren. Allerdings ist da ihre Aufgabe als »Bekehrerin«, der sie nachkommen muss; schließlich erhält sie dafür eine Pension durch den Herzog von Savoyen, von der sie größtenteils ihren Unterhalt bestreitet. »Armer Kleiner«, sagt sie und seufzt, »du musst gehen, wohin Gott dich ruft!«

Also wird Jean-Jacques' Bekehrung eingeleitet. Folgender Plan ist dafür vorgesehen: Er wird sich nach Turin begeben, um dort im Kloster Santo Spirito im »wahren Glauben« unterrichtet und schließlich in den Schoß der römischen Kirche aufgenommen zu werden. Die Reisekosten übernimmt der Bischof von Annecy. Nach der Bekehrung wird Jean-Jacques mit einem kleinen Kapital ausgestattet und überdies noch zu einer Anstellung vermittelt werden. Die weite Reise nach Turin wird er in Gesellschaft anderer Gäste der Baronin unternehmen, einem Ehepaar, das zufällig ebenfalls nach Italien geht.

Schweren Herzens nimmt Jean-Jacques Abschied von Madame de Warens, doch zugleich lockt ihn das bevorstehende Abenteuer. In seinem Alter schon eine so große Reise! Über die Alpen!

Da man sich eine Kutsche nicht leisten kann, wandert man zu Fuß, doch Jean-Jacques ist es nur recht. So frei durch liebliche Landschaften gehend, kann er am besten seine Gedanken spinnen. Er denkt an die Liebenswürdigkeit von Madame de Warens, ruft sich alles an ihr ins Gedächtnis. Er sagt sich, dass seine Sorgen ein Ende haben, weil Madame de Warens sein Leben ja nun in die Hand genommen hat. Sie ist Schlossherrin und Prinzessin zugleich und er wird sie auf ewig lieben! Jean-Jacques träumt davon, den Kopf an ihren Busen zu legen. Viel mehr kann und will er sich unter »Liebe« immer noch nicht vorstellen. Das Gestöhne und Geschrei, das nachts zu ihm dringt, aus dem Nebenzimmer, in dem seine Reisegefährten untergebracht sind, erklärt er sich durch *Schlaflosigkeit und schlimme Träume* des Ehepaars.

Die Reisenden steigen über den Mont Cenis hinunter in den Piemont und gelangen durch Weinberge, Getreidefelder und Gärten von Oliven- und Nussbäumen nach Turin. Turin ist Hauptstadt des Fürstentums Savoyen und eines der Zentren italienischer Kultur.

Prachtvolle Palazzi säumen die breiten Straßen, anmutig geschwungene Portici überdachen die Wege im Stadtinneren. Überall herrscht noch der Geist der Renaissance, vereint mit dem schwelgerischen Prunk des Barock.

Jean-Jacques ist vom ersten Eindruck der Stadt überwältigt. Das Hospiz Santo Spirito ist dann allerdings eine umso herbere Enttäuschung. Nicht nur weil Gittertore sich hinter ihm schließen, kommt Jean-Jacques sich hier vor wie in einem schaurigen Kerker. Die Konvertiten, die er an diesem Ort antrifft, sind ganz offenbar ein Pack von Landstreichern, Gaunern und Huren, die davon leben, dass sie sich als Mauren oder Juden ausgeben und sich überall in Europa »bekehren« lassen.

Die Gesellschaft seiner Mitschüler erscheint ihm abstoßend und ekelhaft, die religiöse Unterweisung durch die Priester findet er nichtsnutzig, das Herunterleiern von Gebeten sterbenslangweilig. Voll Ungeduld wartet er auf seine Taufe und Entlassung.

Doch es ist dann gar keine wirkliche Taufe. Nur eine feierliche Zeremonie, nach welcher Jean-Jacques, kostümiert mit einer Art Taufgewand, durch die Straßen Turins geführt wird. Vor und hinter sich Männer, die mit Sammeltellern klappern. Und das Ergebnis dieser peinlichen Kollekte ist dann auch kein wirkliches Kapital; nur zwanzig Franken in kleiner Münze werden ihm schließlich ausgehändigt. Und von der versprochenen Anstellung ist jetzt überhaupt keine Rede mehr. Jean-Jacques steht auf der Straße.

Alles, was ihm von seinen großartigen Aussichten bleibt, ist die verheißungsvolle Stadt Turin. Eine Stadt voller Prachtpaläste und Villen. Und also voller Leute von Rang, bei denen ein junger, begabter Mann sein Glück machen kann, hat er sich erst einmal zu ihren Häusern Zutritt verschafft.

Jean-Jacques sucht sich die billigste Herberge und genießt zunächst einmal die Freiheit. Tagelang spaziert er in Turin umher, bis die zwanzig Franken aufgebracht sind. Dann begibt er sich auf Arbeitssuche. Als Graveur findet er keine Anstellung, er landet bei einem Kaufmann, besser gesagt: bei dessen hübscher Ehefrau, die ihn als Gehilfen einstellt. Jean-Jacques verliebt sich sofort in sie. Und meint zu ahnen, ja zu fühlen: Signora Basile empfindet ebenfalls etwas für ihn.

In einer Art fortwährendem Liebes-Delirium geht Jean-Jacques seiner Arbeit im Kaufmannsladen nach: *Ich war verlegen, erregt; ich wagte nicht, sie anzublicken, ich wagte nicht, neben ihr zu atmen, und doch fürchtete ich die Trennung von ihr mehr als den Tod. Ich verschlang mit gierigem Auge alles, was ich unbemerkt sehen konnte: die Blumen ihres Kleids, die Spitze ihres hübschen Fußes, den Teil des festen weißen Armes, der zwischen Handschuh und Manschette sichtbar wurde, und das, was manchmal zwischen Ausschnitt und Busentuch sich zeigte ...*[2]

Als allerdings dann der Signore Basile von seiner Geschäftsreise zurückkehrt, ist Jean-Jacques den Job umgehend wieder los. Der Hausdiener hat getratscht.

Die fürsorgliche Kaufmannsfrau stattet ihren gefeuerten Gehilfen noch mit einigen Stücken neuer Wäsche aus und schenkt ihm einen Hut. Manschetten fügt sie dieser kleinen Ausstattung zu seinem Leidwesen nicht hinzu. Jean-Jacques hat sein Herz an zarte Manschetten aus Musselin gehängt, aber er sieht ein, dass dieses Accessoire in seiner momentanen Situation etwas unpraktisch wäre.

Die nächste Stelle, die er findet, erscheint ihm nur wenig attraktiv; seine Herrin ist eine uralte Gräfin, und er muss als Lakai dienen, eine Position, die weit niedriger ist als die eines Handwerkers oder Gehilfen. Auch diese Anstellung ist von kurzer Dauer, da die Gräfin von Vercellis todkrank ist und bald darauf stirbt. Jean-Jacques macht sich eine Zeit lang Hoffnung auf eine Erbschaft, doch er wird nur mit einer ganz geringfügigen Abfindung entlassen.

Und mit einer schweren Gewissensbürde, die für immer auf ihm lasten wird.

Im Zuge der Auflösung des Haushalts der Gräfin kann Jean-Jacques der Versuchung nicht widerstehen, etwas »mitgehen zu lassen«. Ein kleines Seidenband, das er der jungen hübschen Köchin Marion überreichen möchte. Das gestohlene Band wird in seiner Kammer gefunden. Jean-Jacques wird zur Rede gestellt und behauptet, ohne zu zögern, Marion habe es ihm geschenkt. Der Neffe der verstorbenen Herrin, Graf de la Rocque, lässt die Köchin sogleich kommen. Was folgt, ist ein richtiges Tribunal.

Marion erscheint, man zeigt ihr das Band, ich beschuldige sie frech; sie ist betreten, schweigt, wirft mir einen Blick zu, der die Dämonen entwaffnet hätte, dem aber mein barbarisches Herz widersteht. Sie leugnet endlich mit Festigkeit, doch ohne Leidenschaft, wendet sich an mich, mahnt mich, in mich zu gehen und nicht ein unschuldiges Mädchen, das mir nie etwas Übles getan, zu entehren; ich aber bekräftige mit einer wahrhaft höllischen Schamlosigkeit meine Erklärung und behaupte ihr ins Gesicht, dass sie mir das Band gegeben habe. Das arme Mädchen brach in Tränen aus und sagte mir nur: »Ach Rousseau, ich hielt Sie für einen guten Menschen. Sie machen mich sehr unglücklich; aber ich möchte nicht an Ihrer Stelle sein!«

Da Jean-Jacques der Beredtere von beiden ist, glaubt man ihm und nicht ihr.

Es zerriss mein Herz, aber die Gegenwart so vieler Leute war stärker als meine Reue. Ich fürchtete weniger die Bestrafung für einen Diebstahl, ich fürchtete nur die Schande, aber sie fürchtete ich mehr als den Tod, mehr als das Verbrechen, mehr als alles auf der Welt. Der Graf ahnt die Wahrheit, fühlt Jean-Jacques. Dessen abschließende Worte bestätigen es: *Graf de la Rocque begnügte sich damit, als er uns beide fortschickte, zu sagen, das Gewissen des Schuldigen werde den Unschuldigen zur Genüge rächen. Seine Voraussage war nicht eitel. Sie erfüllt sich an mir Tag um Tag.*[3]

Jean-Jacques' Träume beschränken sich nicht auf Ruhm und Reichtum, viel stärker noch sehnt er sich nach Erfüllung seiner erotischen Wünsche. Er hat keine Ahnung, wie er seine unklaren Begierden befriedigen könnte. Einem liebreizenden Mädchen will er begegnen. Und sie soll nicht sanft zu ihm sein, vielmehr soll sie ihn wegen seines leichtfertigen Wesens streng zurechtweisen, ihn anherrschen, am besten ihn züchtigen.

Jean-Jacques verfällt darauf, sich nachts an abgelegenen Orten aufzustellen und, sieht er jemanden in der Ferne kommen, kurz seinen Hintern zu zeigen, um gleich darauf wieder zu flüchten. Doch als er schließlich erwischt, festgehalten und mit Prügeln bedroht wird, ist es leider keine hübsche Signorina, sondern es sind ein schwarzbärtiger Mann mit Säbel und eine Schar alter Signoras mit ihren Besen. Jean-Jacques jammert, er sei ein geistig verwirrter Prinz, der geflohen ist, weil man ihn in eine Irrenanstalt sperren will, und kann damit seine Haut retten. Doch von da an wagt er keine weiteren Zurschaustellungen mehr.

Das lichte Kontrastprogramm zu seinen verwerflichen nächtlichen Beschäftigungen sind die regelmäßigen Besuche beim savoyischen Abbé Gaime, den Jean-Jacques im Haus der Gräfin kennen gelernt hat. Der Abbé ist ein noch junger, aber schon sehr verständiger Mann, dem es gelingt, mäßigend auf Jean-Jacques einzuwirken, der stets von einem Extrem ins andere fällt: Einmal sieht er sich als künftigen Helden, dann wieder als hoffnungslosen Versager. Abbé Gaime rät ihm, nicht immer auf Äußerlichkeiten zu schauen, er sagt ihm, dass es kein Glück gibt ohne Weisheit, kurz, er gibt ihm viele gute und richtige Ratschläge.

In seinem wichtigsten Buch, *Émile oder über die Erziehung*, wird Jean-Jacques Rousseau dem Abbé viele Jahre später ein literarisches Denkmal setzen. Die Figur des »savoyischen Vikars« wird zu Rousseaus Ruhm beitragen – wie zu seinem Verderben.

Wieder eröffnet sich für Jean-Jacques eine Stellung: Sein voriger Herr, Graf de la Rocque, der ihn offenbar doch nicht für einen gänzlich verdorbenen Kerl hält, vermittelt ihn an den Grafen von Gouvon. Leider ist es abermals nur die Position eines Dieners. Doch dafür gibt es hier das Fräulein von Breil, eine sehr blasse, sehr vornehme junge Dame, in die Jean-Jacques sich wieder heftig verlieben kann. Fräulein von Breil allerdings ignoriert ihn. Er ist für sie nichts als ein lebender »Kerzenständer«, ein Speisenaufträger, ein Stück beweglicher Einrichtung.

Dann eines Tages – endlich! – kommt jener ersehnte magische Moment, der Jean-Jacques für all ihre Missachtung entschädigt. Er bedient bei Tisch, als sich ein Streit über die Schreibweise des Wappenspruchs entspinnt, der auf der Tapete angebracht ist. Diese Schreibweise wird allgemein für falsch gehalten. Jean-Jacques lächelt, er weiß es besser. Der Graf von Gouvon sieht seinen Diener lächeln und erteilt ihm freundlich das Wort. Jean-Jacques erläutert: »Tel fiert qui ne tue pas« sei die korrekte Schreibweise. »Fiert« sei ein altes französisches Wort, welches von »feris«, das heißt »er schlägt«, komme und nicht von dem Eigenschaftswort »ferus«, also »drohend«. Der Wappenspruch bedeute »Mancher schlägt zu, ohne zu töten« und nicht »Mancher droht, ohne zu töten«.

Rundum höchste Überraschung.

Alle Gäste blickten mich an und blickten dann einander an, ohne etwas zu sagen. Nie sah man ein solches Erstaunen. Was mir aber noch mehr schmeichelte, war der Ausdruck der Genugtuung, den ich deutlich auf dem Gesicht des Fräuleins von Breil bemerkte.[4]

Dies ist der Höhepunkt und zugleich der Endpunkt der hoffnungsvollen Romanze. Danach geruht die blasse Schönheit wieder, den Lakai nicht zu bemerken. Dafür sorgt der Graf von Gouvon nun dafür, dass der bildungsbeflissene Diener bei seinem eigenen Sohn, einem Geistlichen, seine Bildung erweitert. Der Abbé wird ihn als Sekretär beschäftigen und ihm außerdem Lateinunterricht erteilen. Jean-Jacques erkennt, dass hier die Voraussetzung für eine spätere Karriere geschaffen werden soll.

Es ist, als wollte der Engel des Schicksals, der ihm bis-

43

her übel mitgespielt hat, nun alles wieder gutmachen. Wenn Jean-Jacques jetzt nur das Richtige tut und vernünftig ist! Jean-Jacques ist nicht vernünftig.

Er läuft einem alten Genfer Bekannten über den Weg, einem witzigen Menschen namens Bacle, und verfällt binnen kürzester Zeit seinem Charme und seiner fröhlichen Bedenkenlosigkeit. Als Bacle ankündigt, Turin bald zu verlassen und nach Genf zurückzukehren, will Jean-Jacques die verbleibende Zeit nützen und nur mit ihm zusammen sein. Er schwänzt die Arbeit beim Abbé, steckt ständig mit dem Tunichtgut Bacle zusammen, und als man seinem Freund im Haus des Grafen die Tür weist, läuft auch Jean-Jacques davon. Es ist, als reite ihn der Teufel. Er sieht nur die Möglichkeit, mit dem bewunderten Bacle reisen zu können, und hat keinen anderen Wunsch mehr.

Bedenkenlos provoziert Jean-Jacques seine Entlassung und macht sich im Frühjahr 1729 mit dem Freund auf den Weg. Sein Ziel ist allerdings nicht Genf, sondern Annecy. Madame de Warens!

Es wird eine übermütige Reise, doch je näher man Annecy kommt, desto bedenklicher wird Jean-Jacques zumute. Madame de Warens hat sich über seine aussichtsreiche Stellung beim Grafen gefreut, von der er in seinen Briefen berichtet hat. Sicher wird sie ihm nun Vorwürfe machen, weil er sie so leichtfertig aufgab! Vielleicht fällt er jetzt bei ihr in Ungnade und sie schickt ihn fort?

Louise-Eléonore de Warens bedauert ihren armen

Kleinen, der – das sieht sie jetzt – noch viel zu jung war für diese Reise und für die Selbständigkeit. Mehr noch, Jean-Jacques hört, wie die Baronin zu ihrer Kammerfrau sagt: »Da die Vorsehung ihn mir zurückschickt, bin ich entschlossen, ihn zu behalten.«

Madame de Warens ist zwar eine Baronin, doch die Scheidung von ihrem Mann, mit dem man sie als halbes Kind verheiratet hatte, und die Flucht ins katholische Savoyen samt Glaubensübertritt haben sie um all ihr familiäres Vermögen gebracht. Die Pension des Fürstenhauses von Savoyen würde zwar ausreichen, um ihren bescheidenen Haushalt zu bestreiten – ihr Dienstpersonal besteht nur aus einer Kammerfrau, einem Faktotum (einem »Mann für alles«) und einer Köchin. Doch Madame de Warens hat die fatale Neigung, in Geschäften zu spekulieren. Ihre mageren Ersparnisse und auch geliehenes Kapital investiert sie in eine Zuckerfabrik, eine Strumpfmanufaktur, dann wieder in eine Seifensiederei oder in zweifelhafte Projekte zur Hebung irgendwelcher Bodenschätze. Sie ist es nur allzu gewohnt, Schulden zu machen und gegenüber jedem Projektemacher oder Bittsteller freigebig zu sein. Mehr noch, Louise de Warens hat eine fatale Schwäche für vom Schicksal verfolgte Menschen und gescheiterte Existenzen.

Ihren neuen Schützling Jean-Jacques schließt sie ins Herz. Und er? Er betet sie an, er küsst buchstäblich den

Boden, auf dem sie gegangen ist, und legt sich heimlich auf das Bett, in dem sie geschlafen hat.

Madame de Warens nennt ihn »mon petit«, mein Kleiner. Jean-Jacques nennt sie *Maman*.

Vom ersten Tag an stellte sich die süßeste Vertraulichkeit ein, schreibt er in den *Bekenntnissen*, betont jedoch, dass seine leidenschaftliche Verehrung für *Maman* frei von sexueller Begierde war. *Ich fühlte neben ihr weder Sinnenrausch noch Verlangen; ich lebte in einer mich entzückenden Ruhe, indem ich genoss, ohne zu wissen, was ich genoss. […] Unsere Zusammenkünfte waren weniger Unterhaltung als unerschöpfliches Geplauder, das unterbrochen werden musste, sollte es enden. Sie musste mich eher zum Schweigen als zum Reden auffordern. Da sie viel über ihre Pläne nachdachte, verfiel sie oft in Träumerei. Dann ließ ich sie träumen, schwieg, betrachtete sie und war der glücklichste Mensch. Noch eine sonderbare Wunderlichkeit hatte ich. Ohne die Gunst des Alleinseins mit ihr zu beanspruchen, suchte ich es unaufhörlich und genoss es mit einer Leidenschaft, die zur Wut wurde, wenn zudringliche Menschen es störten. Sobald jemand kam, gleichviel, ob Mann oder Frau, ging ich murrend fort, da ich es nicht zu dritt bei ihr aushalten konnte. Ich zählte die Minuten in ihrem Vorzimmer, indem ich tausendmal diese ewigen Besucher verfluchte.*[5]

Maman beschäftigt Jean-Jacques als Sekretär. Neben ihren vielen Geschäften versucht sie sich auch als Pharmazeutin und verarbeitet die Kräuter, die in ihrem Garten wachsen, zu allerhand Salben, Essenzen und Pillen.

Auch dabei muss er ihr assistieren. Daneben liest er eifrig die Bücher ihrer Bibliothek und versucht, dabei den Ratschlägen des klugen Abbé Gaime zu folgen: weniger Gier bei der Lektüre, mehr Beachtung der Gedanken und des Stils! Jean-Jacques liest also, um Gewinn daraus zu ziehen, und diskutiert das Gelesene mit *Maman*. Sie ist eine Frau mit Geschmack und Bildung und von tiefer, wenn auch unorthodoxer Frömmigkeit.

Leider geht es für Jean-Jacques nicht an, ewig zu Hause zu bleiben und sich verhätscheln zu lassen. *Maman* denkt an seine Zukunft. Einer ihrer Verwandten, ein Herr von Aubonne, unterzieht Jean-Jacques einiger prüfender Gespräche und urteilt dann, dieser sei trotz dessen, was sein Äußeres verspreche, *ein Knabe von wenig Geist, ohne Ideen, fast ohne Kenntnisse, mit einem Wort, in jeder Hinsicht sehr beschränkt.*[6]

Es ist Jean-Jacques' Problem, dass seine Gedanken, vor allem dann, wenn es darauf ankommt, blockiert sind bis zur Blödigkeit. Er merkt, dass er dadurch Befremden und sogar Verachtung erregt, und wird noch unsicherer und sprachloser. Wer ihn nicht kennt, hält ihn für einen Dummkopf. Immerhin: Zu einem Landpfarrer müsste es reichen, meint Herr von Aubonne. Da Jean-Jacques nicht genügend Lateinkenntnisse hat, um den Priesterberuf zu ergreifen, soll er in einem Lateinseminar unterrichtet werden.

Jean-Jacques, der sich vorkommt wie aus dem Paradies vertrieben und in die Wüste geschickt, nimmt sich als seelische Wegzehrung ein Notenbuch mit. Er hat bei *Maman* Gesangsstunden genommen, ist aber noch weit davon entfernt, Noten lesen zu können. Nun, im Seminar, steckt er, sooft es geht, den Kopf in die Noten und macht endlich ein wenig Fortschritte.

Was sich allerdings nicht verbessert, sind seine Lateinkenntnisse. Eine Art von Befangenheit, eine verflixte Denksperre hindern ihn bei jeder Art von Zwang daran, etwas aufzunehmen, zu verstehen und zu behalten. *Aus Angst, denjenigen ungeduldig zu machen, der zu mir spricht, tue ich, als verstünde ich ihn, er geht weiter, und ich verstehe nichts.*[7]

Wegen mangelnden Lernfortschritts wird er wieder heimgeschickt. Aber er trägt Madame de Warens die Arien vor, die er heimlich nach Noten singen gelernt hat, und schwärmt von seiner großen Musikbegeisterung.

Also wird für ihn eine neue Ausbildung ins Auge gefasst: Er soll in die nahe gelegene Kantorei ziehen und beim dort lehrenden Komponisten Le Maître das Musizieren lernen. In der Musikschule fühlt Jean-Jacques sich endlich behaglich. Nun sind alle zufrieden mit ihm. Er erwirbt Kenntnisse in Satztechnik und Transkription, lernt das Spiel auf dem Cembalo, der Flöte, der Orgel und dem Cello.

Bis eines Tages einer jener verführerischen Teufel dort auftaucht, die nur dazu in die Welt gekommen zu sein scheinen, um Jean-Jacques ein schlechtes Beispiel zu geben und dumme Ideen in den Kopf zu setzen: ein etwas lasterhaft aussehender, etwas missgestaltet scheinender, doch zugleich vornehm wirkender junger Mann, der sich Venture de Villeneuve nennt und sich als verarmter Komponist ausgibt. Zu Tisch geladen, erweist Villeneuve sich als außerordentlich beredt, kennt alle Welt, weiß alles und singt anderntags bei der Messe ganz hervorragend. Was Jean-Jacques überrascht. Selbst er, bei all seiner Naivität, hat den Mann für einen Hochstapler gehalten. Er schwärmt *Maman* von Venture de Villeneuve vor. Sie lädt ihn ein, findet ihn jedoch zu liederlich und verbietet ihrem Kleinen den Umgang mit »dem Wüstling«. Jean-Jacques fügt sich. Aber Louise de Warens ahnt Schlimmes, solange Villeneuve in der Stadt ist.

Da kommt es ihr gerade gelegen, dass der Leiter der Kantorei, Herr Le Maître, wegen ständiger Streitereien mit dem Bischof zermürbt, den Entschluss fasst, sein Amt zu kündigen und Annecy zu verlassen. Kurz entschlossen gibt sie ihm Jean-Jacques als Begleitung mit. Der Kleine solle mindestens bis Lyon mit ihm reisen und an seiner Seite bleiben, solange er gebraucht wird. Le Maître ist ein alter Herr, seine Gesundheit ist nicht die beste, er leidet unter Schwächeanfällen. Die Aufregungen der Reise, die eigentlich eine Flucht vor dem Bischof ist, sind für ihn eine starke Belastung.

Zwei Tage nach der Ankunft in Lyon erleidet Le Maître mitten auf der Straße einen Herzanfall. Jean-

Jacques gerät in Panik. Umstehenden, die Hilfe leisten, nennt er noch rasch die Herberge, in der Le Maître untergebracht ist, dann rennt er Hals über Kopf davon. Ihm graut vor dem Aufsehen, das der Vorfall erregt, und vor der Verantwortung, die er für den Kranken übernehmen müsste. Er will nichts damit zu tun haben. Jean-Jacques lässt Le Maître allein und ohne Unterstützung in Lyon und fährt zurück nach Annecy. Er verdrängt den Gedanken an seine Herzlosigkeit und Feigheit und beschäftigt sich nur mit seiner Vorfreude auf das Wiedersehen mit *Maman*.

Als er in Annecy eintrifft, ist Madame de Warens fort. Sie sei nach Paris abgereist, wird ihm mitgeteilt, sonst nichts. Jean-Jacques verkriecht sich einige Tage im Haus und vermeidet es, Bekannte von *Maman* zu treffen. Stattdessen besucht er Venture de Villeneuve, der inzwischen der Liebling der Damen von Annecy geworden ist. Schließlich zieht er ganz zu ihm.

Auch Jean-Jacques wird von den Damen der Stadt »entdeckt«, doch ist er zu schüchtern und zugleich allzu wählerisch. Vor allem aber zu schüchtern. Ein Gebrechen, das ihn immer mehr ärgert.

Einer der zauberhaftesten Tage seines Lebens, ein Tag, an den er sich immer und immer erinnern wird, verläuft denn auch in aller Unschuld.

Jean-Jacques ist zeitig aus dem Haus gegangen, um den Sonnenaufgang zu bewundern. Er lauscht dem Morgenkonzert der Vögel, ist entzückt vom Anblick der frühsommerlichen Landschaft und spaziert traumverloren den Bach entlang. Als sich genau das ereignet, von dem ein junger Mann immer hofft, dass es sich ereignen möge: Er wird von zwei reizenden Mädchen angesprochen. Die eine ist Fräulein Galley, Tochter des Schlossherrn von Toune, die andere Fräulein von Graffenried, ihre Gesellschafterin. Die Demoisellen wollen mit ihren Reitpferden über den Bach setzen und trauen sich nicht. Also führt Jean-Jacques voll Ritterlichkeit eines der Pferde durchs Wasser, das andere folgt. Danach sind seine Strümpfe und Hosen nass; prompt wird er eingeladen, mit aufs Schloss zu kommen und sich zu trocknen. Jean-Jacques setzt sich hinter Fräulein von Graffenried aufs Pferd und verfällt in einen Verliebtheits- und Glückstaumel, der den ganzen Tag anhalten wird.

Die Demoisellen wollen mit ihrem »Ritter« gemeinsam speisen und lassen aus der Stadt Lebensmittel und Leckereien kommen; leider wird bei der Bestellung der Wein vergessen. Was den Gastgeberinnen um ihres Gastes willen ganz außerordentlich Leid tut. Galant erwidert Jean-Jacques, die Fräuleins bräuchten keinen Wein, um ihn trunken zu machen. Das ist der gewagteste Satz, der ihm an diesem Tag einfällt. Danach werden Kirschen gepflückt, Jean-Jacques erklettert den Baum und wirft die Früchte in die aufgehaltenen Schürzen der Mädchen. Und einmal landet ein Büschel Kirschen im Brustausschnitt von Fräulein Galley. Eine zarte Zudringlichkeit, aber da war auch mehr Glück dabei als Absicht. Das absolut Verwegenste, was er schließlich noch unternimmt, ist, dass er Fräulein Galley die Hand küsst.

Wieder wird Jean-Jacques gebeten, den Reisebegleiter zu geben. Madame de Warens' Kammerfrau Merceret will nun, da ihre Herrin auf unbestimmte Zeit verreist ist, zu den Eltern nach Fribourg zurückkehren.

Unterwegs kommen sie an Genf vorbei und Jean-Jacques wird vom Anblick der Stadt tief bewegt. Genf ist für ihn der Inbegriff stolzen Bürgertums. Seine Heimatstadt steht ihm für Freiheit, Gleichheit, Einigkeit und Tugendhaftigkeit. Erst jetzt wird ihm so richtig bewusst, dass er mit der Flucht und vor allem mit der Aufgabe seines Glaubens auch den Traum eines Lebens als Genfer Bürger, als Gleicher unter Gleichen aufgegeben hat. *In welchem Irrtum war ich, aber wie natürlich war der Irrtum!*, schreibt der alte Rousseau. *Ich glaubte all das in meinem Vaterland zu sehen, weil ich es im Herzen trug!*[8]

Merceret wird in Fribourg ihren Eltern übergeben. Doch diesmal kehrt Jean-Jacques nicht nach Annecy zurück, das ohne *Maman* keinen Reiz für ihn hat. Seine »vagabondage«, sein zielloses Herumwandern beginnt.

Als er in Lausanne ankommt, hat er den letzten Sous ausgegeben. Der Gedanke an Venture kommt ihm. Er denkt daran, wie der Komponist damals in abgerissenem Gewand und heruntergekommenem Zustand in der Kantorei aufgetaucht ist, und er fühlt sich nun in der gleichen Lage. Was wäre, wenn er in die Rolle Venture de Villeneuves schlüpfte?

Dieser Gedanke begeisterte mich so, dass ich, ohne daran zu denken, dass ich weder sein artiges Benehmen noch seine Talente hatte, es mir in den Kopf setzte, in Lausanne den kleinen Venture zu machen, die Musik zu lehren, von der ich nichts verstand, und mich als Pariser auszugeben, obwohl ich nie in Paris gewesen war.[9]

Jean-Jacques' Absicht ist nicht, »Theater zu spielen«. Nein, er will sich buchstäblich in eine andere Person verwandeln und mit einem Schlag deren Talente und Fähigkeiten besitzen. Eine Art Magie soll die mühsame Arbeit des Lernens erübrigen. So wie sich Aschenputtel durch Zauberschlag in eine Ballkönigin verwandelt, so wird er sich von einer Sekunde zur anderen in einen richtigen Musiker verwandeln, wenn er es sich nur intensiv genug wünscht.

Er mietet sich in einer billigen Pension ein, nennt sich Vaussure de Villeneuve, reisender Komponist und Gesangslehrer, und begibt sich auf die Suche nach Schülerinnen. Er macht die Bekanntschaft eines ehrenwerten Lausanner Juristen, der Hauskonzerte gibt, und bietet ihm an, für die nächste Konzertveranstaltung – *ohne fähig zu sein, den kleinsten Gassenhauer in Noten zu setzen*[10] – ein eigenes Werk zu liefern. Sodann fabriziert Jean-Jacques etwas, das einer Komposition so nahe kommt, wie er es nur vermag, und schon erfolgt die Uraufführung.

Was man auch von meinem angeblichen Talent gedacht haben mochte, die Wirkung war schlimmer als alles, was man erwartet zu haben schien. Die Musiker erstickten vor Lachen, die Zuhörer rissen die Augen weit auf und hätten sich gern die Ohren zugehalten; aber auch das half nichts. […] Ich quälte mich unverdrossen weiter. Ich schwitzte freilich große Tropfen, aber die Scham hemmte mich zu fliehen und alles im Stich zu lassen. Zu meiner »Tröstung« hörte ich um mich die Anwesenden einander ins Ohr flüstern: »Es ist nicht auszuhalten!« — »Welch tolle Musik!« — »Was für ein Hexensabbat!«[II]

Man lacht Jean-Jacques aus und verzeiht ihm dann die Blamage gnädig, doch die Musikschüler lassen auf sich warten.

In seiner reichlich bemessenen freien Zeit unternimmt Jean-Jacques weite Ausflüge ins nahe Waadtland, wandert am Genfer See entlang und träumt seine *Chimären*. Von einem Häuschen mit Obstgarten, einer Kuh und einem kleinen Boot träumt er, von einer lieben Frau und einem treuen Freund. So stellt er sich das perfekte Glück vor.

Als Jean-Jacques einsieht, dass er in Lausanne seinen Lebensunterhalt nicht bestreiten kann, wandert er weiter nach Neuchâtel, wo er mehr Schülerinnen findet. Und allmählich – indem er unterrichtet und unterrichtet – lernt er sogar das Notensetzen und Musizieren. Endlich ist er imstande, selbständig und ehrenwert sein Brot zu verdienen. Eine friedliche und sichere Zeit scheint sich anzubahnen.

Und Jean-Jacques beginnt sich zu langweilen.

Wie gerufen tritt der nächste Strolch in sein Leben. In einem Gasthaus trifft Jean-Jacques auf einen imponierenden Herrn, gekleidet in ein violettes griechisches Gewand, das von einer pelzverbrämten Mütze vervollständigt wird. Der würdige Mann versucht vergeblich, sich den Umsitzenden verständlich zu machen; seine Sprache ist allen Anwesenden unbekannt. Jean-Jacques versucht sein Turiner Italienisch und das versteht der Fremde. Dankbar lädt er seinen Retter zu einer opulenten Mahlzeit ein. Jean-Jacques, der schon lang nicht so üppig gegessen hat, lässt sich nicht bitten. Der Fremde stellt sich als griechischer Prälat und Archimandrit* von Jerusalem vor, welcher Europa mit dem Auftrag bereist, eine Spendensammlung zur Wiederherstellung des Heiligen Grabes zu unternehmen. Bisher sei seine Reise erfolgreich verlaufen, nun gebe es jedoch Sprachprobleme, da er nur Griechisch, Türkisch und die Lingua franca* spreche. Ob Jean-Jacques ihn nicht weiterhin als Dolmetscher begleiten wolle?

Jean-Jacques will sofort.

Am nächsten Tag brechen sie nach Fribourg auf. Der Fribourger Senat spendet eine kleine Summe für den guten Zweck. Danach geht es weiter nach Bern. Und sonderbar, der schüchterne, stotternde Jean-Jacques hat vor dem Berner Senat einen glänzenden Auftritt. Wenn er nicht für sich selber sprechen muss, sprudeln die rechten Worte nur so aus ihm heraus. Der geistliche Herr erhält von den Bernern ein ansehnliches Geschenk. Weiter geht es nach Solothurn. Die Reise, bei der exzellent getafelt und aufs Interessanteste geplaudert wird, soll über Deutschland nach Ungarn und Polen weiterführen, und Jean-Jacques ist bereit, überallhin mitzukommen.

Doch als sie in Solothurn dem französischen Gesandten ihre Aufwartung machen, sind alle frohgemuten Reisepläne auch schon beendet. Dieser Gesandte, der Marquis de Bonac, war nämlich zufälligerweise früher Botschafter bei der Hohen Pforte und ist Spezialist für alles, was das Heilige Grab angeht. Diskret bittet de Bonac den »Archimandriten« um ein Gespräch unter vier Augen. Die Übersetzungskünste Jean-Jacques' werden hierbei nicht gebraucht, da der Marquis auch perfekt die Lingua franca beherrscht.

Als Nächstes wird Jean-Jacques selbst einem Verhör unterzogen, und er sagt brav alles, was er weiß. Der Marquis und seine Frau – offenbar von Jean-Jacques' Jugend und Offenheit gerührt – nehmen sich seiner an. Vom »Archimandriten« darf er sich nicht mehr verabschieden. Dafür ist er nun als Gast im Haus des Gesandten untergebracht.

Jean-Jacques ist ein bisschen reifer geworden, oder

besser gesagt: Die Entlarvung und Abschiebung des betrügerischen »Archimandriten«, der alle Spenden für das Heilige Grab natürlich in die eigene Tasche gesteckt hatte, haben in Jean-Jacques einen kleinen Reifungsschub bewirkt. So verliebt er sich weder in die liebenswürdige Frau Gesandtin noch setzt er große Hoffnungen auf irgendwelche Aufstiegsmöglichkeiten in der Gesandtschaft. Höchstens Untersekretär könnte er hier werden. Gefragt nach seinen weiteren Plänen, äußert Jean-Jacques den Wunsch, nach Paris zu gehen und dort sein Glück zu machen.

Wie es der Zufall will, ist dem Gesandtschaftsdolmetsch zu Ohren gekommen, dass ein gewisser Oberst Godard einen Gefährten für seinen Neffen sucht, der soeben seinen Militärdienst angetreten hat. Und zwar in Paris! Jean-Jacques wird mit einem Empfehlungsschreiben an diesen Godard versehen, mit hundert Franken und vielen guten Ratschlägen ausgestattet und macht sich auf die Reise.

Und wieder formt sich in seinem Kopf ein neuer Lebenstraum. Die militärische Laufbahn ist seine Bestimmung, was sonst! Im Geist überspringt Jean-Jacques alle Dienste, Ausbildungen und Manöver. Sieht sich schon in Offiziersuniform, mit weißem Federbusch auf dem Helm. Seine leichte Kurzsichtigkeit gedenkt er durch Kaltblütigkeit und Unerschrockenheit auszugleichen.

III. Lehrzeit des Gefühls
*»Ich zweifelte nicht, dass ich eine Revolution
hervorrufen würde.«*

Paris ist eine große Enttäuschung. Prächtige Plätze hat Jean-Jacques erwartet, Paläste aus Marmor, so wie in Turin. Stattdessen sieht er, als er in den Vorort Saint-Marceau einfährt, die Reste der mittelalterlichen Stadt: *kleine, schmutzige und stinkende Straßen, hässliche schwarze Häuser, Unsauberkeit, Armut, Bettler.*[1]

Noch enttäuschter ist er von der Anstellung, die hier auf ihn wartet. Als Diener ohne Sold soll er bei Oberst Godards Neffen arbeiten! Mitzehren von dessen Soldatenlöhnung soll er! Aus dem Wolkenkuckucksheim glücklicher Zukunftshoffnungen purzelt er tief hinunter.

Als er sich umhört und erfährt, Madame de Warens habe Paris wieder verlassen und sei nach Lyon abgereist, hält ihn nichts mehr in Paris. Schon ist er wieder auf der Landstraße.

Und schon fühlt er sich wieder leicht und frei. *Nie war ich sozusagen mehr ich selbst als auf den Reisen, die ich allein und zu Fuß gemacht habe. Im Wandern liegt etwas meine Gedanken Anfeuerndes und Belebendes, und ich kann kaum denken, wenn ich mich nicht vom Platz rühre; mein Körper muss in Bewegung sein, wenn es mein Geist sein soll. Der Anblick des freien Feldes, der Wechsel ange-*

nehmer Aussichten, die frische Luft, der gute Appetit, das
Wohlbefinden, das sich beim Wandern einstellt […] — all
das befreit meine Seele, gibt mir eine größere Kühnheit der
Gedanken. […] Ich verfüge als Herr über die ganze
Natur; mein Herz, von Gegenstand zu Gegenstand schau-
kelnd, verbindet sich, verschmilzt mit denen, die ihm zusa-
gen, umgibt sich mit reizenden Bildern, berauscht sich an
seligen Empfindungen.[2]

Auf seinen geliebten Wanderungen leidet Jean-
Jacques oft Hunger; mehr als einmal muss er im Freien
übernachten, weil er sich keine Herberge leisten kann;
und die Reise von Paris nach Lyon im Herbst 1731
ist von allen seinen Wanderungen die entbehrungs-
reichste.

Zum ersten Mal kommt er durch verödetes Land,
sieht heruntergekommene Äcker, begegnet einer Bevölkerung, die ihm gebeugt und niedergeschlagen erscheint. Häuser, Zäune, Tiere — alles wirkt vernachläs-
sigt und verkommen.

Ein Erlebnis vor allem macht ihn betroffen und gibt
ihm zu denken: Als er in ein Bauerngehöft tritt und um
ein Mittagessen bittet, ist die Bewirtung äußerst kärg-
lich: abgerahmte Milch und trockenes Gerstenbrot. Erst
als der Bauer Vertrauen zu dem Wanderer gefasst hat,
setzt er ihm etwas Besseres vor: Roggenbrot, Schinken
und Wein. Die angebotene Bezahlung lehnt er jedoch
mit allen Zeichen der Ängstlichkeit und Nervosität ab.
Schließlich erfährt Jean-Jacques den Grund des sonder-

baren Gebarens: Der Bauer hatte Angst, Jean-Jacques könnte jemand von der Steuerbehörde sein oder einer ihrer Spitzel.

Man zahle Staatssteuer, Kirchensteuer, grundherrliche Steuer, Gemeindeabgaben, Akzise – ein schamloser Raub an der Bevölkerung! Niemand dürfe hierzulande den Anschein erwecken, ertragreich zu wirtschaften oder über Geld zu verfügen, er würde sonst bis aufs Letzte geschröpft!

Jean-Jacques wird von aufrichtiger Empörung erfasst angesichts einer Bevölkerung, die schuftet und rackert, ohne sich an den Früchten ihrer Arbeit erfreuen zu dürfen. *Es war der Keim jenes untilgbaren Hasses, der sich seitdem in meinem Herzen gegen die Plagen, die das unglückliche Volk erträgt, und gegen seine Bedrücker entwickelte.*[3]

In Lyon sucht Jean-Jacques eine Bekannte von Madame de Warens auf und hört, dass diese jetzt ihren Wohnsitz in Chambéry genommen hat. *Maman* erwartet ihren Kleinen bereits und schickt ihm Geld für die Rückreise. Sie schreibt auch, dass sie eine Anstellung für ihn gefunden habe.

Glücklich und erleichtert setzt Jean-Jacques seine Fußreise fort; zwar hätte das Geld für einen Wagen gereicht, doch lässt er sich die Gelegenheit, noch eine Zeit lang weiter zu wandern, nicht nehmen. So als ahnte er, dass es die letzte große Reise ist, die er zu Fuß unternimmt.

Eine richtige Anstellung wartet auf ihn! Ab nun soll er wohl sesshaft werden.

Wie sich herausstellt, ist es ausgerechnet die Steuerbehörde, für die Jean-Jacques tätig werden soll. Der Fürst von Savoyen hat angeordnet, das Land zu vermessen, um danach die Grundsteuer berechnen zu können. Neben den eigentlichen Feldmessern werden in dieser Unternehmung auch Schreiber oder Sekretäre beschäftigt; und in einer solchen Position hat Madame de Warens ihn untergebracht. Es ist eine nicht allzu schwierige Aufgabe, mit der er sich bald vertraut gemacht hat.

So begann ich nach einem vier- oder fünfjährigen Wanderleben, reich an Torheiten und Leiden, zum ersten Mal seit meinem Scheiden aus Genf, mein Brot auf ehrenhafte Weise zu verdienen.[4]

Leider ist der neue Wohnsitz nicht mit dem früheren in Annecy zu vergleichen. In Chambéry bewohnt Madame de Warens ein dunkles, hässliches Gebäude – *düster und traurig* nennt es Jean-Jacques, *und mein Zimmer war das düsterste und traurigste.*[6]

Ein Zwischenfall verdüstert die Stimmung im Haus noch mehr. Der treue Diener Claude Anet versucht – offenbar nach einem heftigen Streit mit Madame –, sich mit Laudanum zu vergiften. Zum Glück wird er gerettet. En passant lässt die Baronin Jean-Jacques wissen, dass Claude Anet nicht nur ihr Faktotum, sondern auch ihr Geliebter ist. Jean-Jacques nimmt die Eröffnung mit Fassung auf, wundert sich nur, dass ihm das enge Verhältnis der beiden nicht schon früher aufgefallen ist.

Gut, wenn seine geliebte *Maman* dem Diener zugetan ist, wird auch er ihm sein Herz öffnen! Und wenn man Claude Anet genauer kennt, so kann man nicht umhin, ihn zu achten und zu schätzen. Nur um einige Jahre älter als Jean-Jacques, ist er ein überaus anständiger, zuverlässiger und mit natürlicher Autorität begabter Mann. Jean-Jacques muss sich eingestehen, dass Anet ihm in mancher Hinsicht überlegen ist.

Sobald die Arbeit auf dem Katasteramt zur Routine geworden ist, fühlt Jean-Jacques sich bei dieser Tätigkeit unausgefüllt. Er kommt auf die Idee, sich selbst fortzubilden, mehr aus sich zu machen. Sein Beruf legt es nahe, dass er sich mit Arithmetik befasst. Außerdem beginnt er zu zeichnen. Sich an der gemeinsamen Lieblingsbeschäftigung von *Maman* und Anet zu beteiligen, nämlich dem Sammeln von Pflanzen, dem Botanisieren, der Herstellung von Heilmitteln, liegt ihm dagegen überhaupt nicht. Das findet er ziemlich geistlos. Stattdessen versucht er, *Maman* zum gemeinsamen Musizieren zu verleiten. *Wenn wir auch sonst sehr verschiedene Geschmacksrichtungen hatten, so war doch die Musik für uns ein Verbindungspunkt, dessen ich mich gern bediente.*[6] Er selbst muss für diese Kunst geboren sein, kommt ihm vor.

Als Jean-Jacques hört, dass der Komponist Jean-Philippe Rameau eine Abhandlung über die Harmonie verfasst hat, die ganz unverzichtbar für jeden Musikliebhaber ist, besorgt er sich das Buch, findet es schwierig und schwer verständlich und beginnt dennoch hartnäckig, es zu studieren. Außerdem gelingt es ihm, *Maman* dazu zu überreden, einmal im Monat ein kleines Konzert zu veranstalten.

Die Arbeit in der Kanzlei ödet ihn mehr und mehr an. Madame de Warens ist strikt dagegen, dass er seine sichere Stelle aufgibt. Aber Jean-Jacques lässt nicht locker, bis er sie umgestimmt hat. Nun verdient er sein Geld wieder mit Musikunterricht. Und in Chambéry ist er als Musiklehrer höchst gefragt. *Ich sah mich plötzlich in eine schönere Gesellschaft geworfen, von ihr anerkannt, gesucht; überall ein freundlicher, schmeichelhafter Empfang, ein festlicher Eindruck. Liebenswürdige, schön geschmückte Fräulein erwarten mich, empfangen mich zuvorkommend; ich sehe nur reizende Dinge, ich spüre nur den Duft der Rose und der Orangenblüte; man singt, man plaudert, man lacht, man unterhält sich. Ich gehe von dort nur fort, um anderswo das Gleiche zu finden.*[7]

Es ist die Hochblüte des »galanten Zeitalters«. Watteau malt eine Gesellschaft, die vor allem mit Liebesgetändel beschäftigt scheint; die zarten Frauengestalten Jean-Honoré Fragonards bieten offen ihre Reize feil. Die Kunst idealisiert erotische Verheißung und sehnsüchtiges Schmachten. Die Damenmode – hochge-

schnürte, aus dem Mieder quellende Brüste, absichtsvoll gelöste Locken, auf die Wangen geschminkte Erregung – ist eine Aufforderung zur Verführung. Zartes
Spitzengekräusel an Ausschnitt und Ärmeln unterstreicht noch das Blütenhafte und Knospenhafte von
Armen und Busen. All die halb durchsichtigen Schleier und Spitzenhäubchen scheinen nur angelegt zu sein,
um zu verrutschen und herunterzugleiten und den
Körper wie zufällig zu entblößen. Ein leichtes Wippen
des Fußes und das Pantöffelchen fällt zu Boden.

Für die Damen von Chambéry ist der zwanzigjähri-
ge Jean-Jacques äußerst interessant. Nicht nur weil er
hübsch ist, feurige Augen und eine angenehme Ge-
sangsstimme hat, sondern auch weil man munkelt, dass
er geistreich ist. Die einen sehen ihn als möglichen Ga-
lan, die anderen als möglichen Verbündeten bei einer
Kampagne oder Intrige. Getreulich berichtet Jean-
Jacques *Maman* von allen Andeutungen und unmorali-
schen Angeboten, die ihm in den Häusern von Chambéry gemacht werden.

Louise-Eléonore de Warens zieht daraus ihre eigenen
Schlüsse. Eines heiteren Tages schlägt sie Jean-Jacques
vor, ihrer beider innige Herzensfreundschaft in eine
Liebschaft umzuwandeln. Jean-Jacques, von einer seiner
Schülerinnen oder einer deren Mütter verführt! Ihr
»Kleiner« als Don Juan von Chambéry, der von Schlaf-
zimmer zu Schlafzimmer schlüpft! In Anbetracht der
großen Unüberlegtheit und Unvorsichtigkeit Jean-

Jacques' sind das für Louise-Eléonore de Warens Schreckensvisionen. Sie sieht ihn schon von einem Degen durchbohrt entseelt niedersinken. Und so bietet sie ihm an, seine Geliebte zu werden.

Jean-Jacques ist von diesem Angebot überwältigt. Er ist so überwältigt, dass er kaum hört, was *Maman* ihm sonst noch alles sagt, was sie von ihm verlangt, welche Bedingungen sie ihm stellt, welche Verhaltensmaßregeln sie ihm erteilt. Er hört es nicht. Er ist nur gebannt von der ungeheuerlichen Vorstellung, mit der angebeteten Frau eine Liebschaft eingehen zu sollen. Überhaupt zum ersten Mal eine Geliebte zu haben!

Eine Woche hat Louise-Eléonore de Warens Jean-Jacques Bedenkzeit gegeben. Ohne dass er verstanden hätte, was er bedenken soll.

Jean-Jacques ist überglücklich. Durchaus! Aber eigentlich fürchtet er sich auch entsetzlich vor dem Vorübergehen dieser Woche. *Wenn ich mich meinem Glück mit Anstand hätte entziehen können, hätte ich es sicher vom ganzen Herzen gern getan.*[8]

Er ahnt, dass es nicht sexuelle Leidenschaft ist, die Madame de Warens diesen Vorschlag eingab; vielmehr die Sorge um ihn und das Bestreben, ihn vor Abenteuern mit anderen Frauen zu bewahren. *Um mich den Gefahren der Jugend zu entreißen*, wie er wohl erkennt.

Am liebsten hätte Jean-Jacques ihr hoch und heilig versprochen, sich auch ohne das mit keiner anderen einzulassen. Aber er ist einsichtig genug, um zu erkennen, dass er dieses Versprechen nicht geben kann, dass er eine sexuelle Beziehung einfach braucht.

Ohne Verlangen nach ihrem Besitz war ich doch sehr froh, dass sie mir das Verlangen nach dem Besitz anderer Frauen nahm.[9]

Jean-Jacques liebt Louise-Eléonore de Warens von ganzem Herzen, aber er liebt sie als Sohn. Die körperliche Beziehung zu ihr verschafft ihm zwar sexuelle Befriedigung, macht ihn aber nicht glücklich. *Ich weiß nicht, welch unüberwindliche Traurigkeit mir ihren Reiz vergiftete. Mir war, als hätte ich Blutschande begangen.*[10]

Für Madame de Warens ist ihr »Kleiner« jetzt erwachsen geworden. *Nun begann sie mich als Mann zu behandeln und erzählte mir von sich. Alles, was sie mir sagte, war für mich so interessant, ich fühlte mich davon so gerührt, dass mir, indem ich in mich einkehrte, ihre vertraulichen Mitteilungen mehr als ihre Ermahnungen nützten.*[11]

Es ist eine Lehrzeit des Gefühls, eine »Education Sentimentale«, die Jean-Jacques nun zuteil wird.

Dem bisherigen Geliebten Claude Anet gegenüber hält Madame de Warens ihre neue Beziehung keineswegs geheim, im Gegenteil. Sie erklärt, dass sowohl er als auch Jean-Jacques für ihr Glück nötig seien und dass sie sie beide liebe und achte. Und dass sie wünsche, auch Anet und Jean-Jacques mögen einander lieben und achten.

Rousseau beschreibt in den *Bekenntnissen* die Beziehung zwischen ihnen dreien als vollkommene Harmonie. Er zeichnet diese »ménage à trois«, so wie er sie im Nachhinein sehen möchte: als eine Vater-Mutter-Kind-Beziehung, in der er selbst der kleine Liebling ist. Dass der »kleine Liebling« inbrünstig bestrebt ist, den Älteren bei *Maman* auszustechen, steht in den *Bekenntnissen* zwischen den Zeilen. Das Musizieren mit Madame de Warens wird ausgespielt gegen ihr Botanisieren mit Anet. Jean-Jacques initiiert Hauskonzerte und spöttelt über das Salbenmischen und Pillendrehen. Der Beschäftigung mit Pflanzen und Kräutern kann er nicht das Mindeste abgewinnen. Anet dagegen versteht nichts von Musik.

Claude Anet soll in eine bedeutende Position aufsteigen. *Maman* hat den Plan gefasst, in Chambéry einen botanischen Garten anlegen zu lassen, und sich dabei der Unterstützung des fürstlichen Leibarztes Grossy versichert. Anet mit seinem umfassenden Wissen und seiner Kompetenz soll sodann die Leitung dieser Institution übernehmen. Der Plan muss nur noch bei Hof vorgelegt werden, als etwas Unfassbares geschieht: Anet erkältet sich bei einem Ausflug ins Gebirge und stirbt an einer Brustfellentzündung.

Nein, er hat nicht Selbstmord begangen, hat nicht zum zweiten Mal versucht, sich umzubringen − etwa weil die Situation zu Hause für ihn unerträglich war und immer unerträglicher wurde! Niemals käme Jean-

Jacques auf eine solche Idee! Sie waren ja wie eine Familie! Vielmehr wollte Anet eine wertvolle und seltene Heilpflanze suchen und holte sich dabei den Tod. Dass diese Erklärung äußerst unlogisch ist, in Anbetracht der Tatsache, dass im Gebirge noch Schnee liegt und nichts wächst, schiebt Jean-Jacques zur Seite.

Nach einigen Tagen Todeskampf, während derer er an Anets Lager sitzt, Tränen verströmend und Trostsprüche stammelnd – *wenn er mich noch zu hören imstande war, musste es für ihn eine Erquickung sein!*[12] –, verstirbt der Diener.

Als *Maman* und ihr »Kleiner« trauernd beisammensitzen, fällt Jean-Jacques ein, dass er nun wohl die Sachen Anets erben könnte, insbesondere seinen schönen schwarzen Anzug. Kaum kommt ihm der Gedanke in den Sinn, plappert er ihn auch schon aus. Madame de Warens wendet sich ab und bricht in Tränen aus. Jean-Jacques schämt sich zutiefst. Nie wieder wird ihm so ein niedriger und ehrloser Gedanke kommen, schwört er sich.

Notgedrungen übernimmt er nun Anets Rolle als Faktotum und Verwalter von *Mamans* Finanzen und überblickt erstmals das ganze Ausmaß und die Folgen der Verschwendung in diesem Haushalt. Einen Missstand zu erkennen ist eines, ihn abzustellen etwas anderes. Jean-Jacques hat nicht die Autorität des Verstorbenen, der wenigstens hie und da noch eine fragwürdige Investition, eine allzu riskante Spekulation verhindern konnte. Da es ihm nicht gelingt, *Maman* zur Sparsamkeit anzuhalten – er kann sie ja nicht einmal davon abhalten, ihm ständig Geschenke zu machen: eine seidene Weste, eine Uhr –, fasst Jean-Jacques den Plan, ein berühmter Musiker zu werden und auf diese Weise zu Reichtum zu kommen, um *Maman* unterstützen zu können.

Zunächst ist es erforderlich, bei einem guten Lehrer, am besten bei dem bekannten Abbé Blanchard in Besançon, Unterricht im Komponieren zu nehmen. Jean-Jacques überzeugt Madame de Warens davon, dass dieses Projekt das Vernünftigste für seine Zukunft ist. Sie stattet ihn mit allem Nötigen für die Reise aus: neue feine Wäsche, modische Kleider, gediegener Überrock, elegante Schuhe – insgesamt Anschaffungen um achthundert Francs. Wäre nur alles in Jean-Jacques' Koffer so funkelnagelneu gewesen! Kaum erreicht er die französische Grenze, ist die Reise auch schon wieder zu Ende. Sein Gepäck wird vom Zoll beschlagnahmt, weil sich in einer der Rocktaschen ein anti-jansenistisches Pamphlet befindet, das Jean-Jacques einmal von einem Kollegen im Katasteramt zugesteckt bekam und vergessen hat fortzuwerfen.[*]

Vor den langwierigen Amtswegen, den schwierigen Verhandlungen, die nötig wären, um seine Harmlosigkeit zu beweisen und sein Gepäck wiederzuerhalten, kapituliert Jean-Jacques und kehrt nach Chambéry zurück.

Er gibt fürs Erste entmutigt alle Zukunftspläne auf. *Maman* schafft eine neue Garderobe für ihn an. Neue Wäsche, neuer Rock, neuer Überrock, neue Schuhe.

Das Unternehmen, Madame de Warens Finanzen zu retten, erscheint aussichtslos. Ihre Schulden werden immer größer. Trotzdem ist sie freigebig zu jedem vorüberkommenden Schnorrer. Wenn wieder so ein Parasit zu Tisch geladen ist, sich breit macht und von seinen viel versprechenden Projekten schwafelt, flüchtet Jean-Jacques. Er unternimmt dann eine kleine Reise, in der Hoffnung, den Kerl nicht mehr vorzufinden, wenn er zurückkommt. Jean-Jacques fährt ziemlich häufig fort. Damit verursacht er dem Haushalt erneute Kosten, was in ihm wiederum Reuegefühle hervorruft.

Rückblickend vergleicht Jean-Jacques sein Verhalten mit dem des Fleischerhundes in der Fabel. Da der Hund das Fleisch, das er zu bewachen hat, nicht vor den anderen Hunden retten kann, schleppt er sicherheitshalber selbst ein großes Stück fort. Sein Gewissen beschwichtigt er, indem er sich sagt, dass er auf diesen Reisen *Maman* nützlich sein kann, denn er unternimmt sie ja zum Teil in ihrem Auftrag, besorgt Geschäfte für sie. Aber natürlich ist er auch bestrebt, sein eigenes Geschäft zu betreiben, das heißt sich selbst Beziehungen und Verbindungen zu schaffen. Von seiner Zeit als Musiklehrer weiß Jean-Jacques: Ohne Beziehungen läuft nichts.

Als Musiklehrer sieht er sich in Zukunft allerdings

längst nicht mehr. Allmählich ist in ihm der Gedanke entstanden, später einmal Wissenschaftler und Literat zu werden. Überall wird von solchen Männern geredet. Jean-Jacques liest jetzt La Bruyère, Pascal, Fénelon, Prévost, Voltaire. Vor allem Voltaire erweckt in ihm den Wunsch, *elegant schreiben zu lernen und das schöne Kolorit dieses Schriftstellers, das mich entzückte, nachzuahmen.*[13]

Jean-Jacques verfasst die eine oder andere Ode. Doch als er sie *Maman* vorliest, verbietet sie ihm lachend das Dichten.

Also doch Physiker? Chemiker? Jean-Jacques hat hundert Ideen. Eine eher gefährliche Idee ist es, diverse chemische Experimente durchzuführen. Bei einem dieser Versuche explodiert das Gemisch aus Arsen und Kalk und Wasser und verätzt ihm das Gesicht, so dass er für Tage blind ist.

Jean-Jacques gewinnt sein Augenlicht wieder, kommt aber nicht mehr richtig auf den Damm. Er verfällt in Depressionen, fragt sich, was ihm fehlt, gibt seinen zu heftig glühenden Gefühlen die Schuld, die ihn ausgebrannt hätten. Er ist überzeugt, dass das Ende seiner Tage gekommen ist.

Ich sehe ohne Gram die Mattheit, die mich drückt / Das Nahen meines Tods macht mich nicht mehr verrückt. / Das Leid kann unbeirrt an meinem Leibe zehren: / Das ist für mich nur Grund, die Tugend zu vermehren.[14] So dichtet er.

Jean-Jacques wird kränker und kränker, sagt sich, dass er getrost sterben würde, wäre da nicht die Sorge um *Maman*. Louise-Eléonore de Warens pflegt ihn und schließlich päppelt sie ihren »Kleinen« allmählich wieder auf. In den *Bekenntnissen* verklärt sich die Rekonvaleszenzzeit zur Episode innigsten Glücks. *Wenn es im Leben ein köstliches Gefühl gibt, so ist es das, was wir empfanden. Einander wiedergeschenkt zu sein [...] Ich wurde ganz ihr Werk, ganz ihr Kind.*[15]

Jean-Jacques' Krankheitszustände, die von da an immer wieder auftreten, sind Ausdruck von Verweigerung und Flucht. Die ersehnte Rückkehr zur Hilflosigkeit des kleinen Kindes. Er liegt im Bett und muss gepflegt und gefüttert werden. Seelische Konflikte manifestieren sich bei ihm regelmäßig als körperliche Zusammenbrüche. Sein Körper verweigert sich dem, was sein Verstand bereit ist, heldenmütig zu ertragen.

Vergeblich sucht der Schmerz, das Elend und der Wahn / den Mut mir abzutun am Ende meiner Bahn. / Ich lerne stoischen Trotz vom stolzen Epiktet / wie man das Übel und die Armut übersteht.

Der immer noch kränkelnde Jean-Jacques schlägt Madame de Warens vor, das düstere Stadthaus zu verlassen und aufs Land zu übersiedeln. Also wird zusätzlich ein kleiner Landsitz erworben. Les Charmettes ist außerhalb der Festungsmauern von Chambéry in einem kleinen Tal gelegen: ein hübsches Häuschen mit Garten, Wiesen- und Waldgrundstück.

Hier findet Jean-Jacques seinen Seelenfrieden: *Ich las, ich ging müßig; ich arbeitete im Garten, ich pflückte die Früchte, ich half im Hauswesen, und das Glück folgte mir überall.*[16] Als genesen kann er sich allerdings nicht betrachten. Er leidet unter anhaltender Schlaflosigkeit. Zu einer bleiernen Müdigkeit kommt ein Hörsturz. In seinen Ohren ist ein ständiges Summen und Rauschen und Pfeifen und Pochen.

Die Gespräche mit *Maman* handeln jetzt viel von Gläubigkeit und Religion. Und Jean-Jacques spürt, dass die alte Religion, der er angehangen ist, ihre Form und Kraft längst verloren hat. Er merkt, wie er allmählich geradezu ketzerische Gedanken übernimmt, wie pantheistische Vorstellungen den Gott der Bibel ersetzen.

Es gibt einen Gott, doch ist er nicht der rachsüchtige, strafende Gott des ewigen Höllenfeuers, erfunden von furchtsamen und sadistischen Menschen. Gott ist in der Natur, er ist ihre Seele. Und die Natur ist Schönheit und Güte. Madame de Warens heilt Jean-Jacques von der Höllenangst, die die düsteren Schriften der Jansenisten mit ihren Beschwörungen ewiger, unausweichlicher Verdammnis in ihm auslösten. Dafür ist Jean-Jacques ihr zutiefst dankbar. … *du tugendhafte Frau, du gibst es mir zurück, / das dauerhafte Gut, des Mannes wahres Glück.* So reimt er hingerissen.

Jean-Jacques beginnt sich mit seinem nahen Tod abzufinden; die Vorstellung beruhigt ihn sogar. *Das Leiden, das meinen Körper hätte töten müssen, tötete nur meine Leidenschaften, und ich segne den Himmel jeden Tag für die glückliche Wirkung, die es auf meine Seele ausübte. Ich kann wohl sagen, dass ich erst zu leben begann, als ich mich als einen toten Mann betrachtete.*[17]

Dennoch, als man im Herbst genötigt ist, wieder ins Stadthaus zu ziehen, ist Jean-Jacques niedergeschmettert. Er ist überzeugt davon, Les Charmettes nicht wiederzusehen, weil er den nächsten Frühling nicht mehr erleben wird. Bei der Abreise küsst er die Erde und die Bäume.

Wegen seines elenden Gesundheitszustandes ist es ihm nicht möglich, die Unterrichtsstunden als Musiklehrer wieder aufzunehmen. Er vergräbt sich in Büchern, vor allem in wissenschaftlichen. *Indem ich jeden Tag als den letzten meiner Tage betrachtete, studierte ich mit so viel Eifer, als wenn ich ewig hätte leben können.*[18]

Entgegen seinen Erwartungen überlebt er diesen Winter und kann wieder nach Les Charmettes übersiedeln. Vor dem Umzug aufs Land deckt er sich mit Büchern ein: erkenntnistheoretische und metaphysische Schriften, mathematische Werke, staatsphilosophische Abhandlungen von Hobbes, Pufendorf und Machiavelli, Texte über Sprachwissenschaft und Anthropologie. In Jean-Jacques' Phantasie eröffnen sich ihm neue Welten und werden von ihm in neuen schaurigen Gedichtzeilen besungen.

Bald richtet mein Verstand sich zum erhabnen Guten
empor mit Malebranche, mit Leibniz und mit Newton.
Ich prüfe das Gesetz von Denken und Geschehen,
ich treibe mit John Locke Geschichte der Ideen,
Bald lös' ich in Physik die Fülle der Probleme,
ich werfe meinen Geist ins Schlepptau der Systeme:
Ich taste nach Descartes und falle in Verwirrung,
sein Werk ist groß und hoch und ist doch die Verirrung.
Die Hypothese ist verdächtig, ich verzichte
und stecke meinen Kopf in die Naturgeschichte.
Hier hat mich Plinius mit Wissen reich beschenkt,
tut mir die Augen auf und lehrt mich, wie man denkt.

In Wahrheit hat Jean-Jacques keine Ahnung, wie man sich systematisch Wissen aneignet, wie man effizient studiert. Es kommt ihm vor, als ob man, *um ein Buch mit Nutzen zu lesen, alle Kenntnisse haben müsse, die es voraussetzt […]. Durch diese närrische Vorstellung wurde ich jeden Augenblick aufgehalten, genötigt, ständig von einem Buch zum anderen zu laufen, und manchmal hätte ich, ehe ich bis zur zehnten Seite des Buches gekommen wäre, das ich studieren wollte, Bibliotheken erschöpfen müssen.*[19]

Jean-Jacques kennt sich inzwischen gut genug, um zu wissen, dass er sich nicht lang auf einen Gegenstand konzentrieren kann, dass die größte Hartnäckigkeit nichts hilft gegen seinen Hang zu Zerstreutheit und Gedankenflucht. Also erfindet er seine eigene Lernmethode, indem er sich nur eine begrenzte Zeit mit einem Autor befasst, ihn sozusagen häppchenweise studiert und bald durch einen anderen Text ablöst: *So befreit mich der eine von der Ermüdung durch den anderen.*[20]

Er lernt Latein zu lesen, wenn auch nicht zu schreiben oder zu sprechen. Dann wendet er sich der Geographie und Geschichte zu, was ihm wesentlich leichter fällt; schließlich landet Jean-Jacques bei der Astronomie. Auch hier wählt er eine originelle Lernmethode:

Ich hatte, um die Gestirne zu studieren, eine Sternkarte gekauft. Ich hatte diese Sternkarte auf einem Rahmen befestigt, und in den Nächten, in denen der Himmel klar war, legte ich meinen Rahmen im Garten auf vier Pfähle von meiner Größe, die Karte nach unten. Um sie zu beleuchten, ohne dass der Wind meine Kerze ausblies, stellte ich die Kerze in einen Eimer auf die Erde zwischen den vier Pfählen. Indem ich dann abwechselnd mit meinen Augen die Sternkarte und mit meinem Fernrohr die Sterne betrachtete, übte ich mich, die Sterne zu finden und ihre Stellungen zu bestimmen. […] Eines Abends sahen mich Bauern, die ziemlich spät vorübergingen, in groteskem Aufzug bei meiner Beschäftigung. Der Lichtschein, der auf meine Sternkarte fiel und dessen Ursache sie nicht sahen, weil das Licht durch die Wände des Eimers verborgen war, die vier Pfähle, das Spiel meines Fernrohrs, das sie kommen und gehen sahen, gab all dem etwas Zauberhaftes, das sie erschreckte. Meine Tracht war nicht geeignet, sie zu beruhigen.

Ein Schlapphut über meine Mütze und Mamans wattiertes kurzes Hauskleid, das anzuziehen sie mich genötigt hatte, boten ihren Augen das Bild eines wahren Hexenmeisters. Und da es fast Mitternacht war, zweifelten sie nicht, dass es der Anfang des Hexensabbats wäre.[21]

Jean-Jacques ist fünfundzwanzig, er ist mündig geworden. Gesundheitlich fühlt er sich immer noch nicht auf der Höhe. Doch er wird nach Genf reisen, um sich um seinen mütterlichen Erbanteil zu kümmern. Er freut sich unbändig darauf, das Geld aus seiner Erbschaft Madame de Warens zur Verfügung stellen zu können. Leider erhält er nur einen Bruchteil der erhofften Summe. *Maman* nimmt das Geld dankend entgegen und gibt es für ihn aus.

Bestürzt beobachtet Jean-Jacques während seines Aufenthalts in Genf die heftigen Auseinandersetzungen zwischen Bürgertum und Patriziat, die fast die Dimension eines Bürgerkriegs annehmen. Wie auch andere Schweizer Kantone, wird Genf von einer reichen Patrizierklasse regiert, die sich viele Rechte und Privilegien vor der übrigen Bevölkerung anmaßt; was der ursprünglichen, demokratischen Verfassung der Stadtrepublik jedoch diametral widerspricht. Drei Viertel der Bevölkerung sind bei politischen Entscheidungen ohne Stimmrecht und von vielen Berufen und Positionen ausgeschlossen. Die stimmlosen Bürger, die sich nicht »Citoyen« nennen dürfen, sind mit Steuern belegt, wäh-

rend die regierenden Ratsmitglieder keine Steuern zu
entrichten haben. Auf diese Weise vergrößert sich die
Ungleichheit der Bevölkerung stetig. Und zwischen
den Privilegierten und den gegen deren Vorrechte Re-
bellierenden flackert immer wieder der Klassenkampf
auf.[*]

Der scharfe Widerspruch zwischen der tief gespalte-
nen Gesellschaft Genfs und dem Idealbild seines »Va-
terlandes« wird Rousseau sein Leben lang beschäftigen.
Immer wieder wird Rousseau sich in der Rolle des
Mahners und Propheten gefallen, der sich anbietet, die
Bürgerschaft Genfs auf den rechten Pfad zurückzu-
führen.

Was seine schwächliche Konstitution angeht, so ist sich
Jean-Jacques selbst darüber im Klaren, dass vieles an
seinen Krankheitsbildern auf Hysterie beruht. *Die Tränen, die ich häufig grundlos vergoss, die lebhafte Angst
beim Fall eines Blattes oder Zwitschern eines Vogels, die
ungleiche Gemütsstimmung in der Ruhe des angenehmsten
Lebens, all das kennzeichnete jene Langeweile des Wohl-
befindens, die sozusagen die Empfindsamkeit ausschweifen
lässt.*[22] Als er sich im Rahmen seiner Studien schließlich noch mit Anatomie befasst, wird er vollends zum
Hypochonder. *Da ich in jeder Krankheit die Kennzei-
chen der meinigen fand, glaubte ich sie alle zu haben.*[23]
Endlich meint Jean-Jacques, der Ursache seiner Malaise
auf die Spur gekommen zu sein: Es ist ein Polyp. Ein

krankhaftes Gewächs am Herzen! Als er von einem Arzt in Montpellier hört, dem es gelungen sei, einen solchen Herzpolypen zu heilen, will er ihn gleich aufsuchen. Madame de Warens unterstützt das Vorhaben; der noch verbliebene Rest der Erbschaft seiner Mutter wird die Reise finanzieren.

In Grenoble trifft Jean-Jacques auf eine muntere Gesellschaft, man verleitet den widerstrebenden Kranken, sich ihr anzuschließen. Aus einem seiner überspannten Einfälle heraus gibt Jean-Jacques sich vor den neuen Bekannten als ein reisender Engländer namens »Dudding« aus; eine Rolle, die ihm gewisse Grenzen setzt: Weder beherrscht er die englische Sprache noch kennt er Land und Leute. Doch man scheint ihm die Geschichte abzunehmen. Insbesondere eine gewisse Madame von Larnage – nicht mehr jung, nicht besonders schön, doch eisern entschlossen – macht sich daran, ihn zu verführen. *Und nun lebe wohl, armer Jean-Jacques,* wird Rousseau im Rückblick notieren, *oder vielmehr lebt wohl, Fieber, Hysterie, Herzpolyp! Alles vergeht neben Madame von Larnage – außer einigem Herzklopfen, das mir blieb und von dem sie mich nicht heilen wollte.*[24]

Die Reisegesellschaft löst sich auf, schließlich sind es nur noch Frau von Larnage, Rousseau und ein alter, gutmütiger Marquis, die gemeinsam weiterfahren. Die freigebigen Gunstbezeugungen der Dame, die gutmütigen Spötteleien des Marquis erwecken in Jean-

Jacques auf einmal die fixe Idee, dass die beiden sich verschworen hätten, ihn auf den Arm zu nehmen. Frau von Larnage, die nahe daran ist, die Geduld mit ihm zu verlieren, kann ihn zu einem Spaziergang verleiten, und als Jean-Jacques vor lauter Angst, sich lächerlich zu machen, in Starrheit und Stummheit verfällt, umarmt und küsst sie ihn einfach.

Für Jean-Jacques tut sich der Himmel auf. *Sie hatte mir jenes Vertrauen gegeben, dessen Mangel mich fast stets gehindert hat, ich selbst zu sein. Ich war es damals. Nie haben meine Augen, meine Sinne, mein Herz und mein Mund so gut gesprochen.*[25] Madame de Larnage und der endlich erotisch wachgeküsste Jean-Jacques verbringen die nächsten Tage und Nächte miteinander. *Wenn das, was ich für sie fühlte, nicht gerade Liebe war, so war es wenigstens eine so zärtliche Erwiderung der Liebe, die sie mir zeigte, war es eine im Genuss so brennende Sinnlichkeit und eine in unserer Unterhaltung so zärtlich sich bekundende Vertraulichkeit, dass sie den ganzen Reiz der Leidenschaft hatte, ohne ihren Rausch zu haben, der den Kopf verdreht und den Genuss aufhebt.*[26]

Als ihre Wege sich schließlich wieder trennen müssen, werden Zukunftspläne geschmiedet. Nach einigen Wochen Aufenthalt in Montpellier wird Jean-Jacques den Winter bei Frau von Larnage in Bourg-Saint-Andéol verbringen.

In Montpellier unterzieht er sich einer Trinkkur. Unter seinen Mitpensionären befinden sich einige Iren, und Jean-Jacques übt sich in englischer Konversation, um sich auf seinen Auftritt in Bourg-Saint-Andéol vorzubereiten.

Die Ärzte, die er konsultiert, können den Herzpolypen nicht finden. Also auf zu Frau von Larnage! Doch je näher die Kutsche sich Bourg-Saint-Andéol nähert, desto größer wird Jean-Jacques' Unbehagen. Erstens hat er jetzt Gewissensbisse wegen *Maman*, zweitens befürchtet er, in seiner Rolle als Engländer »Dudding« aufzufliegen, drittens hat er Angst vor der Familie von Frau von Larnage, und viertens – war da nicht die Rede von einer schönen vierzehnjährigen Tochter?

Was, wenn er sich dort plötzlich in die Tochter verliebt? Wenn er womöglich diese Tochter verführt? *Sollte ich denn […] Streit, Unehre, Ärgernis und Höllenqualen in ihr Haus bringen?* Nein, er würde sich eisern beherrschen, wenn eine solche Neigung sich zeigen sollte. *Aber warum mich diesem Kampf aussetzen? Welch elender Zustand, mit der Mutter zu leben, deren ich überdrüssig sein würde, und für die Tochter zu erglühen, ohne zu wagen, ihr mein Herz zu zeigen!*[27]

Jean-Jacques fährt an Bourg-Saint-Andéol vorbei. Er ist stolz auf sich, weil er der Versuchung widerstanden hat. Seine kleine Untreue will er sühnen, indem er sich *rückhaltlos dem Dienst der besten der Mütter* widmet.

Zu Hause erwartet sich Jean-Jacques das übliche kleine Fest aus Anlass seiner Rückkehr, die er angekündigt hat. Doch kein Fest ist vorbereitet und die Begrüßung durch Madame de Warens fällt etwas kühl aus. Sie ist außerdem nicht allein, sondern in Gesellschaft eines jungen Mannes, eines kräftig gebauten blonden Herrn namens Wintzenried. Kurz, Jean-Jacques findet seinen Platz bei *Maman* besetzt.

So wie er Claude Anet geachtet hat, so verabscheut und verachtet er den vor Energie berstenden, lärmenden Wintzenried, der sich im Haus breit macht und auftrumpft und alles an sich gerissen hat.

Jean-Jacques' gute Vorsätze auf der Heimreise – lächerlich geworden! Alle seine Zukunftsträume – verflüchtigt! Er fühlt sich verlassen und allein.

Trotzdem kommt er in seiner Naivität zunächst gar nicht auf die Idee, Wintzenried könnte Louise-Eléonore de Warens' Liebhaber sein. Bis sie es ihm mitteilt.

Er selbst sei ja nie da gewesen und sie brauche eben einen Mann im Haus.

Jean-Jacques ist gebrochen: *Ach Maman, was wagen Sie mir zu sagen! Welch ein Lohn für eine Liebe wie die meinige! Haben Sie mir nur so oft das Leben erhalten, um mir alles zu nehmen, was es mir teuer macht? Ich werde an meinem Kummer sterben, aber Sie werden mich betrauern!*[28]

Kühl erwidert Louise-Eléonore de Warens, dass man an so etwas nicht sterbe und dass sich ihre Beziehung ja nicht zu ändern brauche. Doch Jean-Jacques will seine *Maman* nicht mit Wintzenried teilen. Er bleibt zwar in Chambéry – wo sollte er auch hingehen –, doch er sondert sich ab, schließt sich mit seinen Büchern ein oder spaziert weinend im Wald umher. Schließlich wird von einer Stelle als Hauslehrer gesprochen, die Jean-Jacques antreten könne. Ein Herr von Mably, Oberhofrichter von Lyon, würde die Erziehung seiner beiden Söhne in Rousseaus Hände legen. Es ist eine Lösung, die alle erleichtert.

Leider ist Jean-Jacques kein guter Erzieher. Vor allem seine Ungeduld, die sich in Zornesausbrüchen entlädt, lässt ihn keinen Zugang zu den Kindern finden. *Wenn meine Zöglinge mich nicht verstanden, war ich außer mir; und wenn sie sich boshaft zeigten, hätte ich sie töten mögen. Das war aber nicht das Mittel, sie klug und artig zu machen.*[29]

(*Klug und artig!* Als hilfloser Hauslehrer des Herrn von Mably ist Jean-Jacques noch Lichtjahre vom weisen Pädagogen des *Émile* entfernt.)

Während er selbst sich mit den ungezogenen Sprösslingen abmüht, versucht die freundliche Frau von Mably, ihm beizubringen, im Salon die »Honneurs« zu machen und geistreich zu parlieren. Das Haus der Familie de Mably ist eines der angesehensten und einflussreichsten der Stadt. Doch Jean-Jacques in einen gewandten Gesellschafter zu verwandeln gleicht der Quadratur des Kreises. *Ich benahm mich dabei so linkisch, ich war so scheu, so dumm, dass sie den Mut verlor und mich aufgab,* erinnert sich Rousseau. Und fügt hinzu: *Das hinderte mich aber nicht daran, mich meiner Gewohnheit nach in sie zu verlieben.*[30]

Und wie vor Jahren als Lakai, wie in seinen schwärzesten Jahren als Lehrling, kann Jean-Jacques es nicht unterlassen, sich Dinge zu nehmen, die nicht ihm gehören. Diesmal ist es der Wein des Hausherrn. Immer wieder holt er sich eine Flasche Arbois – ein Weißwein, der ihm sehr gut schmeckt – aus dem Keller. Die kleine Dieberei trägt, wenn man so will, ihre Strafe schon in sich, weil sie Jean-Jacques sogleich vor ein Dilemma stellt: Er kann nicht trinken, ohne zumindest Brot dazu zu essen. Wie aber soll er sich unauffällig Brot beschaffen?

Mir etwas durch die Lakaien kaufen zu lassen hieß mich verraten und den Herren des Hauses fast beschimpfen. Es selbst zu kaufen, wagte ich nicht. Ein feiner Herr, den Degen an der Seite, sollte beim Bäcker ein Stück Brot kaufen gehen? War das möglich? Endlich erinnerte ich mich an eine große Prinzessin, der man sagte, die Bauern hätten kein Brot, und die antwortete: »Dann sollen sie Kuchen essen.« Ich kaufte Kuchen. Aber was musste ich anstellen, um dazu zu kommen! Wenn ich in dieser Absicht allein ausgegangen war, durchstreifte ich manchmal die ganze Stadt und ging vor dreißig Bäckereien auf und ab, ehe ich in eine trat. Es durfte nur eine Person im Laden sein, und auch deren Gesicht musste mich sehr anziehen, damit ich die Schwelle zu überschreiten wagte.[31]

Das Schrumpfen des Weinvorrats wird natürlich entdeckt. Man stellt Jean-Jacques deshalb nicht zur Rede, entzieht ihm jedoch die Kelleraufsicht.

Das Probejahr im Hause de Mably wird nicht verlängert und Jean-Jacques beginnt sich wieder eine Zukunft in Charmettes zusammenzuphantasieren. Vielleicht war er nicht geduldig, gefällig, zärtlich genug zu *Maman*? Doch als er zurückkehrt, findet er sich in der gleichen trostlosen Situation wie vor einem Jahr. Madame de Warens freundlich, aber distanziert. Wintzenried im Grunde gar nicht so übel, aber unerträglicherweise der Hausherr. *Wie kann ich als Fremder in dem Hause leben, dessen Kind ich war?*[32]

Erneut kapselt Jean-Jacques sich völlig ab. Und wieder beschäftigt ihn die fixe Idee, auf irgendeine Weise reich zu werden und *Maman* aus ihrer ständig wachsenden Verschuldung zu retten. Dann wird sie einsehen, was sie an ihm hat – und um wie viel mehr er wert ist als ein Wintzenried! Bleibt die Frage: Wie kommt er rasch zu Ruhm und Reichtum? Als Wissenschaftler fühlt Jean-Jacques sich noch nicht sicher genug. Als Literat noch zu ungeschliffen. Endlich fällt ihm ein genialer Plan wieder ein, den er schon vor einiger Zeit gefasst, dessen Ausführung er jedoch immer aufgeschoben und schließlich vergessen hat, ein Plan, zu dem seine eigenen Auffassungsschwierigkeiten ihn inspiriert haben: Wie unendlich schwer ist es ihm doch gefallen, Noten lesen zu lernen! Diesen Lernprozess könnte man doch vereinfachen, indem man die

Tonleiter durch eine Zahlenfolge ersetzt! Jean-Jacques arbeitet ein System aus, und die Schwierigkeiten, die er usprünglich gesehen hat, erweisen sich als geringer, als er befürchtete.

Es gelang mir, jede Musik durch meine Zahlen mit der größten Einfachheit auszudrücken. Von diesem Augenblick an glaubte ich mein Glück gemacht. Und in dem heißen Verlangen, es mit der zu teilen, der ich alles verdankte, dachte ich nur daran, nach Paris zu reisen. Ich zweifelte nicht, dass ich, wenn ich meinen Plan der Akademie unterbreitete, eine Revolution hervorrufen würde.[33]

IV. Der geistige Mittelpunkt der Welt
»Das Licht breitet sich allenthalben aus.«

Im August des Jahres 1742 ist Jean-Jacques wieder in Paris. Entschlossen, sein Glück zu machen. Hat er nicht nunmehr die besten Voraussetzungen? Er ist ein viel gereister, gebildeter Mann, er kennt – vor allem durch die vornehme Familie de Mably – einige einflussreiche Leute, und er ist der Erfinder eines genialen Notationssystems, das er der Akademie der Wissenschaften präsentieren wird.

Selbst Paris scheint ihm diesmal glänzender, verheißungsvoller. Überall farbenprächtige Uniformen, funkelnde Goldborten und Tressen. Jeder scheint festlich aufgeputzt; selbst die Putzmacherinnen laufen in weit gebauschten Taftröcken durch die Straßen und ihre Mieder sind mit Seidenschleifen besetzt. Als wäre hier jedermann ein köstliches Konfekt in edler Verpackung. Und die fast ins Unendliche sich erstreckenden Prachtgebäude! Die Gartenanlagen, dimensioniert für einen Gott! Ziersträucher und flammenfarbene Bouquets, die in der Sonne zu glühen scheinen! All die vergoldeten Gitter und Statuetten! Das Auge wird fast blind von so viel Leuchten!

Wie ich bei meiner früheren Reise Paris von seiner ungünstigen Seite gesehen hatte, so sah ich es jetzt von seiner glänzenden, schreibt er in den *Bekenntnissen*. Und er erinnert sich wieder an seine vertrauensvolle Zuversicht: *Ein junger Mensch, der mit einem leidlichen Äußeren nach Paris kommt und sich durch Talent ankündigt, ist stets freundlicher Aufnahme sicher.*[1]

Säuberlich verzeichnet Jean-Jacques, wer ihm von Nutzen sein kann und wer zwar gute Absichten, jedoch wenig Mittel hat, ihm weiterzuhelfen. Dank der Empfehlungsschreiben, die er sich zu verschaffen wusste, wird er zum berühmten Physiker Réaumur weitergereicht; René-Antoine de Réaumur ist liebenswürdig genug, sich darum zu kümmern, dass Monsieur Rousseau die Denkschrift über seine Ziffernnotation einem Gremium der Akademie vortragen darf.

Doch bei der Präsentation erlebt Jean-Jacques eine unangenehme Überraschung: Bereits im 17. Jahrhundert habe ein Mönch namens Souhaitty ein solches Ziffernsystem erfunden, wird ihm mitgeteilt. Sein System sei weder neu noch nützlich. Eine Ansicht, der Jean-Jacques sich überhaupt nicht anschließen kann. Erst als die größte Autorität von allen, der Komponist Jean-Philippe Rameau selbst, ihn darüber belehrt, dass diese Art der Notenlesung zu umständlich sei, während die herkömmliche Notation auf einen Blick zu erfassen ist, muss Jean-Jacques sich vor diesem Gremium geschlagen geben. Er beschließt, sich an eine breitere Öffentlichkeit zu wenden, und verfasst eine Abhandlung *Über die moderne Musik*, von der er hofft, dass sie seiner Idee doch noch zum Durchbruch verhilft und ihn seinem Ziel, *da-*

durch eine Umwälzung in dieser Kunst hervorzubringen, näher bringt. Ein Ziel, das wiederum nur Mittel ist zu einem höheren Zweck, nämlich: ... *und so eine Berühmtheit zu erlangen, die bei den schönen Künsten sich in Paris stets mit gesellschaftlichem Erfolg vereint.*[2]

Berühmtheit – gesellschaftlicher Erfolg, das sind Jean-Jacques' neue Leitsterne. Dahinter steht die Sorge um die Sicherung der eigenen Existenz. Aber leider: Obwohl es ihm gelingt, einer Musikschülerin mittels seiner Methode in kürzester Zeit das Notenlesen beizubringen, so erregt doch weder seine Schrift noch der erbrachte Beweis ihrer Anwendbarkeit das geringste Aufsehen. *Ein anderer hätte damit die Zeitungen gefüllt!*, stellt er bitter fest. *Aber wenn ich auch einiges Talent hatte, nützliche Dinge zu finden, so hatte ich doch nie das Talent, sie zur Geltung zu bringen.*[3]

Jean-Jacques schränkt seine Ausgaben ein, so gut es geht. Er lebt in einer billigen Pension, er geht nur noch jeden zweiten Tag ins Kaffeehaus und nur noch zweimal wöchentlich ins Theater; ein Leben, das er als *einsiedlerisch* bezeichnet. In Wahrheit ist er höchst umtriebig und bald ein Teil jenes Kreises von Literaten, die drauf und dran sind, Paris zum geistigen Mittelpunkt der Welt zu machen. Längst Arrivierte gehören dazu, wie der Komödiendichter Marivaux, unter dessen Witz sich die Subversion meisterhaft verbirgt. Oder der geistreiche Bernard de Fontenelle, von dem es heißt, Gott habe ihn mit zwei Hirnen gesegnet und mit kei-

nem Herzen. Aber auch viel versprechende Nachwuchs-
talente sind dabei wie Denis Diderot, Sohn eines Mes-
serschmieds aus Langres, dem nichts heilig zu sein
scheint und der wild entschlossen ist, keinen Stein auf
dem anderen zu lassen, alles umzuwälzen und mitzu-
bauen an einer neuen, besseren Welt.

Jean-Jacques hört zu, debattiert, lässt sich mitreißen
– hundert Wege zu Ruhm tun sich vor ihm auf. Im
Stammcafé des Literatenzirkels, dem »Régence«, werden Schachpartien abgehalten. Die besten Spieler von
Paris – ein Husson, ein Légal, ein Philidor, nebenbei
ein erfolgreicher Opernkomponist – geben sich hier
die Ehre. Prompt entsteht in Jean-Jacques der Plan,
ebenfalls ein berühmter Schachspieler zu werden. *Ich
zweifelte nicht, dass ich am Ende besser als sie alle werden würde, und das war meiner Ansicht nach genug, um
mir als Einkommensquelle zu dienen.*[4] Doch leider:
Auch diese Seifenblase ist bald zerplatzt.

Einer seiner neuen Freunde, der Jesuitenpater, Philosoph und Mathematiker Louis-Bertrand Castell, will
nicht länger mit ansehen, wie Jean-Jacques in den Tag
hineinlebt, und rät ihm, sich an die Damen der Gesellschaft zu halten statt an die Musiker und Literaten.
Statt in Cafés herumzulungern, solle er sich dort sehen
lassen, wo das weibliche Geschlecht das Sagen hat: in
den Salons. »Man erreicht in Paris nur etwas durch die
Frauen.«

Also macht Jean-Jacques sich auf und überreicht seine so schmählich verkannte Schrift *Über die moderne Musik* einer adeligen Dame, Frau von Besenval, die, wie man ihm gesagt hat, von großem Einfluss ist. Frau von Besenval empfängt ihn huldvoll, sie bittet den Besucher sogar, zum Mittagessen zu bleiben. Ein Moment des Triumphs, bis Jean-Jacques begreift, dass es sich um den Mittagstisch der Dienerschaft handelt. Er ist tief getroffen und will schon ablehnen, als die Tochter des Hauses, Frau von Broglie, auf den »faux pas« ihrer Mutter aufmerksam wird und Jean-Jacques zur Familientafel bittet. Er bleibt also zum Essen. Da er weiß, dass Konversation nicht seine Stärke ist, er jedoch unbedingt Eindruck schinden möchte, trägt er ein selbst verfasstes Gedicht vor. Die Damen sind entzückt.

Nächstes Ziel ist Madame Dupin. Louise-Marie-Madeleine Dupin, Gattin eines Finanzmagnaten, ist eine der berühmten »Salonnières«. Eine jener Damen, deren Salons, also Gesellschaften, man um jeden Preis besuchen muss, um etwas zu gelten. Jean-Jacques hat sich mit ihrem Stiefsohn Charles-Louis de Francueil angefreundet und beeilt sich, der Stiefmutter seine Aufwartung zu machen, die als eine der schönsten Frauen von Paris gilt. *Sie empfing mich während ihrer Toilette. Ihre Arme waren nackt, ihr Haar aufgelöst, ihr Pudermantel in Unordnung. Ein solcher Empfang war mir sehr neu; mein armer Kopf hielt ihm nicht stand. Ich werde verlegen, ich bin verwirrt. Kurz, ich habe mich in Frau Dupin verliebt.*[5]

Die Erinnerung an die koketten Damen von Chambéry verblasst und verweht vor den Reizen der Pariserinnen, *deren Musterung so frei erlaubt ist, dass wenig zu raten übrig bleibt,* wie Rousseau schreibt. *Disinvoltura* nennt er die fröhliche Unbekümmertheit, mit der sie sich präsentieren. *Ihre Reden und Gebärden beleben sie mit einer edlen Unverschämtheit; und jede ehrbare Mannsperson schlägt vor ihrem kühlen Blick die Augen nieder. […] Noch ärger ist es, sobald sie den Mund öffnen. Das ist ein harter, scharfer, fragender, gebieterischer, spottender Ton und lauter als eine Männerstimme. Wenn noch in ihrem Klang etwas von der Anmut ihres Geschlechts zurückbleibt, so verdrängt sie vollends die neugierige, unerschrockene Art, womit sie andern ins Gesicht sehen. Es ist, als belustigten sie sich über die Verlegenheit, in die sie Leute versetzen, die sie zum ersten Mal erblicken.*[6] Doch hinter der Fassade, räumt Rousseau ein, verbergen sich bei diesen Frauen oft Einsicht, Verstand, Menschlichkeit und Großzügigkeit.

Auch Madame Dupin nimmt Jean-Jacques' Schrift *Über die moderne Musik* freundlich in Empfang, lässt ihn an der Tafel neben sich sitzen, lädt ihn ein, sie weiter zu besuchen.

Die Gesellschaft der Pariser Salons hat sich für ihn aufgetan. Eine Gesellschaft, für die Dogmen und Überzeugungen nichts, Eleganz, Einfallsreichtum und Geistesgegenwart dagegen alles sind. Es ist eine Kultur spielerischen Denkens, die sich seit dem Tod von

Louis XIV. entfaltet hat und deren Vollendung und Blütezeit der staunende Jean-Jacques nun erlebt. Neben den legendären Salons einer Madame du Deffand, Madame Geoffrin, Madame Helvétius und Mademoiselle de Lespinasse ist der Salon der Madame Dupin eine Spur weniger bedeutend; was jedoch nicht heißt, dass man dort nicht eine vollendete Konversation zu pflegen weiß.

»Man schätzte den flüchtigen Charakter eines Gedankens, den Wert, den ihm ein vorausgehender Gedanke geben konnte, den Takt, etwas im richtigen Augenblick zu sagen und zu wissen, was man im gegebenen Augenblick sagen muss, gerade weil es an anderer Stelle gesagt wurde. Man verstand, einer nichtigen Kleinigkeit Farbe zu verleihen, indem man sie in einen bestimmten Zusammenhang einfügte, man hatte ein Gefühl dafür, wann man auf einer bestimmten Behauptung beharren musste oder sie übergehen. Kurz, es gab keine klangliche oder gedankliche Nuance, die nicht im Gespräch zum Ausdruck kam«, schreibt der Kulturhistoriker Groethuysen über das versunkene Atlantis der Pariser Salons. »Das Denken wurde sich der Souveränität und Eleganz seiner unbegrenzten Fähigkeit bewusst, alles auszudrücken, alles zu verstehen, als sei es ein Spiel.«[7] Jede Geste, jede Klangnuance, jeder Blick, jedes Flattern des Fächers wird entziffert und mit ebenso subtilen Gesten und Andeutungen erwidert.

In dieser Welt der Vielsprachigkeit und Vieldeutigkeit wird der schüchterne Jean-Jacques zum Sprachlosen. Er findet weder den richtigen Ton noch richtige, also geistreiche Antworten. Das aber bedeutet: Er kann sich nicht zur Geltung bringen, sich nicht hervortun, keine rechte Beachtung finden, kein Ansehen erwerben. Und damit ist er ein Niemand. Denn keiner ist hier nur für sich. Wer nichts zu sagen hat, ist nichts sagend. Wer nicht angesehen wird, ist unansehnlich.

Madame Dupin bereut bald ihre Einladung an den unglückseligen jungen Mann. Jean-Jacques kommt täglich, also viel zu häufig; er hat nichts zur Unterhaltung beizutragen und schreibt noch dazu – Gipfel der Abgeschmacktheit – bald einen Liebesbrief an die Hausherrin. Madame Dupin fühlt sich genötigt, ihn durch ihren Stiefsohn zu ersuchen, seine Besuche auszusetzen.

Jean-Jacques mag eine schöne Seele und eine Menge Talente haben – »savoir vivre« und Sinn für das rechte Maß hat er nicht. Glücklicherweise leidet seine Freundschaft mit Francueil nicht weiter durch die unerfreuliche Episode. Gemeinsam musizieren sie und betreiben Studien in Chemie. Und nach einiger Zeit wird auch Madame de Dupin ihn wieder schätzen – allerdings nicht unbedingt als Salonlöwen.

Jean-Jacques ist innerlich zerrissen. Einerseits findet er die Zerstreuungen der Gesellschaft oberflächlich, eitel und sinnlos; zugleich strengt er sich an, mitzukommen, sich die Pariser Art anzueignen, sich anzupassen. Sonst, das weiß er, überlebt er hier nicht. Viele Jahre später wird er die Verwirrung der frühen Pariser Jahre in Worte fassen: In den Briefen seines berühmten Roman-helden St. Preux. *Ich fange nun an, die Trunkenheit zu empfinden, in die dieses geräuschvolle, unruhige Leben die-jenigen, die es führen, versetzt*, schreibt St. Preux an die angebetete Julie; *ich verfalle in eine Betäubung, die dem Zustand eines Menschen gleicht, vor dessen Augen schnell hintereinander eine Menge von Gegenständen vorübereilt. Nichts von dem, was meinem Blick auffällt, dringt bis ans Herz; alles zusammen aber beunruhigt dessen Regungen und gebietet ihnen Stillstand, so dass ich für einige Augen-blicke vergesse, wer ich bin und wem ich angehöre. Täglich verschließe ich beim Weggehen meine Gefühle in meiner Stube, um mir andre Empfindungen anzueignen, die den törichten Gegenständen, die mich erwarten, mehr entspre-chen. Unvermerkt urteile und rede ich so, wie ich alle Welt um mich her reden und urteilen höre …*[8]

Während der Genesung von einer Lungenentzündung, bei der er sich wieder dem Tod nahe wähnt, beschließt Jean-Jacques, seine Karriere ernsthafter anzugehen und eine Oper zu komponieren. Er hat schon einige kleine Musikdramen verfasst, die ihm jedoch nicht gut genug erschienen sind, nun soll es die Musik für ein *heroisches Ballett* in drei Akten werden, Titel: *Die galanten Musen*.

Doch während dieses Projekt Formen annimmt, kommt ein neues Angebot, das er den Damen de Besenval und de Broglie verdankt: Man vermittelt ihm eine Anstellung als Sekretär des neu ernannten französischen Botschafters in Venedig, des Grafen von Montaigu. Zwar gibt es zunächst recht unbefriedigende Gehaltsverhandlungen, doch schließlich bricht Jean-Jacques doch auf nach Venedig und ist wieder voll hochfliegender Erwartungen.

Der Botschafter erweist sich in Jean-Jacques' Augen als völlig ungeeignet für seinen Posten. Graf von Montaigu ist kein Diplomat, sondern ehemaliger Gardehauptmann; er spricht nicht Italienisch, kann keine Schriftstücke aufsetzen und ist außerstande, die üblichen Geheimbotschaften zu dechiffrieren. Dringend benötigt er die Hilfe eines guten Sekretärs, und Jean-Jacques fühlt sich hier weit mehr in seinem Element als in den Pariser Salons. Die Arbeit ist zwar umfangreich, doch sie fällt ihm leicht, und er bewältigt ein gewaltiges Pensum. Er dolmetscht, chiffriert und dechiffriert, er überarbeitet die Depeschen des Botschafters, die ihm sträflich dumm und unbrauchbar erscheinen, und bemüht sich, ihnen wenigstens einen Hauch von Sinn und Plausibilität zu verleihen.

Die praktischen politischen Erfahrungen, die er täglich macht, prägen sich ihm ein. Seine Auffassungsgabe auf diesem Gebiet ist ausgezeichnet, seine Schlussfolgerungen sind präzise. Die etwas über ein Jahr dauernde Tätigkeit als Botschaftssekretär wird zur Basis der politökonomischen Gedanken, die er später entwickelt.

Doch daneben wird Jean-Jacques sich bald bewusst, dass Venedig nicht nur Parkett der Diplomatie, sondern auch eine Hochburg der italienischen Musik ist. Alles in der »Serenissima« atmet Musik. Die Menschen hier scheinen Duette zu singen, wenn sie miteinander ein Gespräch führen. Auf der Piazza di San Marco intoniert irgendein Schuster oder Barbier eine Arie; gleich stimmen andere in sein Lied ein und bald erklingt vollendeter, vielstimmiger Gesang. Liebhaber zupfen unter dem Fenster ihrer Angebeteten auf der Mandoline; Straßensänger tragen ihre Melodien in Kaffeehäuser und Tavernen; die Barcarolen der Gondolieri scheinen die Abendluft zu liebkosen. In der Oper sind Männer zu Tränen gerührt und Frauen sinken ohnmächtig um bei den Koloraturen eines Kastraten. Der Begnadetste von ihnen, Carlo Broschi, genannt Farinelli, ist der berühmteste Musiker seiner Zeit.

Sooft er kann, besucht Jean-Jacques die Oper und verliebt sich auf ewig in die italienische Musik. Vor allem ein Abend bleibt ihm als beinah *überirdisches* Erlebnis in Erinnerung.

Erschöpft von der Tagesarbeit, ist er in seiner Loge eingeschlafen. Und dann: *Wer könnte die köstliche Empfindung beschreiben, welche mir die süße Harmonie und die engelhaften Gesänge einflößten, die mich weckten! Welch Erwachen, welch Entzücken, welche Begeisterung,*

97

als ich zugleich Ohren und Augen öffnete! Mein erster
Gedanke war, ich sei im Paradies.[9]

Ein Porträt, das Jean-Jacques während seiner Zeit in Venedig von sich malen lässt, zeigt einen »homme elegant« in braunem Rock und roter Weste mit goldenen Litzen. Spitzengeriesel an Jabot und Manschetten. Seine Miene spiegelt die lächelnde Selbstzufriedenheit eines Aufsteigers.

Auch als Sekretär versteht Jean-Jacques es nicht, das rechte Maß zu wahren und seine Tüchtigkeit mit Takt zu verbinden. Sein neues Selbstbewusstsein demonstriert er, indem er für seine Ausfahrten die Gondel des Gesandten beansprucht und darauf besteht, an den Empfängen in der Botschaft als Gleichberechtigter teilzunehmen. Anlässlich eines Banketts für den Herzog von Modena platzt dem Grafen von Montaigu der Kragen. Rousseau gibt den Streit in den *Bekenntnissen* wieder:

»Wie«, rief er zornig, »mein Sekretär, der nicht einmal ein Edelmann ist, beansprucht mit einem Souverän zu speisen, wenn nicht einmal meine Kammerherrn an dem Mahl teilnehmen?«

»Ja, mein Herr«, entgegnete ich ihm, »die Stellung, mit der mich Euer Exzellenz geehrt haben, adelt mich, solange ich sie einnehme.«[10]

Die Spannungen zwischen den beiden Männern steigern sich ins Unerträgliche. Der Graf verweigert die

Gehaltszahlungen, seine Dienerschaft wendet sich gegen den übereifrigen Sekretär. Schließlich bleibt Jean-Jacques nichts übrig, als den Abschied einzureichen. Auf eigene Kosten muss er nach Paris zurückfahren. Venedig hat ihm nichts eingebracht außer Einblicken in die Politik und tiefen musikalischen Eindrücken. Nie wird er die Schönheit und Melodik der hier vernommenen Musik vergessen.

Was er indes gern vergessen würde, sind die wenigen und wenig erfreulichen erotischen Abenteuer, die er erlebt hat. Bereits von Ende Dezember an regierte der Karneval – ganz Venedig wandelt sich zu einem »Giardino di guioci e divertimenti«, einem Garten der Spiele und der Lüste. Die Signore und Signori flanieren maskenverhüllt über den Markusplatz; maskiert sind die Blumenmädchen und die Glücksloverkäufer. Harlekin und Pantalone und andere Figuren der Commedia dell'Arte reißen ihre Possen, Seiltänzer balancieren hoch über der Menge und lassen sie den Atem anhalten.

Als Gesandtschaftsangehörigem und Geheimnisträger sind Jean-Jacques die Häuser der venezianischen Gesellschaft versperrt; von Bekannten wird ihm nahe gelegt, doch eine der legendären Kurtisanen aufzusuchen, von denen es heißt, es gäbe auf der Welt nicht ihresgleichen. Er lässt sich dazu überreden, doch das Erlebnis – ein Besuch bei der berühmten »Paduana« – ist wenig befriedigend, und hinterher hat er wochen-

lang entsetzliche Angst, sich mit einer Geschlechts-
krankheit angesteckt zu haben.

Die zweite Erfahrung verläuft noch peinlicher. Zu
einem Festbankett, das ein reicher Frachtkapitän ihm
zu Ehren ausrichtet, erscheint als Überraschungsgast
und wohl als kleine Aufmerksamkeit für den Herrn
Gesandtschaftssekretär eine temperamentvolle Schönheit namens Zulietta. Sie fällt Jean-Jacques um den
Hals, weil er, wie sie schwört, einem alten Freund von
ihr, den sie einst geliebt habe, zum Verwechseln ähnlich sähe. Zulietta neckt ihn, kommandiert ihn herum
und verdreht ihm völlig den Kopf. Anderntags empfängt sie ihn in einem *mehr als galanten Hauskleid*, ein
Anblick, der Jean-Jacques vollends überwältigt.

Leider ist er unfähig zum Liebesakt. Stattdessen
bricht er in Tränen aus. Verzweifelt fragt er sich, was
mit ihm los ist – was an Zulietta sein mag, das ihn ver-
stört und lähmt.

Auf einmal bildet er sich ein, das schöne Mädchen vor
ihm sei auf seltsamste, unerklärlichste Art missgebildet:
weil nämlich eine ihrer Brüste keine Warze habe. Hält
er eine Art Ungeheuer in seinen Armen? Als er Zulietta stammelnd auf diese vermeintliche Anomalie an-
spricht, gibt sie das ganze Unternehmen achselzuckend
auf und komplimentiert ihn hinaus: »Zanetto, lass die
Frauen und studiere Mathematik«, rät sie ihm.

Jean-Jacques kommt bald wieder zur Besinnung und
erkennt, dass es sich um eine jener Wahrnehmungstrü-

bungen handelte, die ihn bei großer seelischer Aufregung befallen. Er sieht dann Dinge, die gar nicht da sind. Was muss die schöne Zulietta jetzt von ihm denken! Scham erfüllt ihn. Vor allem aber heftige Reue, die Gelegenheit nicht besser genützt zu haben. Als er Zulietta anderntags nochmals besuchen will, heißt es, sie sei abgereist.

So bleibt der schönste Moment seines Aufenthalts in Venedig jener Abend, an dem er in der Oper den Schlaf des Gerechten schlief – jäh aufwachte und sekundenlang glaubte, im Paradies zu sein.

Jean-Jacques kehrt nach Paris zurück, überzeugt, hier sein Recht zu finden und das ausstehende Gehalt zugesprochen zu erhalten. Er hat in der Gesandtschaft gute, ja hervorragende Arbeit geleistet, das weiß er. Er sieht schon ein, dass er dem Grafen gegenüber ein wenig überheblich war. Aber kann das wirklich ins Gewicht fallen gegenüber seinen Leistungen? Ein Jahr lang hat er den Betrieb dort praktisch im Alleingang geführt! Ihm sein Gehalt vorzuenthalten ist ein klarer Rechtsverstoß! Er hat sich ja nichts zuschulden kommen lassen, im Gegenteil!

Seinem Gesuch an das französische Außenministerium ist kein Erfolg beschieden. Jean-Jacques ist Ausländer und nicht von Adel. Ein gewöhnlicher Handwerkersohn aus Genf hat gegen einen Grafen Montaigu keine Chancen.

Verbittert muss er zur Kenntnis nehmen, dass auch seine einflussreichen adeligen Gönner und Freunde ihm nicht helfen wollen. Im Gegenteil: Madame de Besenval und Pater Castell, die ihm schließlich die Stellung an der Gesandtschaft verschafften, nehmen ihm seine Kündigung übel.

Die gute Ordnung, oder was man so nennt, verlangte, dass ich keine Gerechtigkeit erhielt, und ich erhielt keine.[11] Doch Jean-Jacques bezieht die erfahrene Ungerechtigkeit nicht nur auf sich selbst, sondern sieht sie in einem allgemeinen Licht. *Die Nutzlosigkeit meiner Klagen ließ mir in der Seele einen Keim der Entrüstung gegen unsere närrischen staatlichen Einrichtungen zurück, in denen das wahre öffentliche Wohl und die wahrhafte Gerechtigkeit stets, ich weiß nicht welcher scheinbaren Ordnung, geopfert werden. In Wahrheit wird dadurch aber jede Ordnung zerstört und ersetzt durch die Heiligung der öffentlichen Autorität, der Unterdrückung der Schwachen und der Ungerechtigkeit der Starken.*[12]

Zurück zur Musik also! Jean-Jacques beendet die *Galanten Musen* und sucht sich einen Mäzen. Er findet einen einflussreichen Gönner im Herzog von Richelieu; auch diese Bekanntschaft verdankt er dem Haus de Mably und den Lyoner Kreisen. Der Herzog, ein Großneffe des legendären Kardinals und erster Kammerherr Louis XV., sorgt für die Finanzierung der Opern-Einstudierung aus der Kasse des Königs. Kaum spricht sich die Sache herum, kommt allerdings auch schon Widerstand von der mächtigen Partei Jean-Philippe Rameaus; der Star-Komponist duldet keinen Rivalen bei Hof. Und der Herzog von Richelieu, selbst musikalisch nicht sehr bewandert, lässt sich schließlich von Rameaus Clique überzeugen, dass die Aufführung eines Unbekannten, der sich bisher nur einen zweifelhaften Ruf als Plagiator eines Notensystems erwarb, vor Seiner Majestät ein zu großes Risiko darstellt.

Richelieu will seinen Protegé entschädigen, indem er ihm einen anderen Auftrag verschafft. Jean-Jacques soll eine gewissermaßen noch unvollständige Oper von Rameau und Voltaire überarbeiten und für die fehlenden Zwischenspiele sowohl die Verse als auch die Musik schreiben. Es ist eine schwierige und undankbare Aufgabe, doch Jean-Jacques fühlt sich ungemein geschmeichelt, zumal er einen sehr freundlichen Brief von Voltaire erhält. Nachdem er ehrerbietig angefragt hat, ob er es sich herausnehmen dürfe, Sätze des Dichters ein wenig zu verändern, antwortet ihm Voltaire:

»Sie vereinen, mein Herr, zwei Talente, die bisher stets getrennt gewesen sind: Dichten und Komponieren. Das sind schon zwei gute Gründe für mich, Sie zu achten und Sie lieb zu gewinnen zu suchen. Es tut mir Leid, dass Sie diese beiden Talente an ein Werk wenden, das Ihrer kaum würdig ist. […] Ich sandte einen erbärmlichen Entwurf dem Herzog von Richelieu und rechnete darauf, dass er ihn nicht brauchen oder dass ich ihn umarbeiten würde. Glücklicherweise ist dieser

Entwurf nun in Ihren Händen, Sie können völlig über ihn verfügen ...«[13]

Jean-Jacques müht sich ab mit Rezitativen und musikalischen Übergängen – *der Gedanke an die beiden großen Männer, denen mich zu verbinden man mich gewürdigt hat, hatte meine Geisteskraft beflügelt*[14] –, um dann einer Generalprobe beizuwohnen, an der weder Rameau noch Voltaire teilnehmen; überdies scheint sein eigener Name nirgends im Programm auf. Außerdem werden die kompositorischen Ergänzungen von Rameau und dessen Clan verrissen.

Vor Kummer und Ärger wird Jean-Jacques krank und ist wochenlang bettlägrig.

Einziger Lichtblick in dieser Zeit ist ein junges Mädchen, das er zu seiner Geliebten gemacht hat: Thérèse Levasseur. Jean-Jacques lernt sie in einem Gasthof kennen, in dem er nach seiner Rückkehr aus Venedig 1745 für einige Zeit wohnt. Thérèse wartet dort bei Tisch auf und besorgt die Wäsche. Das *sanfte und liebenswürdige* Mädchen stammt, wie er herausfindet, aus einer ordentlichen Familie, die allerdings durch einen Bankrott ruiniert wurde. Als jüngstes von vielen Kindern erhielt Thérèse keine Ausbildung und muss überdies die Eltern durch ihre Arbeit ernähren.

Dies ist nun für Jean-Jacques eine ganz neue Art von Beziehung. Bei Thérèse ist er der Ältere, Gescheitere, Gebildetere; als inzwischen recht bekannter »Literat« ist er in einer ungleich höheren gesellschaftlichen Position.

Bei ihrer ersten Begegnung nimmt er Thérèse ritterlich gegen die Anpöbeleien anderer Gäste in Schutz. Er fühlt sich angezogen von ihrer Einfachheit und Aufrichtigkeit. *Sie war sehr schüchtern, ich war es auch. Der Bund, den diese gemeinsame Anlage zu hindern schien, wurde dennoch sehr rasch geschlossen.*[15]

Anfangs hatte ich nur ein Vergnügen gesucht, schreibt er in den *Bekenntnissen*. *Ich sah, dass ich mehr gefunden und mir eine Gefährtin erworben hatte.* Die Liebschaft mit dem jungen Mädchen muss nun seine begrabenen Hoffnungen auf eine Karriere kompensieren: *Ich bedurfte anstatt des erloschenen Ehrgeizes eines lebhaften Gefühls, das mein Herz erfüllte.*[16]

Thérèse lernt niemals lesen und nicht ordentlich schreiben. Sie ist so naiv, wie sie ungebildet ist. Hört sie, dass ein Abbé ihren Jean-Jacques besucht habe, so meint sie, der Papst persönlich sei es gewesen.

Vor allem die Frauen in Rousseaus Bekanntenkreis werden kein gutes Haar an Thérèse lassen: Das Mädchen sei eifersüchtig, dumm, geschwätzig und verlogen, behauptet etwa Rousseaus Freundin und Gönnerin Madame d'Epinay.

Die meisten seiner Freunde können nicht begreifen, dass Jean-Jacques es so lang mit einer Person ohne geistiges Niveau aushält. Er versucht zwar anfangs noch, Thérèse die einfachsten Kulturtechniken beizubringen und etwas rudimentäre Bildung, findet sich dann aber mit ihrer intellektuellen Beschränktheit ab und hebt immer wieder ihren gesunden Menschenverstand und ihr gutes Herz hervor. Mit ihr habe er sein Glück gefunden. Ein ruhiges, sicheres Glück – genau das, was er wünscht und braucht.

Ich sah, dass sie mich aufrichtig liebte, und das verdoppelte meine Zärtlichkeit. Diese süße Vertraulichkeit war mir Ersatz für alles. Die Zukunft berührte mich nicht mehr …[17]

Um sich ein regelmäßiges Einkommen zu verschaffen, nimmt Jean-Jacques die ihm angebotene Stelle eines Tutors im Haus Dupin an. Madame Dupin soll er als Sekretär und Schreiber unterstützen, ihrem Stiefsohn Jean-Louis Francueil wird er beim Verfassen naturwissenschaftlicher und philosophischer Schriften zur Hand gehen, von denen dieser sich eine Aufnahme an der Académie Française erhofft. Viel verdient Jean-Jacques bei seiner Tätigkeit im Haus Dupin nicht, doch von den drückendsten Sorgen ist er nun befreit und kann mit Thérèse einen bescheidenen Hausstand gründen. Eine Heirat kommt für ihn aber nicht in Frage.

Wenn unsere Freuden geschildert werden könnten, würden sie wegen ihrer Einfachheit Lachen erregen, notiert Rousseau in den *Bekenntnissen* über ihre Abendessen am Fenster, bei denen ihnen das Fensterbrett als Tisch diente. *Wer kann die Reize dieser Mahlzeiten beschreiben und fühlen, die als einzige Gerichte ein Viertel groben*

Brots, einige Kirschen, ein Stück Käse und einen halben Schoppen Wein umfassten.[18]

Als weniger erfreulich empfindet Jean-Jacques es, dass er in kürzester Zeit die gesamte Verwandtschaft Thérèses am Hals hat.

Ihre Gutmütigkeit, die er an seiner Gefährtin so schätzt, macht sie hilflos gegenüber den Ausplünderungen durch die Familie. Jean-Jacques, der ihr eine wenn auch bescheidene Versorgung bietet, muss zusehen, wie sie sich weiter im Gasthof abrackert und alles, was sie dafür als Lohn erhält, ihrer Mutter abgibt.

Also unternimmt er einen weiteren Anlauf, mit Komponieren Geld zu verdienen. Und tatsächlich wird sein − netterweise vom großen Marivaux überarbeitetes − Singspiel *Narziss* bei der Oper angenommen. Leider erlebt es nur zwei Aufführungen und als Honorar erhält Jean-Jacques lediglich das Recht auf lebenslangen freien Eintritt in diesem Haus.

Als Thérèse schwanger wird, veranlasst Jean-Jacques, dass die Hebamme das Kind nach der Entbindung im Findelhaus abgibt.

Er sei damit nur einem Brauch gefolgt, wie er unter unverheirateten Männern üblich ist, die keine Familie erhalten könnten oder wollten, verteidigt er sich in den *Bekenntnissen.*

Ich entschloss mich ohne die geringsten Bedenken keck dazu und hatte nur Thérèses Skrupel zu überwinden. Nur mit größter Mühe konnte ich sie bewegen, dies einzige Mittel anzuwenden, das ihre Ehre retten konnte.[19] Zeigt schon diese Begründung ein großes Maß an Heuchelei und Selbstsucht, so sollten im weiteren Verlauf seines Lebens noch unsäglichere Begründungen folgen. Immer wieder sieht Rousseau sich genötigt, die Weglegung seiner Kinder – noch einige weitere werden ins Findelhaus gegeben – vor seinem Bekanntenkreis und später vor der Welt zu rechtfertigen.

Ich werde mich damit begnügen, zu erklären, dass [mein Grund] *darin bestand, dass ich als Bürger und Vater zu handeln glaubte und mich als ein Mitglied der Republik Platos betrachtete, als ich meine Kinder der öffentlichen Erziehung übergab, weil ich sie nicht selbst zu erziehen vermochte und sie lieber dazu bestimmte, Handwerker und Bauern zu werden als Abenteurer und Glücksjäger.*[20]

In einem Brief an die Gattin seines Freundes Francueil wandelt sich Jean-Jacques' Verteidigung zur Anklage: *Ich verdiene mein Brot von einem Tag auf den anderen mühevoll genug. Wie könnte ich noch eine Familie ernähren? Und wie könnte ich den Beruf eines Schriftstellers ausüben, wenn häusliche Sorgen und lärmende Kinder mir die Ruhe des Geistes raubten, die zu einer Gewinn bringenden Arbeit erforderlich ist? Die Schriften, die der Hunger diktiert, tragen nicht viel ein. Also müsste ich zu Protektionen meine Zuflucht nehmen, zur Intrige, zur Verstellung; ich müsste mich um irgendwelche untergeordneten Posten bewerben, kurz, ich müsste alle die Schändlichkei-*

ten begehen, die ich verabscheue. [...] Man muss keine Kinder machen, wenn man sie nicht ernähren kann! Madame, die Erde bringt genug hervor, um alle Menschen zu ernähren; allein Ihr Stand, der Stand der Reichen ist es, der dem meinen das Brot für seine Kinder stiehlt![21]

Jean-Jacques will einfach keine Kinder, er will selbst bemuttert und umsorgt werden. Er will Kinder nicht, weil sie Geld und Zeit kosten und weil sie Lärm und Unruhe in einen Haushalt bringen.

Wenn er die Aussetzung der eigenen Kinder jemals bereut, dann wohl nur, weil die Sache später »aufgedeckt« und zu einem Skandalon wird – für seine Gegner ein hochwillkommenes Mittel, ihn zu denunzieren und alles, was er geschrieben hat, für unglaubwürdig zu erklären.

Auch Denis Diderot hat eine Freundin, die weit unter seinem Niveau ist – im Unterschied zur sanften Thérèse sei Diderots Nanette aber launisch und zänkisch, vermerkt Jean-Jacques. Diderot heiratet die zänkische Nanette, während Jean-Jacques keinerlei Absicht hat, die sanfte Thérèse »ehrbar« zu machen, sondern sie abwechselnd als seine Haushälterin oder Krankenpflegerin ausgibt, wenn er fürchten muss, sein Verhältnis mit ihr könnte Anstoß erregen.

Dass Diderot sich ebenfalls mit einem einfachen Mädchen verbunden hat, schafft neben ihrer beider Herkunft aus Handwerkerfamilien und ihrer Liebe zur

Musik eine weitere Gemeinsamkeit zwischen Jean-Jacques und Denis Diderot. Von allen Literaten versteht Jean-Jacques sich mit ihm am besten. Diderot hat eine direkte, herzliche Art, er sagt, was er denkt.

Die beiden treffen einander regelmäßig im Gasthof »Zum Blumenkorb«. Sogar die gemeinsame Herausgabe eines kleinen Journals wird geplant, das den Titel *Der Spötter* tragen soll.

Denis Diderot macht Jean-Jacques mit d'Alembert bekannt, einem Mathematiker und Philosophen, der sich ebenfalls mit Plänen für eine Publikation trägt. Allerdings bewegen sich d'Alemberts Vorstellungen in ganz anderen, durchaus grandiosen Dimensionen: Zusammen mit Diderot will er eine Enzyklopädie herausgeben, die die Summe der Erkenntnisse und Schöpfungen der Zeit auf den Gebieten Wissenschaft, Kunst, Literatur, Technik und Handwerk repräsentiert. Inspiriert ist der gewaltige Plan vom *Medizinischen Wörterbuch* des Briten William Chambers, doch soll die *Enzyklopädie* sich eben nicht auf Medizin und Naturwissenschaften beschränken, sondern das zeitgenössische Denken in seiner Gesamtheit umfassen – Fragen der Philosophie und Politik eingeschlossen. Die »Enzyklopädisten«, wie die Herausgeber und Verfasser bald genannt werden, vertreten die Lehre der Physiokraten und propagieren die Herrschaft der menschlichen »Natur«: Man lasse die Menschen nach ihrer Natur – nach ihren Talenten, Neigungen und Interessen – schaffen, erfinden und handeln, statt alles staatlich zu regeln und zu regulieren. »Laissez faire« – man lasse sie tun – ist die Losung.

Noch niemals ist eine derart aktuelle und totale Zusammenfassung des Wissens und Wollens der Menschheit versucht worden. Doch wo, wenn nicht in Paris, dem Zentrum der Aufklärung und des Fortschritts, könnte ein Buch entstehen, in dem sich diese Aufklärung und dieser Fortschritt manifestieren. Diderot und d'Alembert werden die besten Autoren dafür gewinnen: Graf von Buffon wird über die Natur schreiben, Baron von Turgot die Volkswirtschaft behandeln, der Chevalier de Jaucourt die Geographie, Jean le Rond d'Alembert selbst ist für die Mathematik zuständig, der noch blutjunge, aber schon gefeierte Jean-François Marmontel für die Dichtkunst, der große Voltaire für Ästhetik und Stil.

Jean-Jacques Rousseau wird eingeladen, Beiträge über die Musik zu liefern. Insgesamt wird Rousseau über 300 Artikel für die *Enzyklopädie* verfassen. Außerdem eine *Abhandlung über politische Ökonomie*, die 1755 im fünften Band erscheint.

Weiteres Mitglied des Literatenzirkels wird Friedrich Melchior Grimm. Ein scharfsinniger, außerordentlich ambitionierter junger Deutscher, der bald die *Correspondence littéraire* übernehmen wird: Rundschreiben, die an alle aufgeklärten europäischen Fürstenhöfe gehen und in denen über die Ereignisse in der französischen Welt der Literatur, Wissenschaft und Kunst berichtet wird.

Die *Enzyklopädie* soll jedoch nicht nur ein Nachschlagewerk werden, sondern auch ein Medium der Kritik am verhassten »Ancien Régime«, der staatlichen und kirchlichen absoluten Autorität. Mit einem Wort: ein Mittel zur gesellschaftlichen Reform. »Damit unsere Nachkommen nicht nur gebildeter, sondern auch glücklicher werden!«, wie Diderot sagt.

Die berühmteste »Salonnière« von Paris, Madame Geoffrin, stiftet einen Gründungsbeitrag von über fünfhunderttausend Pfund für das Unternehmen, und auch die Maitresse Ludwigs XV., Madame de Pompadour, unterstützt die *Enzyklopädie*.

Zwischen 1751 und 1772 wird die *Encyclopédie ou Dictionnaire raisonné des sciences, des arts et des métiers* in siebzehn Textbänden, elf Tafelbänden und sieben Ergänzungsbänden erscheinen. Mehr als 160 Autoren schreiben dafür Beiträge.

In der Mitte des Jahrhunderts ist die Aufklärung in ihre kämpferische Phase getreten. Ihre Tendenzen treten jetzt offener, kühner und massiver hervor. »Eine spürbare Umwälzung der Geister hat sich vollzogen«, befindet Voltaire. »Sehr gute Bücher erscheinen Schlag auf Schlag. Das Licht breitet sich sichtlich allenthalben aus.«[22]

Jeder der Literaten ist in seinem Schaffen vielseitig interessiert, universell gebildet und von unglaublicher Schaffenskraft. Diderot befasst sich neben Philosophie auch mit der Biologie; vor allem aber schreibt er glänzende Erzählungen und wird zugleich zum Schöpfer einer neuen theatralischen Form: des »bürgerlichen Dramas«.

Der Deutsche Dietrich von Holbach beginnt als Naturwissenschaftler und wendet sich in der Folge auch der Philosophie zu. Mit seinem *Système de la Nature* verfasst er das Hauptwerk des französischen Materialismus, einer philosophischen Richtung, die die Überzeugung vertritt, der Mensch sei im Grunde nur hochorganisierte Materie, nicht viel anders als ein Tier, man könnte auch sagen: eine Maschine. *L'homme Machine* ist dann auch der Titel eines Buchs von Julien Offray de La Mettrie.

Claude-Adrien Helvetius liefert mit seiner Schrift *Über den Geist* eine materialistische Ethik. Grundkategorien dieser Ethik sind »Selbsterhaltung«, »Interesse« und »Egoismus«. Das Streben nach individuellem Glück wird zu einer der Parolen des Kampfs gegen das »Ancien Régime«. Der »Materialist« glaubt nicht an einen Gott, doch um seines Glückes willen wird er das Glück seiner Mitmenschen befördern. Er wird ein weises, gerechtes Leben führen und den Tod nicht fürchten.

Es herrscht eine einzigartige Atmosphäre der Erneuerung, gedanklichen Kühnheit und Kreativität. Jean-Jacques, dem Thérèses *süße Vertraulichkeit* einmal *Ersatz für alles* sein sollte, der meinte, die Zukunft *berühre ihn nicht mehr*, drängt es nun immer mehr, sich ebenfalls wenn nicht musikalisch, so wenigstens literarisch und philosophisch auszuzeichnen.

Seine Rolle in dieser Gesellschaft hochgebildeter und ambitionierter Männer erscheint ihm immer noch prekär. In seinem Selbstverständnis schwankt er zwischen dem Gefühl der Zugehörigkeit und der heimlichen Angst, an den Rand gedrängt zu sein. Immer noch reagiert er viel zu naiv und zu gefühlvoll.

Am wenigsten weiß er mit dem »Freidenkertum« vieler Literaten umzugehen. Damit, dass sie meinen, Gott und den Glauben an eine unsterbliche Seele aus dieser Welt »fortrationalisieren« zu müssen. In der »Synagoge von Atheisten«, wie der Baron von Holbach seinen Salon gern nennt, fühlt Jean-Jacques sich immer unbehaglich und lässt sich manchmal sogar zu scharfen Bemerkungen hinreißen. Madame de Warens hat einen vertrauensvollen Glauben an einen Gott der grenzenlosen Güte in ihn eingepflanzt; an einen Gott, der sich durch die Vernunft der Schöpfung und die Schönheit der Natur beweist; und der Gerechtigkeit verspricht durch die ewige Seligkeit nach dem Tod. Angriffe auf diesen tröstlichen Glauben reißen Jean-Jacques gleichsam den Boden unter den Füßen weg. Er möchte sich sein Gottvertrauen bewahren, will die anderen widerlegen, doch seine Einwände und Argumente werden nicht ernst genommen.

Während die Philosophen über Gott und den Glauben zumindest noch diskutieren, sind diese Themen in der zynischen Gesellschaft der Salons bereits erledigt und abgehakt. Der Essayist Lytton Strachey merkt dazu an: »In der Tat war der Skeptizismus jener Generation der radikalste, den es je gab; er nahm sich nicht einmal die Mühe zu leugnen, er ignorierte einfach.«[23]

Man belächelt Jean-Jacques, man begönnert ihn, man nimmt ihn nicht ganz ernst. Jean-Jacques ist gern bereit, auch über sich zu lachen, wenn man ihn nur liebt. Liebt man ihn?

Jean-François Marmontel beschreibt Rousseau, wie er ihn im Haus Holbach erlebte: »Eine schüchterne Höflichkeit, manchmal sogar unterwürfig und an Selbsterniedrigung erinnernd, doch in seiner ängstlichen Zurückhaltung sah man Misstrauen; sein verdeckter Blick beobachtete alles mit argwöhnischer Aufmerksamkeit. Er teilte sich kaum mit und gab sich nie ganz offen.«[24]

V. Die Erleuchtung auf dem Weg nach Vincennes
Ich erkannte das ganze traurige System.«

An einem Augusttag des Jahres 1749 wandert Jean-Jacques von Paris nach Vincennes. Die gewohnte, selbstvergessene Beschwingtheit, die er beim Gehen sonst fühlt, stellt sich nicht ein. Es ist zu heiß, die Straße ist staubig, die gestutzten Alleebäume bieten kaum Schatten. Und er ist nicht mehr siebzehn, sondern siebenunddreißig. Könnte er es sich leisten, hätte er die Kutsche genommen! Die Gegend kennt er nun schon auswendig, da er den Weg jeden zweiten Tag geht. Doch sich vor dem ermüdenden Ausflug zu drücken kommt nicht in Frage! Denis Diderot ist wegen religionskritischer Schriften in Vincennes eingesperrt. Man muss ihm beistehen!

Glücklicherweise hat Diderot inzwischen Haftvergünstigung erhalten; aus dem düsteren Turmgefängnis konnte er ins Schloss übersiedeln, darf sich nun im Park von Vincennes ergehen, Besuch von seiner Frau und den Freunden empfangen.

Das verdankt er mir und weiß es gar nicht!, denkt Jean-Jacques. Ich werde es ihm auch niemals sagen, dass ich seinetwegen einen Bittbrief an Madame Pompadour schrieb!

Doch selbst der Gedanke an das Gute, das er vollbracht hat – noch dazu, ohne sich dessen zu rühmen –, kann Jean-Jacques' Stimmung diesmal nicht heben. Wieder stehen ihm deutlich die Umstände seines ersten Besuchs bei Diderot vor Augen: Außer sich vor Glück ist er hergeeilt. Der Freund ist nicht allein, D'Alembert und der Schatzmeister der Schlosskapelle sind bei ihm. Fast besinnungslos vor Freude fliegt Jean-Jacques in Diderots Arme und bricht in Tränen aus. Der Freund umarmt ihn ebenfalls, doch dann folgt etwas Eigenartiges – er wendet sich an den Geistlichen und sagt: »Sie sehen, mein Herr, wie mich meine Freunde lieben.«

Immer wieder kehrt Jean-Jacques in Gedanken zu dieser seltsamen Bemerkung zurück, so wie man mit der Zunge immer wieder gegen den schmerzenden Zahn stößt. Anstelle von Diderot wäre mir bei unserem Wiedersehen dieser Gedanke nicht als erster gekommen! Hat er mich nicht sogar von sich geschoben?

Er will nicht länger darüber grübeln.

Die Sonne steht hoch am Himmel, man muss sich beeilen. Jean-Jacques nimmt den *Mercure de France* aus der Tasche, um beim Weitergehen darin zu lesen. Die Lektüre wird ihn ablenken und ihn die Hitze und Anstrengung vergessen lassen. Sein Blick bleibt an einer Meldung hängen. Die Akademie von Dijon, die alle Jahre einen Preis für die beste moralische Abhandlung ausschreibt, gibt das Preis-Thema für 1750 bekannt: »Hat der Fortschritt der Wissenschaften und Künste zur Verderbnis oder zur Veredelung der Sitten beigetragen?«

Es ist mein Thema, denkt Jean-Jacques. Was, wenn nicht dies, wäre mein Thema! Künste und Wissenschaften! Sind sie nicht mein Lebensinhalt? Hat mein wahres Leben nicht mit den Büchern begonnen? Jean-Jacques erinnert sich, wie sein Vater und er die Nächte durchlasen, selig, versunken, einander tief verbunden. Wie der Vater erst durch die Morgenröte und den Ruf der Schwalben zur Besinnung kam und beschämt sagte: »Wir wollen zu Bett gehen. Ich bin ein größeres Kind als du.«

Und die Musik! Wie schon die ersten Lieder, die er hörte, sein Herz berührten! Es war seine Tante Souzon, die mit feiner und sicherer Stimme sang: »Nicht länger wag ich zu lauschen, / Tircis, deiner Schalmei, / unter dem Lindenbaume. / Es geht schon das Geraune / von unsrer Liebelei …« Gewiss wurde damals die Leidenschaft für die Musik in ihm geweckt!

Mit welch unendlicher Mühe hat er sich das Notenlesen und Komponieren beigebracht! Doch die *Galanten Musen* wurden schändlich abgewürgt. Was dann schließlich vor dem König zur Aufführung kam – *Die Feste Ramiros* –, war zwar zum guten Teil seine Musik, trug jedoch den Namen Jean-Philippe Rameau!

Wieder wendet Jean-Jacques seine Aufmerksamkeit der Anzeige in der Zeitschrift zu. »Hat der Fortschritt der Wissenschaften und Künste …«

Ich werde mich um den Preis der Akademie von Dijon bewerben! Ich werde diese Abhandlung schreiben.

Ich habe alles gelesen und studiert. Philosophie, Mathematik, Astronomie – ich habe mich fast verrückt damit gemacht!

Halb belustigt, halb bitter erinnert Jean-Jacques sich an die erste Zeit in Paris, als er noch niemanden kannte und die Vormittage im Bois de Bologne verbrachte, mit dem Ehrgeiz, täglich mindestens ein Gedicht auswendig zu lernen …

Bin ich nicht selbst ein wandelndes Buch? Man könnte sagen, eine lebende Enzyklopädie! Wer, wenn nicht ich, ist dazu geschaffen, die gestellte Frage zu beantworten! Wer unter allen Lebenden hat eine größere Liebe zu Künsten und Wissenschaften als ich! Sie haben mich zu dem gemacht, was ich heute bin.

Jean-Jacques setzt sich an den Wegrand. Nur für einen Augenblick. Plötzlich – einige seltsame Sekunden lang – glaubt er, im »Café Régence« zu sein, Stimmengewirr und das Klicken von Schachfiguren auf den Brettern zu hören. Wieder gegen den berühmten Philidor zu spielen. Was für eine verrückte Idee war es doch gewesen, Philidor besiegen zu wollen!

»Man muss nur auf einem Gebiet der Erste von allen sein!« Wann war dieser Traum entstanden? »Wenn man der Erste ist, macht man sein Glück …«

Jean-Jacques – im Gras an der Straße nach Vincennes sitzend – weiß nicht, ob er lachen oder weinen soll. Das »Café Régence«, das er in einer momentanen Sinnesverwirrung um sich zu sehen meinte, hat sich wieder aufgelöst, das Stimmengewirr verwandelt sich zurück in das Schnarren der Grillen.

Durch die Zweige der Platane über ihm blickt Jean-Jacques in den blauen Himmel. Die herzförmigen Blätter, heftig vom Wind bewegt, sehen aus wie tausend applaudierende Händchen. Applaus für unsichtbare Giganten irgendwo im fernen Himmel. Halbgötter sind sie – Unsterbliche, Unerreichbare. Jene berühmten Künstler und Wissenschaftler, jene wahrhaft berühmten. In ihm bricht etwas auf wie eine vernarbte Wunde. Eine Ahnung steigt hoch – mehr Gefühl als Einsicht. Breitet sich in ihm aus wie eine innere Blutung, will sich nicht stillen und ersticken lassen. Eine schwarze, entsetzliche Traurigkeit umfasst ihn.

Später wird Rousseau den Zusammenbruch auf dem Weg nach Vincennes seine *Erleuchtung* nennen. Als sei er Saulus, den die Vision Gottes vom Pferd warf. Er wird die *Illumination* zu seiner *Wiedergeburt* verklären. So wie einst Saulus auf dem Weg nach Damaskus zum heiligen Paulus wurde, so wandelte er sich auf der Straße nach Vincennes im August 1749 zum »wahren« Jean-Jacques Rousseau.

Da fiel mir die Frage der Akademie zu Dijon in die Augen, schreibt er zehn Jahre später an Monsieur de Malesherbes. *Wenn jemals etwas einer plötzlichen Inspiration glich, so war es die Bewegung, die dadurch in mir entstand. Mit einem Schlag fühlte ich meinen Geist durch tausend Lichter geblendet. Zahllose lebensvolle Ideen strömten auf mich ein, mit einer Kraft und Fülle, die mich in unaussprechliche Verwirrung brachte. Mein Kopf ist berauscht, als sei ich betrunken. Heftiges Herzklopfen droht mich zu ersticken, ich kann nicht mehr atmen und werfe mich unter einen der Bäume an der Landstraße. Eine halbe Stunde bringe ich dort in solcher Aufregung zu, dass ich beim Aufstehen meine Weste von Tränen benetzt finde. Oh, mein Herr, hätte ich damals den vierten Teil dessen niederschreiben können, was ich unter jenem Baum empfand.*[1]

In seinen *Bekenntnissen* wird Rousseau über die denkwürdige Begebenheit allerdings nüchterner berichten: *In dem Augenblick, da ich dies las, sah ich eine andere Welt und ich wurde ein anderer Mensch. Obwohl ich eine lebhafte Erinnerung an den Eindruck habe, den ich davon empfing, sind mir doch seine Einzelheiten aus dem Gedächtnis entschwunden, seit ich sie in einem meiner Briefe an Herrn von Malesherbes niedergelegt habe.* Und Rousseau erklärt dieses Phänomen mit der Tatsache, dass er alles einmal Niedergeschriebene vergesse. Kaum zu Papier gebracht, sei es aus seinem Kopf verschwunden. Weiter schreibt er: *Was mir aber von dieser Begebenheit sehr deutlich in Erinnerung bleibt, ist, dass ich, als ich in Vincennes ankam, in einer Erregung war, die an Wahnsinn grenzte. Diderot sah es. Ich sagte ihm den Grund. [...] Er ermunterte mich, meinen Gedanken freien Lauf zu lassen und mich um den Preis zu bewerben.*[2]

Denis Diderot seinerseits hat diese Szene allerdings

ein wenig anders in Erinnerung: »Jean-Jacques fragte mich: Welche Partei soll ich ergreifen? Ich sagte: Du wirst das schreiben, was kein anderer schreibt.«[3]

Die berühmte Vincennes-Episode und das, was Jean-Jacques selbst über sie berichtete, sind voller Geheimnisse und Ungereimtheiten. Die überwältigende Vision, die er im Brief an Malesherbes beschreibt, scheint keine Entsprechung im Text der Preisschrift zu finden, die er schließlich verfasst. Und ist es denn wirklich möglich, dass diese *Erleuchtung*, nachdem er sie Malesherbes beschrieben hatte – und das nur äußerst vage –, aus seiner Erinnerung völlig geschwunden ist?

Plausibler ist doch, dass Jean-Jacques beim Abfassen der *Bekenntnisse* befürchten musste, dass Diderot sie lesen würde. Diderot, der das bedeutendste Ereignis in Jean-Jacques' Leben ganz anders in Erinnerung hat. Der weiß, was der Preisschrift vorangegangen war, nämlich Jean-Jacques' Verstörung und seine Ratlosigkeit in Hinblick darauf, wie er die Frage der Akademie denn beantworten sollte, und seinen eigenen Ratschlag, einfach etwas anderes zu schreiben als alle anderen.

In einem Brief von Rousseau an Professor Bordes, Mitglied der Akademie von Lyon, findet sich eine dritte Version der *Illumination*. Darin ist keine Rede von tausend Lichtern und lebensvollen Ideen und einer anderen Welt. *Ich erkannte das ganze traurige System*, schreibt Rousseau nur.

Vielleicht kommt dies dem Sachverhalt am nächsten? Jean-Jacques begriff mit einem Schlag, dass *das ganze traurige System* ihn ausschloss, dass er in dieser Gesellschaft nie eine Chance hatte. Ein Kleinbürger, ohne Rang, ohne Mittel, ohne Erziehung. Ein Mann, schon in mittleren Jahren, der nichts aufweisen konnte als einige Monate hilfloser, ungeleiteter, autodidaktischer Studien! Künste und Wissenschaften! Ruhm und Unsterblichkeit! Sie gehören den Voltaires und Rameaus dieser Welt! Den Marmontels und Holbachs! Den Virtuosen und Zynikern!

Jean-Jacques hatte es jäh begriffen. Mit dem Herzen begriffen. Traurigkeit, tiefe, bodenlose Traurigkeit hatte ihn hinweggeschwemmt.

Doch was sollte er nun mit der Preisfrage anfangen? Was über Künste und Wissenschaften schreiben? Wie sollte er es anstellen, unter hunderten Einsendern aufzufallen?

Diderot sagte es ihm.

Und Jean-Jacques beginnt seine Abhandlung für die Akademie mit folgender Einleitung: *Hat die Wiederherstellung der Wissenschaften und der Künste etwas dazu beigetragen, die Sitten zu läutern oder zu verderben? Dies gilt es zu untersuchen. Welche Partei soll ich bei dieser Frage ergreifen? Diejenige, meine Herren, welche einem ehrlichen Mann geziemt, der nichts weiß und sich deshalb nicht weniger schätzt!*[4]

Jean-Jacques hat Diderots sarkastischen Rat verstanden: Keiner der Bewerber wird etwas anderes tun, als ein Loblied auf die Entwicklung der Wissenschaften und Künste seit der Renaissance (denn diese »Wiederherstellung« ist gemeint) zu singen. Also wird Jean-Jacques als Erster und Einziger sein »Nein« dagegen halten. Nur wenn er anders schreibt als alle anderen, hat er bei den Preisrichtern eine Chance.

Auch Jean-Jacques stellt an den Beginn des *Discours sur les sciences et les arts* eine vermeintliche Lobpreisung: *Es ist ein großes und schönes Schauspiel, wenn man sieht, wie der Mensch durch seine eigenen Kräfte gewissermaßen aus dem Nichts hervortritt; wie er durch das Licht seiner Vernunft die Finsternisse, womit ihn die Natur umgeben hat, zerstreut; wie er sich über sich selbst erhebt; sich mit dem Geiste bis in die Himmelsgegenden schwingt ...*[5]

Doch rasch wandeln sich die kulturellen Errungenschaften zu *Blumenkränzen*, die über die *den Menschen angelegten Ketten* ausgebreitet werden, um die Unterdrückten ihre Sklaverei lieben zu lassen. Kunst und Wissenschaft werden von Rousseau beschuldigt, eine unselige Komplizenschaft mit der Macht eingegangen zu sein. Sie stehen sozusagen unter Ideologieverdacht.

Kunst und Wissenschaft machen die Menschen zwar gesittet, aber nicht sittlich, erklärt Jean-Jacques. Ein Vorwurf, der allerdings weder neu noch originell ist; die Kluft zwischen Schein und Sein beklagt jeder bessere Moralapostel und Bußprediger. Im Jahrhundert zuvor hat Molière mit seinem Tartuffe den literarischen Archetypus des »Heuchlers« geschaffen.

Doch der Gegensatz von Schein und Sein gewinnt bei Jean-Jacques noch eine weitere Dimension: Nicht nur den anderen, auch uns selbst machen wir etwas vor. Die Illusion fälscht unsere Handlungen und unsere Wahrnehmungen und verdirbt unser Leben.

Die Höflichkeit fordert ohne Unterlass, der Anstand befiehlt, man folgt beständig dem allgemeinen, niemals seinem eigenen Sinn.[6]

Hier geht es auf einmal um viel mehr als um »Sittlichkeit«, die ja allgemein gilt und allgemeinen Verhaltensnormen und Regeln folgt. Hier geht es um das Individuum, um seine Treue zu sich selbst, um sein »wahres Wesen«. Mehr als zwei Jahrhunderte später wird man sagen: Es geht um »Authentizität«. Authentisch ist ein Mensch erst dann, wenn äußerer Schein und inneres Sein bei ihm völlig im Einklang sind.

Gerade die Verfeinerung der Umgangsformen, behauptet Jean-Jacques, macht die Menschen unecht und undurchschaubar. So herrscht beständige Ungewissheit über die wahren Absichten aller.

Was für ein Schwarm von Lastern wird doch diese Ungewissheit begleiten: Es gibt keine aufrichtige Freundschaft mehr; keine wirkliche Hochachtung; kein rechtes Vertrauen. Argwohn, Verdacht, Furcht, Kälte, Zurückhaltung, Hass und Verrat werden sich beständig unter diesem einförmigen und falschen Deckmantel der Höflichkeit, unter dieser so gerühmten Feinheit des Betragens verbergen, die wir der Aufklärung unseres Zeitalters zu danken haben. […] Man wird seinen Feind nicht gröblich schmähen, man wird ihn nur geschickt verleumden.[7]

Mit einer Reihe historischer Beispiele belegt Jean-Jacques, wie kulturelle Verfeinerung automatisch mit einem Verfall der Tugenden einherging. Zu den Tugenden zählt er: Mut, Tapferkeit, kriegerische Tüchtigkeit. Eine Argumentationslinie, die ihm später von vielen Kritikern zum Vorwurf gemacht wird. Worauf Jean-Jacques den Krieg in keiner seiner Schriften mehr verherrlicht. Doch beim Schreiben der *Abhandlung* hält er sich noch an das ihm von den »Klassikern« her vertraute Schema: das kriegerische Sparta gegen das verweichlichte Athen, die tapferen, götterfürchtigen Germanen gegen das dekadente Rom, der tugendhafte Sokrates gegen die verderbten Dichter und Künstler.

Luxus, Ausschweifungen und Sklaverei sind die Strafen der stolzen Bemühungen gewesen, durch welche wir uns aus der glücklichen Unwissenheit, in die uns die ewige Weisheit versetzt hat, herauszureißen versuchen![8]

Glückliche Unwissenheit – diese Formulierung ist eine Ohrfeige für die Enzyklopädisten und alle Verfechter des Fortschritts. Vor allem für jene, die den Fortschritt gegen Staatsgewalt und Klerus erkämpfen und verfechten. Ist der Leitstern der Aufklärung nicht Francis Bacon mit seinem »Advancement of Learning«, dem »Fortschritt des Lernens«? *Ihr Völker, wisset also, dass euch die Natur vor der Wissenschaft hat bewahren wollen, so wie eine Mutter ihrem Kinde eine gefährliche Waffe aus den Händen reißt,*[9] so endet Rousseau den ersten Teil seiner Abhandlung mit einem Paukenschlag. Worte, die heute nicht weniger zu denken geben als im 18. Jahrhundert.

Im zweiten Teil der *Abhandlung* geht Jean-Jacques auf niedrige Beweggründe wissenschaftlicher Forschung ein, auf die Irrwege der Philosophie. Auch auf jene Dichter und Denker, die sich prinzipiell in Opposition zur öffentlichen Meinung begeben, nur um aufzufallen. *Oh unselige Begierde, sich hervorzutun. Was vermagst du nicht alles anzurichten!*[10] Auf diesen keineswegs selbstironisch gemeinten Passus folgt wieder eine pointierte Diagnose: *Was wird aus der Tugend werden, wenn man sich um jeden Preis bereichern muss? Die Staatsmänner der Alten redeten immerfort von Sitten und von Tugend. Die unsrigen reden von nichts als vom Handel und vom Gelde. […] Ihrer Meinung nach ist ein Mensch für den Staat nur so viel wert, wie er verbraucht.*[11]

Ganz entgegen dem Zeitgeist verherrlicht Jean-Jacques die schlichte Einfalt und Frömmigkeit der Vorfahren, die Besitzlosigkeit und Bedürfnislosigkeit vergangener Völker und gegenwärtiger *Wilder*, ohne jedoch eine Rückkehr zu diesen Lebensformen für möglich zu halten. Am Ende des Diskurses vollführt Jean-Jacques noch eine geschickte Kehrtwendung (sich immerhin darauf besinnend, welche Adressaten seine Schrift hat) und spricht von jenen *weisen Einrichtungen*, die die Reinheit von Künsten und Wissenschaften kontrollieren und aufrechterhalten: den Akademien.

Allein die Tatsache, dass Akademien gegründet würden, beweise die Notwendigkeit, Entartungen zu verhindern, schreibt er blauäugig (mit dem gleichen Argument kann man auch die Inquisition rechtfertigen). Die letzten Passagen des *Discours* ähneln mehr einem Eiertanz als einer Abhandlung: Es gibt nun offenbar zwei Arten von Wissenschaften und Künsten – gute und schlechte. »Gut« sind jene, die gesellschaftlich nützliche Lehren verbreiten und im Bürger die Liebe zur Tugend wieder erwecken. Auf einmal verwendet Jean-Jacques Begriffe wie *Tempel der Musen* und *Heiligtum der Wissenschaft*, in welche der Pöbel eingedrungen sei. Mit »Pöbel« meint er die mittelmäßigen Talente. Als einfache Handwerker wären diese mittelmäßigen Talente der Gesellschaft nützlicher denn als Dichter.

Wissenschaften und Künste sind am Ende wieder in Ehren eingesetzt, wie es sich in einer Schrift für eine Akademie gehört. Allerdings – ein beliebter rhetorischer Trick – nur die »wahre Wissenschaft« und die »wahre Kunst«. Nicht jene, die sich nur den Anschein geben.

Was uns gemeine Menschen betrifft, schließt Jean-Jacques bescheiden, *denen der Himmel keine großen Ga-*

ben verlieh und die er nicht zu so großem Ruhm bestimmt hat, wir wollen in unserer Dunkelheit bleiben. [...] Wozu sollen wir unser Glück in der Meinung eines anderen suchen, wenn wir es in uns selbst finden können? [12]

Die *Abhandlung* weist gegenüber späteren Schriften Rousseaus viele Mängel auf: Polemik anstelle von Analyse, Verallgemeinerungen, fehlende Begründungslogik und mangelnde Kohärenz. Doch alles in allem ist sie eine meisterhafte Verknüpfung von Provokation und Anbiederung. In ihr finden sich schon viele der zentralen Gedanken Rousseaus – so etwa seine These, dass die Menschen ursprünglich gut waren und nur durch die Zivilisation verdorben worden seien. Es findet sich die Rousseau'sche Radikalität, die krasse Schwarzweißmalerei, seine leidenschaftliche, suggestive Rhetorik, seine naive Unbekümmertheit darüber, wen sein Rundumschlag alles trifft (und wen er sich damit alles zum Feind macht). Seine geniale Intuition wird sichtbar, ebenso wie seine Feindbilder (Institutionen, Instanzen, Lehrer – alle Einrichtungen, die vermitteln, lenken, bevormunden) und seine Ideale: Transparenz und Wahrhaftigkeit.

Jean-Jacques Rousseau erhält 1750 den Preis der Akademie von Dijon zugesprochen.

Die Drucklegung der Schrift wird von Denis Diderot übernommen, Jean-Jacques laboriert an einer Nierenbeckenentzündung und liegt auf dem Krankenbett. In einem Billet, das er dem Freund sendet, schreibt Diderot vom Siegeszug der *Abhandlung*, von der über Nacht jeder spricht: »Sie schwingt sich über die Wolken empor. Es gibt kein Beispiel für einen ähnlichen Erfolg.«[13] Der *Mercure de France* veröffentlicht sowohl Auszüge des Textes als auch der zahlreichen Kritiken daran. Damit ist eine Debatte in Gang gebracht, die drei Jahre dauern wird und die Jean–Jacques erst wirklich berühmt macht.

Abgesehen davon, dass er in der *Abhandlung* die intellektuellen Errungenschaften überwiegend für wertlos und schädlich erklärt, weil sie nur Laster, Knechtschaft und Unfrieden befördern; abgesehen davon, dass er der großen neuzeitlichen Utopie abschwört, der Hoffnung nämlich, die Entwicklung von Technik, Wissenschaft und Wohlstand mit der Entwicklung der Sittlichkeit verbinden zu können; abgesehen von all diesen Provokationen, ruft Jean-Jacques' Preisschrift auch wegen ihrer inhaltlichen und formalen Mängel viele Einwände hervor. Kritisiert wird vor allem der schillernde Begründungszusammenhang: Sind Wissenschaft und Künste nun Ursache des moralischen Verfalls oder seine Folgen?

Beanstandet werden auch Rousseaus unbewiesene Behauptungen: Ist er wirklich der Ansicht, raue und rohe Krieger und Barbaren seien die besseren Menschen gewesen? Und welche Schlussfolgerungen müssten aus seiner Kulturschelte gezogen werden? Sollten denn alle Bücher verbrannt werden?

In zahlreichen »Erwiderungen« verfeinert Jean Jacques seine Argumentation. Zu den Bedingungen des zwangsläufigen moralischen Niedergangs der Moderne zählt er jetzt noch ökonomische und soziale Faktoren. So schreibt er über die unheilvolle Rolle der gesellschaftlichen Ordnung, die sich *als beständige Tyrannei auf unsere Natur auswirkt.* Die Einführung des Geldes sei von der Ungleichheit seiner Verteilung begleitet worden. *Es sind seltsame und verhängnisvolle Verhältnisse, wenn die schon aufgehäuften Reichtümer die Mittel, noch größere zu erwerben, fördern, und wo es für den, der nichts hat, unmöglich ist, etwas zu erwerben.*[14] Eine hellsichtige Kritik der frühkapitalistischen Konkurrenzgesellschaft! Niemals wird Rousseau an die Segnungen der Marktwirtschaft glauben, in der eine »unsichtbare Hand« Gerechtigkeit herstellt.*

Selbstverständlich gehe es nicht darum, Europa in die Barbarei zurückzukatapultieren, erwidert Jean-Jacques auf die Vorhaltungen seiner Kritiker. Die Rückkehr in einen Naturzustand sei für einen zivilisierten Menschen nicht mehr möglich, genauso wenig wie das Wiedererlangen seiner Unschuld.

Die *Abhandlung* geriet wohl deshalb etwas unzusammenhängend, weil sie in Wahrheit nicht Ausfluss einer momentanen Erleuchtung Jean-Jacques' war. Vielmehr war sie das Resultat nächtelangen Kompilierens jener Schriften, die er zum Vorbild nahm: Montesquieus *Geist der Gesetze*, Montaignes *Essais*, Plutarchs *Leben großer Männer* sind einige der Quellen, aus denen Jean-Jacques sich bediente, ohne sie anzuführen.

Beanstandet werden nicht nur die Paradoxa der *Abhandlung* selbst, sondern auch der augenfällige Widerspruch zwischen der scharfen Kritik des Verfassers an der Kunst und seinen eigenen künstlerischen Ambitionen. Dass er eine Oper geschrieben hat, die nach der Generalprobe von Rameau verrissen wurde, ist allgemein bekannt. Und ist es nicht ein gewisser Jean-Jacques Rousseau, der für die *Enzyklopädie* Beiträge über Musik verfasst? Alles Fakten, die Monsieur Rousseau beim Schreiben der *Abhandlung* vergessen zu haben scheint. Musik findet darin überhaupt keine Erwähnung.

Jean-Jacques sieht sich gezwungen, auch zu dieser Diskrepanz Stellung zu nehmen. In der Einleitung zum Singspiel *Narziss*, das er nun in Druck gibt, betont er, dass nicht jene künstlerischen Werke verwerflich seien, die aus Sehnsucht nach dem Guten, Wahren und Schönen entstünden, sondern nur jene, die aus niedrigen Motiven – Ehrgeiz, Bereicherung, politische Manipulation – geschaffen wurden. Motive, von denen er sich ja frei weiß.

Ich rate also denen, die so begierig darauf sind, mir Vorwürfe zu machen, dass sie meine Grundsätze doch besser untersuchen und mein Verhalten beobachten möchten, ehe sie mich des Widerspruchs oder der Inkonsequenz beschuldigen.[15]

Jean-Jacques hat begriffen, dass sein Leben mit dem verglichen wird, was er schreibt, und sein Schreiben mit dem, was er treibt. Dass er in den Verdacht geraten ist, ein bloßer Zyniker und Provokateur zu sein. Und so fasst er den Beschluss, sich zu wandeln. Der staunenden Öffentlichkeit will er von nun an das Phänomen eines bedürfnislosen, kompromisslosen – mit einem Wort: absolut tugendhaften – Lebens vorführen. »Vitam impendere vero« – das Leben opfere ich der Wahrheit – soll von nun an sein Wahlspruch sein.

Wohlgemerkt: Der Beschluss, ein neues Leben zu beginnen, folgt nicht unmittelbar Jean-Jacques' *Erleuchtung* am Wegesrand, sondern ist die Folge seines Ruhmes und der Aufmerksamkeit, die ihm dadurch zuteil wird. Seine einzigartige Tugendhaftigkeit und Unabhängigkeit gerät somit zum öffentlichen Schauspiel. Besucher drängen zu ihm, in der Gesellschaft wird er als Star herumgereicht.

Jean-Jacques' Wandlung ist eine Mischung aus gelungener Imagebildung und realer Änderung des Lebensstils. Seine mangelnde gesellschaftliche Gewandtheit und Angepasstheit, unter der er vorher gelitten hat, kann er jetzt als »Haltung« präsentieren. Mit der freiwilligen Armut und Unabhängigkeit, die er von nun an auf sich nimmt, folgt er gleichermaßen dem Drang zu beeindrucken wie seiner tiefen Abneigung gegen jede Verpflichtung und jede Verantwortung.

In den *Bekenntnissen* gesteht er freimütig, dass es ihm nur recht ist, über keine Mittel zu verfügen, weil er mit Geld überhaupt nicht umgehen kann. *Es ist für mich ein so wenig bequemes Gut, dass es mir nicht einmal in den Sinn kommt, es mir zu wünschen, wenn ich es nicht habe, und dass, sobald ich es habe, ich es lange aufhebe, ohne es auszugeben, weil ich es nicht nach meinem Gefallen zu verwenden verstehe.*[16] Den vernünftigen Umgang mit Geld hat Jean-Jacques nie gelernt. Er hat es gelernt, umsorgt zu werden, hat sich daran gewöhnt, behaust und ausgehalten zu werden, aber nicht, verantwortlich zu sein. Er versteht es nicht – hat auch gar nicht den Wunsch –, für andere zu sorgen oder auch nur freigebig und hilfsbereit zu sein. Den finanziellen Ruin von Madame de Warens, über den sie in ihren Briefen klagt, verfolgt er mit Kummer und Entsetzen, doch er hilft ihr nicht wirklich.

Jean-Jacques beschreibt, wie er seinen Beschluss zur Wandlung fasste (dem wieder einmal eine Krankheitsepisode, verbunden mit der Überzeugung, bald sterben zu müssen, voranging): *Ich entsagte für immer jedem Plan, mein Glück zu machen und vorwärts zu kommen. Entschlossen, die kurze, mir noch verbleibende Lebenszeit in Unabhängigkeit und Armut zu verbringen, verwandte ich alle meine Seelenkräfte darauf, die Fesseln der öffentlichen Meinung zu brechen und mutig alles zu tun, was mir gut schien, ohne mich irgendwie um das Urteil der Menschen zu kümmern.*[17] Damit hat Jean-Jacques Rousseau eine zweite Kampffront eröffnet: Nicht nur der Philosophie der Aufklärung, sondern auch der Scheinwelt der Salons, in der sich alles um das *Urteil der Menschen* dreht, ist durch ihn nunmehr der Krieg erklärt.

Er kündigt seine mittlerweile recht einträgliche Stelle bei Monsieur de Francueil. Er legt teure Kleidung, Ringe, Uhr und Kavaliersdegen ab. Künftig will er vom Notenkopieren leben.

Mit Vergnügen nimmt er zur Kenntnis, dass die Freunde ihn wegen seiner freiwilligen Armut und Bedürfnislosigkeit für übergeschnappt halten und versuchen ihn umzustimmen.

In den *Bekenntnissen* – dieser faszinierenden Melange aus größter Offenherzigkeit und weitestgehender Verdrängung, diesem Gespinst aus Selbststilisierung, Selbstbeweihräucherung und Wahn – schreibt Rousseau freimütig, dass er sich in die Tugendhaftigkeit stürzte wie in eine Ekstase. Er wollte es sein, und er »wurde« zum »wahren« Jean-Jacques Rousseau, der Verkörperung von Tugend und Weltverzicht. Diese Tugend ist nicht die Tugend eines Helvetius oder Holbach, definiert als die Kunst, durch Förderung der Glückseligkeit anderer sich selbst glücklich zu machen; Rousseaus Tugend ist nicht positiv, sondern negativ bestimmt: als Verzicht, als Weigerung, als Freiheit von allem.

Diese Trunkenheit war zuerst in meinen Kopf gestiegen,

dann aber in mein Herz übergegangen. Ich spielte keine Rolle. Ich war in Wirklichkeit, was ich schien.[18]

Für Jean-Jacques geht es nicht darum, seine Identität zu verbergen, sondern stets darum, auf magische Weise eine neue Identität zu gewinnen. Mit anderen Worten: Er glaubt an sein Theater. Er beschwört etwas herauf und schon gewinnt es Macht über ihn.

Andererseits ist er selbst es, der in den *Bekenntnissen* die Metamorphose in Rousseau, den Tugendbold, mit seinen früheren Verwandlungsversuchen vergleicht: Er erinnert an den reisenden Engländer Dudding, den er Madame de Larnage vorspielte, und natürlich an den großen Komponisten Vaussure de Villeneuve, den er in Lausanne mimte.

Die Rolle »Rousseau« fällt Jean-Jacques allerdings bedeutend leichter. Er genießt es, sein früher oft unfreiwillig tölpelhaftes Verhalten zu einem absichtsvoll rüden und misanthropischen Benehmen zu steigern. *Wider meinen Willen in die Gesellschaft geworfen, ohne mit ihrem Ton vertraut zu sein, unfähig, ihn anzunehmen und mich ihm unterwerfen zu können, kam ich auf den Gedanken, einen eigenen Ton anzunehmen, der mich dessen überhob. Da meine alberne und verdrossene Schüchternheit, die ich nicht besiegen konnte, ihren Grund in der Besorgnis hatte, gegen den Anstand zu verstoßen, beschloss ich, um mich zu ermutigen, alle Schicklichkeit mit Füßen zu treten. Aus Scham spielte ich den Zyniker und Kaustiker; ich tat, als verachtete ich die Höflichkeit, die ich nicht zu erweisen verstand ...*[19]

Ich spielte, ich tat. An dieser Stelle der *Bekenntnisse* ist Jean-Jacques – im Widerspruch zum vorher zitierten *Ich war in Wirklichkeit, was ich schien* – sich dessen wohl bewusst, dass er in eine Rolle geschlüpft ist, eine Rolle, die er nicht einmal ständig durchhält, bei Freunden, zu Hause, »en famille«, gelingt ihm das keineswegs.

Doch in der Öffentlichkeit ist die Selbstinszenierung Jean-Jacques Rousseaus, sein Leben als »Gesamtkunstwerk«, der zweite geniale Coup.

In der noblen Gesellschaft tritt Rousseau auf als der Bürger, der nicht Edelmann werden will. In einer Zeit, in der auch Emporkömmlinge es sich angelegen sein lassen, die Tugenden des Adels anzunehmen: Feinheit, Takt, Eleganz, da ist Rousseau plump, vernichtend, verletzend und arrogant. Er stilisiert sich zum Wilden, zum »homme naturel«, zur Naturgewalt.

Die Provokation verpufft allerdings. Jean-Jacques will gegen Wände anrennen, doch die Wände sind weich gepolstert. »Mein Bär« nennt ihn seine Freundin Madame d'Épinay amüsiert. Die allzu leicht gelangweilte gute Gesellschaft liebt »Originale«. Sie vereinnahmt sie, statt vor ihnen zu erschauern. Rousseau ist nicht der einzige Spinner. Da ist Père Hoop, ein finsterer Melancholiker; da ist der amüsante Exzentriker Abbé Galiani, Sekretär des neapolitanischen Botschafters; selbst Friedrich Melchior Grimm hat eine kurze Phase äußerster Bizarrheit, als er aus unglücklicher Liebe zu einer Operndiva in tagelange Katatonie verfällt, nichts spricht und nichts isst. Eine Extravaganz, die Jean-Jacques dem Freund übrigens recht übel nimmt.

Jean-Jacques Rousseau, der erklärtermaßen nie danach trachten will, denen, die nach der Mode leben, zu gefallen, ist auf einmal selbst »in Mode«. *Der Stand, den ich ergriffen, reizte die Neugier. Man wollte den wunderlichen Menschen kennen lernen, der niemanden aufsuchte und sich um nichts anderes sorgte als darum, frei und glücklich nach seiner Weise zu leben. Das war genug, um es ihm unmöglich zu machen. Mein Zimmer wurde von Leuten nicht leer, die unter verschiedenen Vorwänden kamen, um sich meiner Zeit zu bemächtigen. Die Frauen wandten tausend Listen an, um mich zum Essen bei sich zu haben. Je schroffer ich gegen die Leute auftrat, desto hartnäckiger wurden sie. […] Ich sah kein anderes Mittel, als die großen und kleinen Geschenke zurückzuweisen und dabei niemandem gegenüber, wer es auch sein mochte, eine Ausnahme zu machen.*[20]

Doch zu Jean-Jacques' Leidwesen gelingt es ihm nicht, Thérèse, geschweige denn ihre Mutter, vom Ideal der Bedürfnislosigkeit zu überzeugen. Immer wieder kommt es zum Streit, weil die Frauen von den Besuchern Geschenke annehmen und sie heimlich beiseite schaffen, ehe er sie tugendhaft ablehnen kann. Vergeblich regt er sich auf, macht Szenen. *Ich verstand zu schreien und wusste nicht zu handeln; man ließ mich reden und tat, was man wollte.*[21]

Und die eigentliche Bewährungsprobe für den selbst ernannten Heiligen kommt erst: Seit seinem Aufenthalt in Venedig ist Jean-Jacques begeisterter Anhänger der melodiösen italienischen »Opera buffa« und Verächter der virtuoseren, aber weniger singbaren, weniger »natürlichen« französischen Oper. Während eines Ferienaufenthalts in Passy, wohin ihn ein reicher Genfer einlädt, komponiert Rousseau eine kleine Oper im italienischen Stil, gleichsam ein »Beweisstück« für seine musikalische Präferenz: *Der Dorfwahrsager.* Und diese Oper – kein Geniestreich, aber höchst gefällig – wird auf Anhieb ein Erfolg. Schon nach wenigen Proben spricht es sich herum: *Le devin du village* wird seine Premiere am königlichen Hof erleben, in Fontainebleau.

Was soll Jean-Jacques Rousseau, der Menschenfeind, Tyrannenverächter und Moralist tun, wie wird er sich zu dieser gesellschaftlichen Herausforderung verhalten? »Tout Paris« blickt gespannt auf ihn. Wird Rousseau der Aufführung fernbleiben und so seine Verachtung für Ruhm und Beifall demonstrieren?

Rousseau wählt den Kompromiss: Er kommt zwar zur Premiere, aber er erscheint betont schlampig gekleidet, unrasiert und mit zerraufter Perücke.

Doch die Aufmerksamkeit, die seine kauzige Erscheinung erweckt, bleibt kurz und flüchtig, denn gleich darauf betritt an der Seite des Königs die Pompadour ihre Loge! Eine Märchenfee in Samt und Seide, immer die Schönste, immer die am kostbarsten, am raffiniertesten

Gekleidete. Grüner Seidentaft, Röschengesteck am Dekolleté, über der Taille eine Kaskade rosafarbener Schleifen. Das Haar der »Maitresse au titre« ist in lockigen Strähnen zu einem kleinen Knoten hochgebunden, nach der antiken Mode, eingeflochten sind Perlen und Diamanten! »À la Grecque« liegt eindeutig im Trend …

Die Musik hebt an. Jean-Jacques vergisst, dass er das Publikum in der Oper von Fontainebleau provozieren wollte, und ist vom eigenen Werk überwältigt. Vor ihm auf der Bühne singt der Hirt Colin in den schönsten Tönen vom Verzicht auf Reichtum und Ruhm:

Hirtenstab und Flöte schmücken
Schöner mich als Band und Stern.
Will Colette mich beglücken,
lass ich alle Schätze gern!

Ich hörte um mich ein Flüstern der Frauen, die mir schön wie Engel erschienen und die einander halblaut zuriefen: »Das ist reizend. Das ist entzückend. Jeder Ton hier spricht zum Herzen«, erinnert der alte Rousseau sich, immer noch bewegt. *Die Freude, so viele liebenswürdige Personen zu rühren, rührte mich selbst bis zu Tränen.*[22]

Am Ende der Aufführung ist Jean-Jacques stolz und glücklich. Endlich hat er seinen Durchbruch als Komponist geschafft!

Aber leider! Kaum will er sich zurücklehnen und seinen Triumph genießen, kommt schon die nächste

Prüfung auf ihn zu: Man bedeutet ihm, dass seine Majestät Louis XV. ihm anderntags eine Audienz gewähren werde. Jean-Jacques ist eingeladen, nach Versailles zu kommen. Es ist allgemein bekannt, dass mit einer solchen Audienz beim König üblicherweise die Verleihung einer Pension verbunden ist.

Ein neues Dilemma! Erstens fühlt Jean-Jacques sich einem solchen Auftritt überhaupt nicht gewachsen. Allein bei der Vorstellung, dabei etwas Falsches zu sagen, etwas heillos Dummes von sich zu geben, zu stottern, zu verstummen oder sich auf sonst eine Weise lächerlich zu machen, meint er vor Angst zu sterben.

Zweitens – und mit diesem Gedanken kann Jean-Jacques seiner Unsicherheit und Feigheit ein »rationales« Mäntelchen umhängen: Wäre nicht mit der Audienz und der Annahme einer königlichen Pension die Komplizenschaft von Macht und Kunst, von Sklavenketten und Blumenkränzen eindrucksvoll bewiesen? Ausgerechnet mit ihm als Demonstrationsobjekt?

Jean-Jacques beschließt, auf die Pension zu verzichten, und brüskiert den König durch Ablehnung der Einladung. Die Ausrede, die er dem Hof gegenüber gebraucht, ist, dass er wegen seiner Blasenschwäche eine Audienz, die bekanntlich mit stundenlangem Warten verbunden ist, nicht durchstehen würde.

Der durch seine Krankheit hervorgerufene, manchmal unkontrollierbare Harndrang hat Jean-Jacques tatsächlich schon das eine oder andere Mal in Verlegenheit gebracht. Er leidet unter der Zwangsvorstellung, in einer Gesellschaft vornehmer Damen, ihrer Lakaien und Kammerzofen – die ihn alle beobachten – ein so genanntes stilles Örtchen suchen zu müssen und keines zu finden. *Ich finde kein Gemäuer, kein Gewölbe und nicht einmal einen elenden kleinen Winkel zu meiner Erleichterung. Mit einem Wort, ich kann nur unter großem Aufsehen pissen und auf irgendein adeliges Bein in weißen Strümpfen.*[23]

Ob echt, ob eingebildet: Seine kränkliche Konstitution kommt ihm immer dann sehr gelegen, wenn er sich vor etwas drücken möchte.

Der »wahre« Grund, schreibt Rousseau schließlich in den *Bekenntnissen*, sei gewesen, dass er sich vom König nicht verpflichten und damit korrumpieren lassen wollte. Immerhin ist er Kritiker der Mächtigen und Herrschenden. Außerdem, so schreibt er, seien solche Pensionen ohnehin nicht hundertprozentig sicher. Er habe ja erlebt, wie Madame de Warens um die ihre zuweilen betteln musste. (Es ist typisch für Rousseau, dass er, wenn er sich für eine Handlung oder Unterlassung schämt, gleich drei und mehr Begründungen dafür vorbringt, die einander gegenseitig entwerten.)

Ergebnis seines Affronts gegen den König: Der Tugendrausch steigt Rousseau nun vollends zu Kopf.

Die Freunde haben Jean-Jacques' Eskapaden bisher recht gelassen zur Kenntnis genommen. Seiner Absage an den Fortschrittsgedanken, seiner Absage an das Projekt einer allgemeinen Verbreitung von Wissen und Wohlstand, seiner Verherrlichung der Antike mit ihrer Religiosität und Mystik begegnen diese Rationalisten und Atheisten mit Nachsicht.

Jean-Jacques schreibt weiterhin Artikel über Musik für die *Enzyklopädie*; die Beziehung zu Denis Diderot allerdings wird distanzierter. Mit dem gleichen Überschwang wie zuvor an Diderot schließt Jean-Jacques sich nun an Friedrich Melchior Grimm an, mit dem er gern musiziert und bei jeder Gelegenheit gegen die französische Oper polemisiert.

Die Freunde verurteilen Jean-Jacques zu diesem Zeitpunkt weder als Abtrünnigen noch als Heuchler. Seine Ablehnung der königlichen Pension verstehen sie allerdings nun überhaupt nicht: Er habe schließlich nicht nur sich selbst, sondern auch andere Menschen zu ernähren! Die Dupins, die Holbachs – alle, vor denen er Thérèse normalerweise eher versteckt, als mit ihr gemeinsam aufzutreten – zeigen mit einem Mal großes Interesse für das Wohlergehen von Mademoiselle Levasseur und ihrer betagten Mutter.

Jean-Jacques weiß, dass man sich in der feinen Gesellschaft über Thérèse mokiert, an der seine Bildungsbemühungen ebenso scheitern wie der Versuch, ihr seine Tugenden einzupflanzen. Und immer mehr wird ihm bewusst: Thérèse ist seine große Schwachstelle. In ihrer Gutmütigkeit und Unbedarftheit lässt sie sich zu jedem Tratsch und zu jeder Intrige missbrauchen und nimmt auch bereitwillig die Geschenke und Bestechungen an, die Rousseau selbst so vehement ablehnt. Thérèse ist das Einfallstor zur Festung Rousseau, sowohl für ihren eigenen gierigen Familien-Clan als auch für die wohlmeinenden, besserwisserischen Freunde, die ihren Einfluss auf Jean-Jacques behalten wollen. Doch der neugeborene Star ist entschlossen, sich nicht mehr gängeln zu lassen.

Als der große Quentin de La Tour ersucht, ein Porträt von ihm anfertigen zu dürfen, da erscheint Rousseau zur Sitzung keineswegs nachlässig gekleidet und mit zerraufter Perücke. Ein Porträt von La Tour, im jährlichen Kunstsalon ausgestellt, ist eine Auszeichnung, ein Zeichen dafür, dass man »es geschafft hat«.

Sarkastisch beschreibt Denis Diderot, wie La Tours Bildnis auf ihn wirkt, als er es sieht: »Ich suche darin den strengen Kritiker, den Cato und Brutus unserer Tage; ich habe erwartet, einen Epiktet in lässiger Kleidung und mit zerzauster Perücke zu sehen, einen Epiktet, der mit seinem strengen Blick den Schriftstellern, den Großen und Vornehmen Furcht einflößt, und ich sehe nur den Verfasser des *Dorfwahrsagers*, schön gekleidet, schön frisiert, schön gepudert und lächerlicherweise auf einem Korbstuhl sitzend.«[24]

1902. - J.-J. ROUSSEAU *adolescent*

Jean-Jacques Rousseau
als Jugendlicher um 1724/1725.

294. - Madame de Warens, d'après Largillère

Mme de Warens, Kupferstich von Leroux,
nach einem Gemälde von Largillière, 1815.

»... halb den Kopf wendend, wies sie mir mit einer einfachen
Handbewegung die Matte zu ihren Füßen«
(Aus: Die Bekenntnisse). Kupferstich von Moreau la Jeune.

*D'Alembert liest im Beisein Rousseaus
bei Mme Geoffrin in einem der berühmtesten Salons von Paris.
Kupferstich von Gabriel Lemonnier, um 1775.*

Mme Dupin, für die und deren Familie
Rousseau arbeitete. Sie blieben
über lange Jahre Freunde.

Rousseau als Sekretär des französischen Botschafters in Venedig. Anonymes Gemälde.

Thérèse Levasseur in Paris

Rousseau-Büste aus Ton von Jean-Antoine Houdon

VI. Über die Ursachen der Ungleichheit
»Der Erste, der ein Stück Land einzäunte ...«

Erstmals im Leben fühlt Jean-Jacques, dass er Macht besitzt. Eine von ihm verfasste Kampfschrift habe Paris »an allen vier Ecken in Brand« gesetzt, berichtet Friedrich Melchior Grimm in der *Correspondence littéraire* vom 15. Dezember 1753.

Ausgelöst wurde der Streit durch das Gastspiel italienischer Musiker, die Pergolesis *La Serva Padrona* aufführten, eine fröhliche kleine Oper voll flinker, melodiöser Arien. Die Aufführung wurde zum Sensationserfolg und sofort spaltete sich das Publikum in stürmische Anhänger der italienischen Oper und erbitterte Verteidiger der französischen Musik. Jean-Jacques wirft sich mit Lust in die Schlacht und veröffentlicht einen *Brief über die französische Musik*, in dem er die französische Art des Komponierens als *abgeschmackten Plunder* und *konfusen Lärm* bezeichnet. Neben seiner großen Begeisterung für die italienische Musik steckt in dieser Polemik wohl auch Rache an Rameau.

Dieses Pamphlet löst einen unerhörten Skandal aus. Paris wird von einer Erregung erfasst, die die politischen Krisen des Tages in den Hintergrund treten lässt.* Man verlangt Rousseaus Einkerkerung in der Bastille, man fordert zumindest seine Ausweisung. Zum ersten Mal wird er als Feind des französischen Staates gebrandmarkt.

Die Empörung ist so groß, dass Jean-Jacques sich nur unter Personenschutz aus dem Haus wagen kann. Eine Puppe wird an seiner Stelle verbrannt; überdies wird ihm das Recht auf freien Eintritt in die Oper entzogen, das er sich mit der Aufführung des *Narziss* erworben hat. Eine Maßnahme, die er als krasse Ungerechtigkeit empfindet. So durchlebt Jean-Jacques das ganze nicht ungefährliche Abenteuer in einer Mixtur aus Wehleidigkeit und wohligem Schauder. Schließlich hat er es sich zum Programm gemacht, zu brüskieren und zu schockieren. Seine Angriffe sind vernichtend und persönlich verletzend, sein Selbstbewusstsein ist aufgebläht bis zur Arroganz.

Doch ist es eben nur Aufgeblasenheit — heiße Luft statt Substanz. Ein einziger Nadelstich, eine winzige Verunsicherung — und sein Selbstvertrauen verpufft. Mitten im Glanz seiner ersten außerordentlichen Popularität sieht er auf einmal überall Schatten und Gespenster: Verrat, Treulosigkeit, Intrige.

Fängt man nicht an, ihn zu meiden? Freunde, deren Bekanntschaften untereinander er selbst vermittelt hat, schließen sie sich nicht auf einmal gegen ihn zusammen? *Seit meinem Erfolg bemerkte ich weder bei Grimm noch Diderot noch bei irgendeinem Schriftsteller meiner Bekanntschaft mehr jene Herzlichkeit, Offenheit, Freude, mich zu sehen, die ich in ihnen so lang zu finden geglaubt hatte.*[1]

Jean-Jacques schreibt es dem Neid zu; jenem Grundübel der Gesellschaft, das die Menschen einander entfremdet: der unaufhörliche Vergleich mit den anderen, das Verlangen, besser zu sein oder zumindest größere Anerkennung zu genießen. Es ist nicht so sehr der Ruhm seiner preisgekrönten *Abhandlung*, den die Freunde ihm neiden – als Literaten sind sie ja allesamt berühmt –, nein, es ist die Vielfalt seiner Talente, die ihn vor ihnen auszeichnet. Denn er ist gleichermaßen berühmt als Schriftsteller und als Komponist.

Der Gedanke, seine Überheblichkeit und Grobheit könnten auf die anderen abstoßend wirken, kommt Rousseau nicht. So kanzelt er Baron Holbach vor ganzer Gesellschaft ab. »Was mich an Ihnen stört, ist, dass Sie reich sind!«, verkündet er und wundert sich in der Folge, dass man ihn im Holbach'schen Salon erst kaltstellt und ihm schließlich zu verstehen gibt, dass sein Kommen nicht weiter erwünscht ist. Der Tugendrausch, mit dem Jean-Jacques Rousseau alle Welt fasziniert, wirkt auf die Freunde nur lächerlich.

Wie für ihn geschaffen erscheint ihm die nächste Preisfrage der Akademie von Dijon: »Welches ist der Ursprung der Ungleichheit unter den Menschen und ist sie durch das natürliche Gesetz autorisiert?«

Wieder wird offenbar eine positive Behandlung des Themas vorausgesetzt, eine Rechtfertigung der Stände und ihrer unverletzbaren Ordnung. Die Aufklärung hat die Freiheit auf ihre Fahnen geheftet, die Freiheit eines jeden Einzelnen, selbständig zu handeln, zu denken und zu glauben: Gedankenfreiheit. Doch keiner maße sich eine Stelle an, in die er nicht geboren ist oder die er nicht durch Verdienste erworben hat. Die Idee der Gleichheit aller Menschen – ob reich, ob arm, ob hochgeboren oder aus dem vierten Stand – liegt außerhalb des Denkbereichs der Aufklärer; erachten sie sich doch ebenfalls als Aristokraten, wenn sie auch oft nur Aristokraten des Geistes sind – so wie der bürgerliche Jean-François Arouet, der sich »Monsieur de Voltaire« nennt. Erst Jean-Jacques Rousseau ist so radikal, das Übel der gesellschaftlichen und politischen Ungleichheit mit dem Übel der Unfreiheit gleichzusetzen und beide ein Verbrechen und einen Betrug zu nennen.

Diesmal gibt es für ihn hinsichtlich der Beantwortung der Frage kein Zögern. – Ist die Ungleichheit durch das natürliche Gesetz autorisiert? Die Antwort lautet »Nein«, und in der Arbeit an dieser zweiten Abhandlung, dem *Discours sur l'origine et les fondements de l'inégalité parmi les hommes,* läuft Jean-Jacques zu ganz großer Form auf. Einen Preis zu gewinnen, die Mitglieder der Akademie zu verblüffen oder für sich einzunehmen ist ihm diesmal nahezu gleichgültig. Jean-Jacques Rousseau entwickelt sein philosophisches System.

Er geht von einem *Naturzustand* des Menschen aus. Der *Naturmensch* (»homme naturel«) war – so Rousseaus Hypothese – einzelgängerisch, selbstgenügsam, ohne Familienverband, ohne Eigentum; ausgestattet lediglich mit den Gefühlen der Selbstliebe (etwa gleichzusetzen mit dem Selbsterhaltungstrieb) und des Mitleids (Instinkt der Arterhaltung). *Mitleid vertritt im Naturzustand die Stelle der Gesetze, der Sitten und der Tugend*, schreibt Jean-Jacques.[2]

Nur eine bedeutsame Fähigkeit unterscheidet den *Naturmenschen* vom Tier: die Fähigkeit zur Weiterentwicklung, die Rousseau »perfectibilité« nennt. *Ich meine das Vermögen, sich vollkommener zu machen. Ein Vermögen, das mit Hilfe der Umstände alle übrigen Fähigkeiten nach und nach entwickelt.*[3]

Zusammen mit dieser allmählichen, unaufhaltsamen Weiterentwicklung, zu der die Menschen sich durch Katastrophen und Widerstände herausgefordert und genötigt sehen, durch einen Überlebenskampf, der ständige Lernprozesse erfordert, entwickeln sich bei ihnen sowohl Sprachvermögen als auch die Gesellschaftsform des Zusammenlebens in Gemeinschaften. Familienverbände und Clans bilden sich, die von Patriarchen geführt werden.

Diese Phase der Menschheitsgeschichte ist für Jean-Jacques das verlorene *goldene Zeitalter der Menschheit*. Noch herrschen natürliche Gefühle und einfache Sozialverhältnisse, die die zerstörerischen Antriebskräfte der Konkurrenz und des Egoismus nicht aufkommen lassen. Noch existiert nicht die unheilvolle Verbindung von Ungleichheit und wechselseitiger Abhängigkeit;

noch gilt es nicht als selbstverständlich, dass ein Mensch bestimmte Funktionen für den anderen Menschen erfüllt; dass einer zum Mittel für die Zwecke des anderen wird. Noch sind reine, uneigennützige Freundschaft und Liebe möglich.

Doch die stete Vermehrung der Menschen und ihre wachsende Vergesellschaftung führen zur systematischen Ausbeutung der Naturressourcen (Ackerbau, Metallgewinnung) und als notwendige Folge zu Eigentumsbildung und Arbeitsteilung. Jean-Jacques Rosseau schreibt jenen Satz, der zum Fanfarenstoß der politischen Theorie wird:

Der Erste, welcher ein Stück Landes umzäunte, es sich in den Sinn kommen ließ zu sagen: Dieses ist mein, *und einfältige Leute fand, die es ihm glaubten, der war der wahre Stifter der bürgerlichen Gesellschaft. Wie viele Verbrechen, Kriege, Morde, wie viel Elend und Gräuel hätte jener dem Menschengeschlecht erspart, der die Pfähle herausgerissen, den Graben zugeschüttet und seinen Mitmenschen zugerufen hätte:* »Glaubt diesem Betrüger nicht; ihr seid verloren, wenn ihr vergesst, dass die Früchte allen gehören, der Boden aber niemandem!«[4]

Zur *Selbstliebe* (»amour de soi«) ist die *Eigenliebe* (»amour propre«) getreten: die Sucht, sich von anderen zu unterscheiden. *Der erste Vorrang, den man einigen einräumte, erzeugte auf der einen Seite Eitelkeit und Verachtung, auf der anderen Seite Scham und Neid.*[5] Reichtum wiederum bringt den Luxus und den Müßiggang hervor, für Rousseau, wie er ja auch in seiner *Ersten Abhandlung* behauptet hat, die Grundlagen von Kunst und Wissenschaft.

Immer weiter entwickelt sich der Mensch. Längst ist das goldene Zeitalter ein versunkener Traum, ist der *Naturmensch* vergessen. Ein immer weiter reichender Prozess der Spaltung in Arm und Reich, in Herrscher und Unterworfene hat eingesetzt. Kämpfe und Kriege sind die Folge. Es herrscht der gnadenlose Kampf aller gegen alle, den der englische Philosoph Thomas Hobbes hundert Jahre zuvor mit dem Schlagwort: »homo hominem lupus« – der Mensch ist des Menschen Wolf – kennzeichnete. Mord und Totschlag, Raub und Plünderungen lassen jeden um sein Leben und sein Eigentum fürchten. Bis ein »kluger Reicher« den anderen die Errichtung einer rechtlichen Ordnung und die Gründung eines Staates vorschlägt. Eines Staates, in dem ein absoluter Herrscher das Monopol der Gewalt hat und somit Frieden und Eigentum sicherstellen kann. Ein entsprechender *Gesellschaftsvertrag* wird abgeschlossen; der allgemeine Friede ist damit hergestellt.

Doch, so Jean-Jacques Rousseau, die neuen Rechtszustände stellen nur dem Schein nach Gerechtigkeit her. Gesetze und Regierung dienen lediglich den Reichen; die Armen werden mit Hilfe staatlicher Organe unterdrückt und ausgebeutet. Wieder läuft alles auf das Gesetz des Stärkeren hinaus *und folglich auf einen neuen Naturzustand, der sich von jenem, mit dem wir be-*

gonnen haben, darin unterscheidet, dass der eine ein Naturzustand in seiner Reinheit ist, und dieser letzte die Frucht eines Exzesses an Korruption ist.[6]

Wieder wird ein Krieg aller gegen alle einsetzen.

Die *Abhandlung über die Ursachen der Ungleichheit* oder *Zweite Abhandlung*, wie sie später genannt wird, nimmt die Grundthese der *Ersten Abhandlung* auf und verschärft sie: Das Individuum wird im Laufe seiner Zivilisierung und des Fortschrittes zwar immer fähiger und kenntnisreicher, jedoch nicht sittlicher oder glücklicher. Die arbeitsteilige Gesellschaft ist eine Konkurrenzgesellschaft, in der der Mitmensch per se als Feind betrachtet wird – ja betrachtet werden muss, will man sich durchsetzen und Erfolg haben. Der Einzelne definiert sich über den Vergleich mit Status und Vermögen des anderen. Gegen die anderen, die zwangsläufig Konkurrenten sind, muss der *Aufstieg* gelingen. Daher kommt es, dass der Mensch den anderen Menschen entweder verachtet oder fürchtet oder ihn für seine Zwecke gebraucht. Sein Egoismus fordert, dass die anderen ihn um seines Vermögens und seiner Erscheinung willen bewundern und beneiden. Nicht sein »Sein« zählt, sondern allein sein »Ansehen«. Für diesen Menschen des »Habens« und »Scheinens« wird alles zum Mittel, auch er selbst, da er sein »Ansehen« unablässig erhalten oder erhöhen muss. Er, der andere von sich abhängig macht, ist genauso von ihnen abhängig.

Der Wilde lebt in sich selbst, der Mensch in der Gesellschaft hingegen ist immer außer sich und vermag nur in der Meinung der anderen zu leben. Die Empfindung seines eigenen Daseins entnimmt er sozusagen allein ihrem Urteil.[7]

Die Natur hat den Menschen glücklich und gut gemacht, die Kultur verdirbt ihn und bringt ihn ins Elend. Diese Kultur ist eine Negation der Natur, eine Verkehrung in ihr Gegenteil: Nichtleben statt Leben, ein trostloses »Nie« statt des erfüllten Augenblicks. Dieser Kultur erteilt Jean-Jacques Rousseau eine Absage: Er verdammt sie.

Doch ein Zurück in den ursprünglichen Zustand oder auch nur ins goldene Zeitalter ist nicht möglich. Niemals gelangt man wieder zurück in die Zeiten der Unschuld und Gleichheit, wenn man sich einmal von ihnen entfernt hat.

Die *Zweite Abhandlung* ist ein Meisterstück. Jean-Jacques Rousseau hat seinen Ton gefunden. Er argumentiert sowohl gelehrt als auch imaginativ, schlüssig und mitreißend. Philosophisch fundiert, wird der *Diskurs über die Ungleichheit* zu einer Grundlage moderner Sozialtheorie und darüber hinaus zum Anfang der Ethnologie und Sprachphilosophie.

Zweifellos verdankt sich die Kraft und Unbeirrbarkeit dieser Abhandlung Jean-Jacques' eigenem Werdegang, dessen Anfänge er ja als *Niedergang* und Verlust empfand. Selbsterfahrung und Philosophie – Eindruck und Ausdruck – Erlebtes, Erahntes und Erschaffenes sind bei diesem und den folgenden Werken Jean-Jacques Rousseaus untrennbar verwoben. Bis in seiner letzten Schrift, den *Träumereien*, alles zu einer Einheit von Selbsterkundung und künstlerischem Ausdruck verschmilzt.

Jean-Jacques setzt sein eigenes Leben absolut. Als wäre er »der Mensch« schlechthin und zugleich als Einziger anders als die übrigen Menschen. Dieser Kunstgriff ermöglicht es ihm, inmitten des allgemeinen Verblendungszusammenhangs klare Erkenntnisse zu gewinnen; zugleich Opfer der gesellschaftlichen Entwicklung zu sein, kritischer Zeuge und unbestechlicher Richter.

Jean-Jacques Rousseau selbst ist der *ursprünglich Gute*, der im Lauf seiner Entwicklung, seines Heranwachsens also, verdorben wurde durch die bestehende Ungleichheit: durch Ungerechtigkeit und Lieblosigkeit, Diskriminierung und Benachteiligung, die dem unterschiedlichen Besitzstand und dem Ständesystem innewohnen. Die selbst erlittenen Entbehrungen und Demütigungen, die eigene Erfahrung der Selbstentfremdung – er ist ja nur, was er in den Augen der anderen ist, den Meinungen aller ist er ausgeliefert – verleihen seinen Worten ihre große Kraft und Eindringlichkeit. Die übrigen Philosophen haben die Zusammenhänge nur gedacht, er aber hat sie erlebt und gefühlt!

Zugleich ist Jean-Jacques auch jener Einzigartige, der

ganz anders ist als die übrigen, von der Ungleichheit verdorbenen, fremdbestimmten, an Äußerlichkeiten hängenden Menschen. Er ist der bedürfnislose, unbestechliche »Jean-Jacques Rousseau«. Die Achtung oder die Meinung anderer sind ihm ganz egal. Als Einziger entzieht er sich dem *traurigen System*. Sein »Ausstieg«, mit dem er alle Welt in Erstaunen versetzt, ist also gewissermaßen philosophisch begründet. »Jean-Jacques Rousseau« ist der verkörperte Widerspruch zum System, die verkörperte Widerlegung seiner Berechtigung und Dauer.

Schließlich versetzen seine ostentative Mittellosigkeit und Bedürfnislosigkeit Jean-Jacques Rousseau in die Lage, als »Prophet« aufzutreten. Seine eigene Unbestechlichkeit ermächtigt ihn zur strengen Kritik der Zeit und der Zeitgenossen.

Ich hätte mich ganz auf die einträglichste Seite werfen und, statt meine Feder zum Notenkopieren zu brauchen, sie ganz dem Verfassen von Schriften widmen können, die bei dem Fluge, den ich genommen und den einzuhalten ich mich fähig glaubte, mich im Überfluss und selbst im Reichtum hätten leben lassen können. […] Aber ich fühlte, dass Schreiben um Brot meinen Genius erstickt und mein Talent getötet hätte, das weniger in meiner Feder als in meinem Herzen war und einzig aus einer erhabenen und stolzen Denkweise stammte, die allein es nähren konnte.[8]

Jean-Jacques weiß, wovon er spricht. Als junger

Mann mit Hoffnungen und Talent hat er sich jahrelang in den Vorzimmern der Reichen herumgedrückt; in der fragwürdigen Gesellschaft windiger Projektemacher, Erfinder und Weltverbesserer, Geisterseher und Sektierer. Alle tadellos gekleidet, die Spitzen fein gekräuselt, die Locken gepudert und aufgesteift, die Gesichtsfarbe aufgefrischt. Alle mit duftenden Essenzen parfümiert, um nur ja nicht den Schönheitssinn und den Geruchssinn des Herrn zu beleidigen, dem man sich anzubieten trachtete. Manchmal war es Jean-Jacques vorgekommen, als müsste so das Fegefeuer sein – ein ewiges Antichambrieren unter lauter geputzten Gestalten.

Nein, kein Schreiben um Brot! Kein Dienern mehr bei möglichen Gönnern.

Die Reaktion auf die *Zweite Abhandlung* ist bei weitem nicht so heftig wie auf die *Erste* und nicht zu vergleichen mit dem Wutgeheul, das sich auf den *Brief über die französische Musik* hin erhob. Die Wirkung entfaltet sich langsam, aber nachhaltig – um dann jedoch das Bild Jean-Jacques Rousseaus bis an sein Lebensende und darüber hinaus zu prägen.

Für die Freunde gibt es keinen Zweifel mehr an Rousseaus Abtrünnigkeit und seiner Absage an ihre Werte und Ziele: Fortschritt, Wissensvermehrung, Verbesserung des Menschen und der Gesellschaft. Er hat sich gegen Zivilisation und Aufklärung gestellt.

Jean-Jacques schickt die Abhandlung an Voltaire, der ihm einen teilweise maliziösen, teilweise aber auch ernsthaften Antwortbrief schreibt. »Man kann die Schrecken des Menschengeschlechts nicht mit kräftigeren Farben malen. Nie hat man so viel Geist darauf verwendet, uns zu dummen Eseln zu machen. Man bekommt Lust, auf allen Vieren zu gehen, wenn man Ihr Werk liest.« Doch Voltaire gibt auch zu bedenken: »Die Literatur nährt die Seele, sie läutert und tröstet sie. Sie bringt Ihnen sogar dann Ruhm ein, wenn Sie gegen sie schreiben.«[9]

Aber an den Rand der ihm zugesandten Schrift vermerkt Monsieur de Voltaire, der es in einem bewegten Leben zum hoch geschätzten Freund der aufgeklärten Herrscher Europas und zum steinreichen Grundbesitzer gebracht hat: »Das ist die Philosophie eines Bettlers, der die Reichen durch die Armen bestohlen sehen möchte.«[10] Voltaire ahnt und wird es später auch sagen, dass Jean-Jacques Rousseau zur Galionsfigur des vierten, des untersten Standes werden wird. Das »Volk«, die Armen und Unterprivilegierten, von den obersten Ständen als Nutzvieh betrachtet, vom aufsteigenden Bürgertum nur verachtet, dieses Volk wird Jean-Jacques Rousseau lieben.

In der Öffentlichkeit betrachtet man die Auseinandersetzung über die *Zweite Abhandlung* als rein akademische Angelegenheit. Den Preis hat ein anderer erhalten. Jean-Jacques bringt die Schrift in Druck und widmet sie – nach vorsichtigen Erkundungen, ob dies auch genehm ist – dem Rat der Bürger von Genf.

Genf ist Jean-Jacques' verlorene Heimat, sein Ideal einer Republik, seine Utopie einer Gemeinschaft. Dass die Realität dem Ideal nicht entspricht, weiß er wohl und hat es beim letzten Aufenthalt deutlich vor Augen geführt bekommen, als beinah der Bürgerkrieg auszubrechen drohte. Zeit seines Lebens wird Jean-Jacques Rousseau jede Gelegenheit wahrnehmen, vor der unheilvollen demokratiepolitischen Entwicklung Genfs zu warnen und Wege zur Umkehr aufzuzeigen.

Eine Republik freier und gleicher Genfer Bürger, die einander achten und lieben, ist ihm eine Herzensangelegenheit. In diesem Sinn schreibt er für die Drucklegung der *Zweiten Abhandlung* ein pathetisches Vorwort, in dem er die ruhmreiche Geschichte und die glücklichen Voraussetzungen des Genfer Stadtstaats in so leuchtenden Farben malt, dass man die darin enthaltene Kritik an den herrschenden Zuständen leicht herausliest.

Als Victor de Gauffecourt, ein alter Freund, in Geschäften nach Genf reist, begleitet ihn Jean-Jacques und nimmt auch Thérèse mit.

In der Beziehung zwischen ihm und seiner Gefährtin kriselt es. Thérèse kann sich nicht damit abfinden, dass Jean-Jacques entschlossen ist, auf Reichtümer zu verzichten. Von seinem wachsenden Ruhm haben sie und ihre Familie nichts, wenn dieser sich nicht in klingender Münze bezahlt macht. Natürlich sind auch seine Freunde – Grimm, Diderot – daran schuld, dass das Unrecht, das ihr widerfährt, ihr als Stachel im Fleisch sitzt. Die Freunde geben ihr zu verstehen, wie gern sie sie unterstützten, wenn Jean-Jacques sie nur ließe. Man bietet ihr und ihrer Mutter eine sichere Versorgung an: einen Tabakverschleiß, einen Salzhandel. Als Jean-Jacques das Angebot entschieden ablehnt, zetert die Mutter und Thérèse ist zutiefst verstimmt. Tagelanges Schreien und Weinen sind die Folge. Bitter beklagt Thérèse sich darüber, dass sie immer noch in einer armseligen kleinen Wohnung hausen müssten, während seine Freunde große Suiten bewohnten, dass sie durch den Schmutz der Straßen laufen müsse, während Madame Diderot in einer Kutsche fahre.

Die gemeinsame Reise nach Genf soll eine Art Wiedergutmachung sein, aber Thérèse sieht nicht ein, warum sie sich darauf freuen soll. Nur ein einziges gutes Kleid konnte sie sich nähen, für mehr hat das Geld nicht gereicht. Wie soll sie sich da in der Genfer Gesellschaft zeigen! Jean-Jacques liest ihr ein Schreiben vor, das er dem Genfer Syndikus schickt und in dem er weitschweifig begründet, auf welche Weise Mademoiselle Levasseur zu seiner Krankenpflegerin geworden ist und warum sie mit ihm seine Unterkunft teilen müsse.

Als Thérèse ihn fragt, warum er nicht schreibe, dass

sie seine Gefährtin sei, sagt Jean-Jacques, dass es hierbei um ihre Ehre ginge.

Aber Thérèse glaubt eher, dass er um seinen eigenen, ach so moralischen Ruf zittert. Deshalb will er dort in Genf nicht zugeben, dass er eine Geliebte hat. Er hat ihr ja erzählt, wie ehrpusselig diese Calvinisten sind!

Jean-Jacques verspricht, sie werden gemeinsame Ausflüge machen. Thérèse glaubt ihm nicht. Er wird sich mit allen möglichen Herren treffen, zu Banketten eingeladen werden und sie allein in der Herberge zurücklassen, wo sie nicht einmal ihre Mutter zur Gesellschaft hat. Oder schlimmer – er wird sie zu den Gesellschaften mitnehmen. Dort wird sie dann sitzen und nichts verstehen und nichts zu sagen wissen, und jeder wird auf sie herabsehen und sich über sie lustig machen!

Es hat ja schon gut angefangen! Da hocken sie in der stickigen Kutsche, und Jean-Jacques unterhält sich die ganze Zeit nur mit diesem alten Schwätzer Gauffecourt, lacht und kichert und hat völlig vergessen, dass sie schließlich auch noch bei ihm sitzt!

Gauffecourt scheint zu merken, wie unbehaglich Thérèse sich fühlt, und richtet hin und wieder das Wort an sie. Aber darauf kann sie auch gut und gern verzichten! »Der liebenswürdigste Mensch, der je gelebt hat«, mit diesen Worten hat Jean-Jacques ihr den Herrn vorgestellt.

Liebenswürdigkeit!

Vorhin, als der Wagen stark rumpelte, hat Gauffecourt getan, als würde er das Gleichgewicht verlieren, und seine Pfote auf ihr Knie gelegt. Um sich gleich darauf überschwänglich dafür zu entschuldigen. Wahrscheinlich würde er seine Hand gern noch ganz woanders hinlegen!

Zu allem Überfluss lässt Jean-Jacques immer wieder die Kutsche halten, um auszusteigen und daneben herzugehen. Um sich die Beine zu vertreten! Thérèse sitzt derweilen steif und stumm da, hört Gauffecourts Worte, weiß nicht das Geringste damit anzufangen und könnte vor Verlegenheit und Wut zerspringen. Schließlich steigt Thérèse ebenfalls aus und geht zu Fuß neben der Kutsche her.

Jean-Jacques ist es nicht recht. Er weist sie an, dem armen alten Gauffecourt doch Gesellschaft zu leisten.

Gesellschaft!

Thérèse macht Andeutungen. Gibt Jean-Jacques zu verstehen, dass Monsieur de Gauffecourt sich an sie herangemacht hat. Kaum hat sie es gesagt, erschrickt sie über ihre Worte, stammelt Unzusammenhängendes, weil sie jeden Moment fürchtet, ihre Lüge komme ans Licht. Doch Jean-Jacques glaubt ihr jedes Wort. Gerade aus ihrer Verlegenheit, ihrem Gestammel liest er absolute Aufrichtigkeit. Er ist fassungslos über den Verrat des alten Freundes.

Und Thérèse entdeckt ein Talent an sich, das sie selbst überrascht, ja förmlich überwältigt: Immer mehr fällt ihr ein! Ihre Phantasie ist auf einmal grenzenlos!

Gauffecourt habe ihr Geld angeboten, wenn sie ihm zu Willen ist! Er habe ihr abscheuliche Bilder gezeigt, um ihr Blut zu erhitzen …

Aber jeden Moment kann Jean-Jacques zur Kutsche laufen, den Schlag aufreißen und Gauffecourt zur Rede stellen!

Auf einmal hat sie eine Erleuchtung, es ist ihre, Thérèse Levasseurs persönliche Erleuchtung: Nie wird Jean-Jacques etwas dergleichen tun! Weil es ihm nämlich unheimlich peinlich wäre. Und weil er Peinlichkeit fürchtet wie der Teufel das Weihwasser. Er ist viel zu feige, um Gauffecourt zur Rede zu stellen. Und sei es nur, um die Wahrheit herauszufinden. Viel lieber wird er alles glauben, was Thérèse ihm einredet, und Gauffecourt gegenüber so tun, als sei gar nichts passiert.

Damit aber hätte sie ihr Ziel erreicht: Sie hat den beiden Freunden gründlich die Reise versaut, hat ihr Geschwätz und Gelächter zum Verstummen gebracht. Und sie hat Jean-Jacques unter die Nase gerieben, dass sie auch jemand ist! Dass man sich für sie interessiert, sie begehrenswert findet!

Genau so, wie Thérèse es vorhergeahnt hat, geschieht es. Jean-Jacques sagt kein Sterbenswort zu Gauffecourt, der sich über die plötzliche Zurückhaltung und Schweigsamkeit des Freundes wundert.

»Um dich nicht bloßzustellen, habe ich ihm meine Verachtung verborgen«, erklärt Jean-Jacques später, »um deine Ehre nicht zu beflecken!«

Thérèse hätte fast gelacht. Aber die Freude vergeht ihr wieder, als Jean-Jacques sich außerordentlich darüber verwundert, dass Gauffecourt es auf Thérèse abgesehen hat. Er verstehe nicht, was ein »connaisseur« und Weltmann wie Gauffecourt an Thérèse habe finden können, sagt er; sie sei alles andere als schön und auch nicht mehr die Jüngste …

Trotzdem. Thérèse hat entdeckt, dass auch sie Macht besitzt, die Macht nämlich, Jean-Jacques einzureden, was immer sie will. Wenn es nur mit seinen eigenen fixen Ideen und Einbildungen zusammenpasst. Und die kennt sie inzwischen zur Genüge.

Damit ist sie nicht mehr die dumme Trine, dirigiert und manipuliert mit Schmeicheleien und schönen Worten von den Francueils und Dupins und Diderots und Holbachs und Grimms! Hin- und hergerissen zwischen ihrer Gier und ihrer Loyalität zu Jean-Jacques. Nein, sie selbst kann nun dirigieren und manipulieren. Jean-Jacques wird auf sie hören, wenn sie ihn nur richtig packt.

Bei seinen Ängsten.

Als sie in Genf anlangen, denkt Jean-Jacques nicht mehr an den unangenehmen Vorfall. Der Empfang, der ihm zuteil wird, übersteigt alle seine Erwartungen und die nächsten Wochen gehören zu den frohesten und stolzesten seines Lebens. Genf begrüßt den »verlorenen Sohn« mit Herzlichkeit und Ehrerbietung.

Und Jean-Jacques spürt, wie ihm vor lauter Liebe und Stolz auf diese kleine, fromme und tüchtige Republik das Herz übergeht. Er registriert den Reichtum und die Vielfalt von Handel und Gewerbe in jedem Viertel: die weltberühmten Uhrmacher – Gewürzhandel – Textilfabriken – aufstrebende Banken. Elend und Verbrechen wie in Paris scheint es nicht zu geben.

Sein Beschluss ist gefasst: Er will wieder Genfer werden. Und zwar Genfer Bürger, nicht bloß Einwohner. Genfer Bürger zu sein, das bedeutet die Zugehörigkeit zu einer besonderen Klasse. Nur etwa sechzehnhundert der zwanzigtausend Einwohner der Stadtrepublik besitzen diesen Titel und die dazugehörigen Rechte. Einziges Hindernis seiner Einbürgerung: der katholische Glaube, zu dem er seinerzeit konvertiert ist. *In allen Ständen gefeiert, gelobt, überließ ich mich ganz dem patriotischen Eifer, und voller Scham, von meinen Bürgerrechten durch das Bekenntnis zu einem anderen Glauben als dem meiner Väter ausgeschlossen zu sein, beschloss ich, offen diesen Letzteren wieder anzunehmen.*[11]

Der Übertritt zum Calvinismus wird ihm so leicht wie möglich gemacht, er wird ins Bürgerverzeichnis der Republik aufgenommen und schließlich vor dem Allgemeinen Rat der Stadt öffentlich vereidigt. Jean-Jacques ist nach einem Vierteljahrhundert im Triumph in seine Vaterstadt heimgekehrt. Schon auf dem Titelblatt der Veröffentlichung der *Zweiten Abhandlung* nennt er sich »Citoyen de Génève«, Bürger von Genf.

Die Schrift wird beim Genfer Rat allerdings nicht die Anerkennung finden, die Jean-Jacques sich davon versprochen hat; auch auf eine entsprechende Ehrung – etwa die Ernennung zum »Ehrenbürger« – wartet er vergeblich. Mit seiner listig lobpreisenden Widmung, bei der die Kritik an den politischen Zuständen nur allzu deutlich zwischen den Zeilen zu lesen ist, wird er sich das Genfer Patriziat zum Feind machen.

Doch noch hat keiner hier die Schrift gelesen. Noch kann Jean-Jacques sich in allgemeiner Bewunderung sonnen. Er gewinnt etliche neue Freunde. Wie versprochen, unternimmt er mit Thérèse eine mehrtägige Schiffsreise rund um den Genfer See. Erstmals nimmt er die hohen Berge am Nordufer des Sees wahr, eine romantische Landschaft, die ihn sehr inspiriert. Jean-Jacques schwebt während des gesamten Schweizer Aufenthalts wie auf Wolken. Auf einmal versteht er es, mit allen Leuten umzugehen und zu allen das Rechte zu sagen. Es ist, als würde die Schweizer Luft seinen armen dumpfen Kopf befreien und seinen Worten die Leichtigkeit verleihen, die ihm in Paris völlig abgeht. Oder ist es das offene, unverstellte Wesen der Menschen hier?

Sein Plan steht fest: Er wird sich so bald wie möglich in Genf ansiedeln. Nach Paris wird er nur noch zurückkehren, um seinen Haushalt aufzulösen. In Genf werden sie dann eine ordentliche Wohnung beziehen. Und Thérèse wird selbstverständlich in einer Kutsche durch die Straßen fahren …

Wie ein bitterer Wermutstropfen in die überschäumende Glücks- und Aufbruchstimmung fällt die letzte Begegnung mit Madame de Warens. Begleitet von einer ängstlichen und eifersüchtigen Thérèse, besucht er sie in Chambéry.

Doch Thérèses Besorgnis legt sich schnell. Von der armen Alten hat sie nichts zu fürchten. Für Jean-Jacques ist die Begegnung mit der gealterten und verzweifelten Louise-Eléonore de Warens ein Schock und er ist bestürzt über ihre hoffnungslose finanzielle Situation. *Maman* muss sich im Armenverzeichnis der Stadt registrieren lassen, um Almosen zu erhalten! Er bittet sie, zu ihnen zu ziehen. Sie könnten doch alle zusammenleben! Madame de Warens weigert sich, zu Thérèses Erleichterung. Jean-Jacques gibt ihr alles Geld, das er im Moment erübrigen kann – ein Tropfen auf einen heißen Stein.

Dann trennen sich ihre Wege für immer. Rückblickend weiß Jean-Jacques, wie tief er in Louise-Eléonore de Warens' Schuld ist. *Ich hätte alles verlassen müssen, um ihr zu folgen, mich an sie ketten bis zur letzten Stunde und ihr Los teilen, welches es auch sein mochte. Ich tat nichts davon*, schreibt er in den *Bekenntnissen*[12].

Die Übersiedlung nach Genf bleibt ein Traum. Jean-Jacques erfährt, dass ausgerechnet Voltaire, den er nach seinen spöttischen Bemerkungen über die *Zweite Abhandlung* zu seinen Feinden zählt, Grund und Haus auf

Genfer Staatsgebiet, in Ferney, erworben hat. Wo ein Voltaire Hof hält, ist kein Platz für einen Jean-Jacques Rousseau! Das wären zwei einander befehdende Philosophen in einer Stadt gewesen, mit allen damit verbundenen Parteiungen und Intrigen.

Ich begriff, dass dieser Mann dort eine Umwälzung hervorrufen würde, dass ich in meinem Vaterland den Ton, das Wesen, die Sitten wiederfinden würde, die mich von Paris vertrieben, dass ich ständig kämpfen müsste, und dass mir für mein Benehmen keine andere Wahl blieb, als entweder einen unerträglichen Schulmeister abzugeben oder einen feigen und schlechten Bürger.[13]

Das ist Begründung Nummer eins. Begründung Nummer zwei: *Ich hätte vielleicht dem Sturm die Stirn bieten sollen, wenn ich das Talent dazu gefühlt hätte. Aber was hätte ich, allein, schüchtern und unberedt, gegen einen anmaßenden, reichen Mann ausgerichtet, der sich auf den Einfluss der Großen stützte, eine glänzende Beredsamkeit besaß und schon der Abgott der Frauen und der Jugend war?*[14]

Vor dem Platzhirschen weicht Jean-Jacques.

Nach Genf kann er nicht mehr, in Paris will er nicht mehr leben.

In diesem Dilemma kommt unerwartete Hilfe von Seiten einer treuen Freundin: Madame d'Épinay.

Jean-Jacques machte die Bekanntschaft der Marquise d'Épinay, als sie die Geliebte seines Freundes Francueil war. Ihre Ehe mit dem Marquis d'Épinay ist legal getrennt, sie und ihr Gatte teilen sich allerdings den Wohnsitz, wenn auch jeder seiner Wege geht. Louise-Florence d'Épinay ist eine elegante, geistreiche und liebenswürdige Dame, literarisch ambitioniert und aufgeschlossen für neue Entwicklungen. Ihr »Salon« ist ungezwungener Treffpunkt von Literaten und Künstlern. Man musiziert und bringt Theaterstücke zur Aufführung.

Zwischen Jean-Jacques und ihr entwickelt sich mit der Zeit eine herzliche Freundschaft. Sie sieht ihn kritisch, doch voller Nachsicht. Über ihre ersten Eindrücke von Rousseau schreibt sie: »Er macht Komplimente, doch er ist nicht höflich oder gibt sich zumindest nicht den Anschein, es zu sein. Er scheint die Gewohnheiten der Gesellschaft nicht zu kennen, doch es ist leicht zu sehen, dass er sehr intelligent ist. Er hat einen braunen Teint, Augen, die vor Feuer sprühen und seinem Ausdruck Leben verleihen. Man sagt, er habe eine schlechte Gesundheit und leide an Seelenqualen, die er sorgfältig verbirgt. Das ist es, was ihm, wie ich glaube, von Zeit zu Zeit ein düsteres Aussehen verleiht.«[15]

Jean-Jacques' Beschreibung von ihr in den *Bekenntnissen* ist mitleidsloser: *Ihre Unterhaltung, obschon in der Gesellschaft ziemlich angenehm, war dem Einzelnen gegenüber trocken. [...] Es tat mir wohl, ihr kleine Dienste zu erweisen, ihr kleine, ganz brüderliche Küsse zu geben, die meine Sinnlichkeit ebenso wenig wie die ihrige erregten. Sie war sehr mager, sehr blass, ihr Busen flach wie meine Hand. Dieser Mangel allein hätte genügt, um mich abzukühlen.*[16]

Wiederholt besucht er die Marquise auf ihrem Landgut La Chevrette bei Montmorency, in einem wunderschönen urtümlichen Wald- und Wiesengebiet nördlich von Paris.

Angesichts eines alten, verfallenen Gartenhauses hat Jean-Jacques einmal geäußert, dieses wäre das rechte Asyl für einen Einsiedler wie ihn. Madame d'Épinay lässt das Gartenhaus ausbauen und adaptieren, ohne ihm ein Wort davon zu sagen. Und bei einem der nächsten Besuche führt sie Jean-Jacques dorthin: *Da sehen Sie Ihr Asyl, mein Bär. Sie selbst haben es sich ausgesucht, die Freundschaft bietet es Ihnen an.*[17]

So lautstark Jean-Jacques die korrumpierende Macht des Geldes geißelt – gegen Zuwendungen in Form großzügiger Einladungen hat er kaum etwas einzuwenden, betrachtet sie eher als ihm zustehende Tribute, für die die Schenkenden keine Gegenleistung erwarten dürfen.

Das Häuschen trägt den Namen »Eremitage« (Einsiedelei). Jean-Jacques ist begeistert. Genau so einen Wohnsitz hat er sich gewünscht! Mitten in der Natur, weit fort von der kalten, verdorbenen Stadt, in der man ihm nur die Zeit stiehlt. *Mich langweilten die Salons, Wasserspiele, Lustwäldchen, Blumenbeete und die noch langweiligeren Leute, die mit all dem prahlten, ich hatte Cembali, Kartenspiel, Stickarbeiten, dumme Bonmots, fade Schöntuereien, kleinliche Schwätzer und großartige Soupers so satt.*[18]

Wie zum Hohn ist alles Interieur in den Salons mit Imitationen von »Natur« übersät: Geschnitzte und gemalte Blumen zieren Decken und Wände, gläserne Lüster sollen Blattgespinsten gleichen, winzige, kunstvoll gemalte Insekten und Schmetterlinge verstreuen sich über die Paneele. Dicht an dicht gehängte Wandgemälde zeigen Wäldchen und Sträucher; man ergötzt sich an *nature à la Boucher, nature à la weiß der Teufel wem!*

In der Abgeschiedenheit der Eremitage wird Jean-Jacques nun alle die Werke schaffen, die in seinem Kopf schon Gestalt anzunehmen beginnen.

Thérèse ist allerdings wenig begeistert vom Umzug aufs Land. Sie sagt, dass sie ihre alte Mutter nicht zurücklassen könne. Jean-Jacques findet sich damit ab, dass die Mutter ebenfalls nach Montmorency kommt. Als Thérèse sieht, dass die Eremitage ein stattliches, einstöckiges Gebäude ist; als sie feststellt, wie geräumig und wohl eingerichtet die Räumlichkeiten sind, ist sie versöhnt.

Die Reaktion der Pariser Freunde besteht einmal mehr aus belustigter Ungläubigkeit. Man zieht sich nicht in die Einsamkeit zurück! Nicht, wenn man ein Literat ist, der sich in Gesellschaft bewegen muss!

Jean-Jacques aber kann der Umzug gar nicht rasch genug gehen. *Sobald meine Wohnung bereit war, eilte ich, sie zu beziehen, zum großen Gelächter der Holbach'schen Sippe, die laut voraussagte, ich würde nicht drei Monate Einsamkeit ertragen und man würde mich bald beschämt zurückkommen sehen, um wie sie in Paris zu leben.*[19]

Während des Frühjahrs hat Jean-Jacques tatsächlich die Ruhe, die er braucht. Mit Anbruch des Sommers allerdings kommt Paris zu ihm. In Gestalt von Madame d'Épinay, die in ihre nahe gelegene Sommerresidenz La Chevrette übergesiedelt ist und von ihrem »Bären« womöglich täglich aufgesucht und unterhalten werden möchte. In Gestalt von Thérèses Sippe, die auch hier nach Kräften schnorrt und schmarotzt. In Gestalt zahlreicher Besucher schließlich, die den berühmten Philosophen und Komponisten kennen lernen wollen.

Dennoch ist Jean-Jacques in Montmorency manchmal fast ekstatisch glücklich – solange man ihn in Ruhe lässt.

In einem Brief an Malesherbes wird Jean-Jacques später die Zeit heraufbeschwören, in der es in der Eremitage am schönsten war, *jene wonnevollen Tage, die ich nur mit mir allein, mit meiner guten und ungekünstelten Haushälterin* [Thérèse]*, mit meinem geliebten Hund, mit meiner alten Katze, mit den Vögeln des Feldes und den Hindinnen des Waldes, mit der ganzen Natur und ihrem unerforschlichen Urheber zugebracht habe.* […] [*Die Na-*

tur] schien vor meinen Augen eine immer neue Pracht zu entfalten. Das Gold des Ginsters und der Purpur des Heidenkrauts blendeten meine Augen mit einem Reichtum, der mein Herz rührte, die Majestät der Bäume, die mich mit ihrem Schatten umfingen, die Zartheit der Sträucher, die mich umgaben, die staunenswerte Vielfalt der Kräuter und Blumen, die ich mit meinen Füßen zu Boden trat, hielten meinen Geist in einer beständigen Abwechslung schwebend zwischen Betrachtung und Bewunderung.[20]

Den Frieden von Montmorency unterbricht eine kleine, aber heftige Kontroverse mit Voltaire, der Rousseau – aus welchem Grund auch immer – seine jüngste Schrift zugeschickt hat. An sich eine Auszeichnung für den jüngeren Kollegen; außer Rousseau haben nur Diderot und D'Alembert Exemplare erhalten. Doch der Inhalt dieser Schrift erweckt Jean-Jacques' Entrüstung.

Voltaire nimmt das schreckliche Erdbeben von Lissabon, bei dem 1755 über dreißigtausend Menschen ums Leben kamen, zum Anlass, die berühmte These des Philosophen Leibniz anzufechten, Gott habe die Welt trotz aller Übel und Katastrophen als »die beste aller möglichen Welten« geschaffen. Im Erdbeben sieht Voltaire einen Beweis gegen einen solchen Optimismus und gegen eine gütige göttliche Vorsehung.

Jean-Jacques antwortet prompt und widerspricht ihm mit unbestreitbarer Logik: *Bleiben wir bei Ihrem*

Gegenstand Lissabon. Sie werden zugestehen, dass es nicht die Natur war, die dort zwanzigtausend sechs bis sieben Stock hohe Häuser aufgestellt hat, und dass der Schaden viel geringer gewesen wäre, wenn die Einwohner dieser großen Stadt besser verteilt gewesen wären und in leichteren Häusern gewohnt hätten.

Einem allgemeinen Rundumschlag gegen die Gelehrten und Reichen dieser Welt lässt Jean-Jacques eine direkte persönliche Beleidigung Voltaires folgen: *Gesättigt mit Ruhm leben Sie frei im Schoße des Überflusses; wenn der Körper oder das Herz leidet, haben Sie Tronchin zum Arzt und Freund – und trotzdem finden Sie alles schlecht auf der Erde. Und ich, der unbekannte, arme und von einem unheilbaren Übel geplagte Mensch, denke in meiner Einsamkeit mit Vergnügen nach und finde, dass alles gut ist.*[21]

Voltaire würdigt diese höhnische Epistel keiner Antwort. Immerhin inspiriert der Ärger darüber ihn zu seiner satirischen Dichtung *Candide* – von allen seinen Werken vielleicht das bleibendste. Erzählt wird darin vom reinen Toren Candidus, dem in dieser »besten aller Welten« kein Schmerz und kein Leid erspart bleiben. Aller Güter und Gaben beraubt, die das Leben lebenswert machen, ist Candidus am Ende dennoch weit davon entfernt, mit Gott zu hadern, sondern sagt voll Ergebenheit zu seinem Freund und Leidensgefährten Pangloss: »Auf, lasst uns unseren Garten bebauen.«[22]

VII. Ein Einsiedler verliebt sich
»Die lebhaften Empfindungen, die ich noch in mir schlummern fühlte«

Jean-Jacques hat sich ein umfangreiches Arbeitspensum auferlegt. Den halben Tag will er mit Notenkopieren verbringen, darüber hinaus mit einem lang geplanten *Wörterbuch der Musik* beginnen und auch sonst neue Projekte angehen. Da ist die Idee zu einer Abhandlung über die politischen Institutionen, die ihn seit Venedig beschäftigt; Vorstellungen von einer völlig neuartigen Tugendlehre gehen ihm durch den Kopf.

Zunächst macht er sich jedoch daran, eine Auftragsarbeit für Madame Dupin zu erledigen, und überarbeitet die literarische Hinterlassenschaft des Abbé de Saint-Pierre.

Endlich führt Jean-Jacques ein Leben, wie er es sich ersehnt hat. Er ist mitten in der Waldeseinsamkeit, hört den Schlag der Nachtigall und das Rauschen des Baches. Er hat eine Fülle von Aufgaben und die Ruhe, die er sich dazu wünscht.

Und er ist nicht glücklich.

Als Erstes verliert Jean-Jacques die Lust am Werk des Abbé de Saint-Pierre. Pflichtbewusst macht er noch eine Zusammenfassung der wichtigsten seiner Schriften *Zum ewigen Frieden*, dann bricht er die Arbeit am Nachlass ab. Und fällt in ein tiefes Loch.

Ich hatte keinen Plan für die Zukunft mehr, der meine Einbildungskraft beschäftigen konnte […], da meine jetzige Lage gerade die war, auf die sich alle meine Wünsche gerichtet hatten. Ich hatte keine Wünsche mehr zu formen und doch war mein Herz leer.[1]

Jean-Jacques wird sich dessen bewusst, dass er die vierzig längst überschritten hat und noch niemals die große Liebe erlebte. Seine tiefe Zuneigung zu Madame de Warens war ohne erotisches Begehren und ohne erotische Erfüllung. *Wie kam es, dass bei so entflammbaren Sinnen, bei einem ganz von Liebe geformten Herzen, ich nicht wenigstens einmal für einen bestimmten Gegenstand in Flammen gestanden hatte?*[2] Und Thérèse? Man lebt nebeneinanderher.

Eine Zeichnung aus dieser Zeit zeigt Jean-Jacques in seiner kleinen Küche sitzen. Die Schlafmütze, die er trägt, lässt ihn älter erscheinen als seine Jahre. Auf seinem Schoß räkelt sich die Katze; zu seinen Füßen sitzt der Hund. Ein friedlicher, fast inniger Moment ist hier festgehalten. Die Idylle von Montmorency. Thérèse gehört schon nicht dazu.

Wir hatten […] nicht genug gemeinsame Gedanken, um uns einen großen Vorrat anlegen zu können. Wir konnten nicht mehr ständig von unseren Plänen sprechen und waren von nun an darauf beschränkt, den Tag zu genießen. Die sich darbietenden Gegenstände flößten mir Betrachtungen ein, denen sie nicht zu folgen vermochte.[3]

Jean-Jacques spürt wohl, dass Thérèse mit ihm ebenso wenig glücklich ist wie er mit ihr. Mitten in der Natur zu leben hat für sie nicht den geringsten Reiz, bedeutet lediglich mehr Arbeit, um den Haushalt zu versorgen. Thérèse steckt in Montmorency ständig mit ihrer Mutter zusammen, die Mutter wiederum heckt Pläne aus und spinnt Intrigen.

Jean-Jacques spaziert durch den Wald und hätschelt seine gewaltige Midlife-Crisis. *Ich glaubte mich dem Ende meiner Laufbahn zu nähern, ohne eine einzige der Freuden, nach denen mein Herz trachtete, in ihrer ganzen Fülle genossen, ohne den lebhaften Empfindungen, die ich noch in mir schlummern fühlte, freien Lauf gegeben, ohne jene berauschende Wollust auch nur gekostet oder gar genossen zu haben.*[4]

Die Apathie und Antriebslosigkeit, in die er nun versinkt, fällt noch dazu in die Zeit der sommerlichen Schwüle, in der die Natur die Sinne betört und ihre Düfte Erinnerungen und Sehnsüchte wachrufen.

Bald sah ich um mich alle, die mich in meiner Jugend erregt und bewegt hatten: Fräulein Galley, Fräulein von Graffenried, Fräulein von Breil, Frau Basile, Frau von Larnage, meine hübschen Schülerinnen und selbst die pikante Zulietta, die mein Herz nicht vergessen kann. […] Mein Blut erhitzt sich und kocht, mein Kopf schwindelt mir trotz meiner schon ergrauenden Haare, und der ernste Genfer Bürger, der strenge Jean-Jacques, wird, fast fünfundvierzig Jahre alt, plötzlich wieder der ausschweifende Schäfer.[5]

In der Not seiner unbestimmten und unstillbaren Liebessehnsucht flüchtet sich Jean-Jacques, wie schon als fünfzehnjähriger Lehrling, in eine Wunschtraumwelt, in das *Land der Chimären*, wie er es nennt. *Nie kam mir diese Fluchtmöglichkeit gelegener und nie war sie so fruchtbar. In meinen ständigen Ekstasen berauschte ich mich im Übermaß an den köstlichsten Empfindungen. [...] Ich schuf mir Gesellschaften vollkommener Geschöpfe, so himmlisch durch ihre Tugenden wie durch ihre Schönheiten.*[6]

Aus den *Chimären* formen sich allmählich die Gestalten zweier bezaubernder junger Frauen: Julie und Claire. *Ich gab der einen von ihnen einen Geliebten [...] Ich gab ihm die Tugenden und Mängel, die ich an mir selbst wahrnahm. Aber ich machte ihn liebenswürdig und jung.*[7]

Worte und Phrasen der Leidenschaft und Liebe geistern durch Jean-Jacques' Kopf während seiner einsamen Spaziergänge. In den Briefen von »Saint-Preux« an seine geliebte »Julie« werden sie sich wiederfinden:

Nein, behalte deine Küsse, ich kann sie nicht ertragen ... sie durchbohren mich, brennen bis ins Mark ...[8]

Verstopfen Sie, wenn möglich, des Gifts Quelle, die mich nährt und zugleich tötet!, fleht Saint-Preux Julie an. *Ich will entweder geheilt werden oder sterben, und ich bitte Sie um Ihre Strenge!*[9]

Ich bitte Sie um Ihre Strenge! Jean-Jacques' geheimster Wunsch, seit Mademoiselle Lambercier ihn vor vielen Jahren übers Knie legte, seit die kleine Margot, genannt Goton, ihn zu ihrem Sklaven erkor, seit er in dunklen Winkeln der Turiner Vorstadt seinen Hintern entblößte. Der von Liebespein gemarterte Saint-Preux entblößt in jedem Schreiben seine Seele und wird dafür zuverlässig von der tugendstrengen Julie gequält und bestraft.

Jean-Jacques weiß: Die Wirklichkeit kann unmöglich schöner sein als die Imagination. Alles, was in der Realität stört, behindert oder enttäuscht, zaubert er in seinem *Land der Chimären* einfach fort. Das Objekt seiner Begierde kann er sich so gestalten, dass es *in allen Punkten mit dem Verlangen übereinstimmt.*[10]

Nichts Schöneres gibt es als das, was es nicht gibt, lässt Rousseau sein Alter Ego Saint-Preux sagen. *Das Land der Trugbilder ist in dieser Welt das einzige, das bewohnt zu werden verdient.*[11]

Jean-Jacques gibt seinen verführerischen Geschöpfen ein gesellschaftliches Umfeld: Julie d'Étange ist eine junge Adelige, Saint-Preux ihr Philosophielehrer, Claire ihre Busenfreundin; und er versetzt es in eine der schönsten Landschaften, die er kennt: Vevey am Ufer des Genfer Sees, der Geburtsort von Madame de Warens. Bald genügt es ihm nicht mehr, sich seine Idealgestalten vorzustellen und sich die leidenschaftlichsten Liebesschwüre auszudenken; er beginnt alles niederzuschreiben. Ein fiktiver Briefwechsel zwischen den *Chimären* beginnt.

Zu Jean-Jacques' Widersprüchen gehört, dass er immer betont, in sich allein alles Glück und alle Befriedigung zu finden, dass er jedoch nicht wirklich zufrieden ist ohne Applaus. Seine Werke müssen von anderen bewundert werden. In Ermangelung eines besseren Publikums beglückt Jean-Jacques seine *Gouvernanten* – so nennt er Thérèse und ihre Mutter – mit Lesungen.

Am Abend las ich am Kamin den Gouvernanten […] *immer wieder vor. Die Tochter, ohne etwas zu sagen, schluchzte vor lauter Rührung mit mir. Die Mutter blieb, da sie nichts Schmeichelhaftes fand und nichts begriff, ruhig und begnügte sich, in den Pausen mir ständig zu wiederholen: »Mein Herr, das ist wirklich schön!«*[12]

Begonnen hat Jean-Jacques den »Briefwechsel« zu seinem eigenen Vergnügen. An einen Roman denkt er vorerst nicht. Romanschreiben ist unter seinem Niveau.

Doch ein Roman beginnt. Und zwar in zweifacher Hinsicht. *Auf dem Höhepunkt meiner Träumereien erhielt ich einen Besuch von Frau d'Houdetot.*[13]

Comtesse Elisabeth Sophie d'Houdetot ist die Schwägerin von Madame d'Épinay. Sie ist jung, attraktiv, gebildet, temperamentvoll und charmant. Und, wie Rousseau in den *Bekenntnissen* hervorhebt, von unendlicher Sanftmütigkeit. Sie ist verheiratet und zugleich die Geliebte des Gardeobersten Marquis de Saint-Lambert. Ein schneidiger Herzensbrecher und dilettierender Dichter, dessen Bekanntschaft Jean-Jacques im Salon Holbach machte.

Auf Veranlassung Saint-Lamberts hin sucht Sophie d'Houdetot den berühmten Rousseau auf, als sie bei ihrer Schwägerin in Montmorency weilt. Es hat an diesen Tagen heftig geregnet, und der Weg zur Eremitage ist so aufgeweicht, dass die Kutsche im Schlamm stecken bleibt; Sophie d'Houdetot kommt in verschmutzter Kleidung, aber unvermindert gut gelaunt in der Eremitage an.

Dieser Besuch hatte etwas vom Anfang eines Romans, erinnert Rousseau sich entzückt. Er lädt die Comtesse ein, zum Abendessen zu bleiben, Thérèse bewirtet die beiden. Als Sophie d'Houdetot sich verabschiedet, verspricht sie, bei ihrem nächsten Besuch im Frühjahr abermals hierher zu kommen. Jean-Jacques hat sein Herz schon verloren.

Auch die spielerisch begonnene »Briefesammlung« entwickelt sich unaufhaltsam zum Roman. *Eine Art Roman*, wie Rousseau einschränkt, der diese Art von Literatur stets verurteilt hat und ahnt, dass er wieder einmal drauf und dran ist, sich selbst Lügen zu strafen. *Konnte man nach den strengen Grundsätzen, die ich mit solcher Entschiedenheit ausgesprochen, nach den ernsten Maximen, die ich so kräftig gepredigt, nach so vielen beißenden Angriffen gegen die weibischen Bücher voll Liebe und Weichlichkeit, sich wohl etwas Unerwarteteres, Befremdenderes denken, als zu sehen, wie ich mich plötzlich mit eigner Hand unter die Verfasser solcher Bücher, die ich so hart getadelt hatte, reihte?*[14]

Und so beginnt Jean-Jacques – nie um neuartige Einfälle verlegen –, aus seinem schlichten Briefwechsel einfach mehr zu machen als einen Roman. Das Buch soll sowohl die Veranschaulichung seiner Philosophie bieten als auch seine Ansichten über die natürliche Religion. Im Kern ist darin auch schon sein folgender Erziehungsroman *Émile* enthalten.

Von dem Konzept, das er nun entwirft, sagt Rousseau: *Es war gewiss das Beste, das sich aus meinen Narrheiten machen ließ.*[15]

In Anlehnung an den berühmtesten Briefroman der Literatur, Abälards *Héloïse*, gibt Jean-Jacques seinem Werk den Titel *Julie ou la Nouvelle Héloïse*.

Saint-Preux ist der junge Lehrer der adeligen Fräulein Julie und Claire. Claire ist er in Freundschaft zugetan, in Julie jedoch hat er sich glühend verliebt.

Zuvor unschuldige Gesellschaftsspiele bringen ihn völlig aus der Fassung. *Ich zittere bei jedem Spiel, ihrer Hand zu begegnen, und ich weiß nicht, wie es zugeht, dass ich ihr begegne. Kaum berührt sie die meine, so ergreift mich ein freudiges Beben. Das Spiel bringt mich in Fieberhitze, oder vielmehr in Wahnsinn. Ich sehe, ich empfinde nichts mehr, und in diesem Augenblick der Geistesverwirrung – was soll ich tun, wohin mich verbergen, wie für mich stehn?*[16]

In einem Brief schreibt er Julie von seiner Liebe und sie gesteht ihm die ihre. Für die Augen des nun glücklichen Saint-Preux verklärt sich die Landschaft um ihn her: *Geheimer Zauber verschönt alle Gegenstände oder blendet meine Sinne; man könnte glauben, die Erde schmücke sich, deinem glücklichen Liebhaber ein Hochzeitsbett zu bereiten.*[17]

Aus Gründen des Standesunterschiedes – Saint-Preux ist ein »roturier«, ein mittelloser Bürger – scheint ihre Liebe jedoch von vornherein aussichtslos. Der Baron d'Étange würde eine nicht standesgemäße Heirat seiner Tochter niemals dulden und hat Julie außerdem bereits dem Baron von Wolmar versprochen. Julie aber erhört Saint-Preux und gibt sich ihm hin. Danach scheint sein Glück nicht mehr zu überbieten.

Genüsslich wiederholt Saint-Preux der Geliebten die genossenen Freuden: *Gib mir den bezaubernden Schlaf an deiner Brust; gib mir das noch entzückendere Erwachen, diese unterbrochnen Seufzer, diese süßen Tränen der Freude, die Küsse, die wollüstiges Schmachten uns langsam schmecken ließ, und das so zärtliche Stöhnen, mit dem du an dein Herz das meine drücktest, das zur Vereinigung mit ihm geschaffen ist.*[18]

Als Julies Vater die Verbindung erahnt, muss Saint-Preux flüchten. Sein treuer Freund, Lord Bomston, schreibt an Julies treue Freundin Claire: *Diese zwei schönen Seelen gingen, eine wie die andere, aus den Händen der Natur hervor; in einer süßen Verbindung, im Schoße des Glücks, hätten sie ihre Kräfte frei entwickelt, ihre Tugenden geübt und wären mit leuchtendem Beispiel der Welt vorangegangen. Warum muss doch ein unsinniges*

Vorurteil die ewigen Bestimmungen ändern und der denkenden Wesen Harmonie zerstören![19]

Saint-Preux jedoch, der über die Trennung von Julie fast den Verstand verliert, verdächtigt Bomston, der ihm zur Flucht geraten hat, einer Intrige: *Kaum war mir diese schreckliche Vermutung in den Sinn gekommen, so schien mir alles sie zu bestätigen […] alles schien mir von Seiten Mylords einen genauen Plan zu verraten, mich von Julie zu entfernen.*[20]

Der, wie sich herausstellt, unbegründete Verdacht Saint-Preux' gegen Lord Bomston ist eine Hereinnahme von Jean-Jacques' latentem Verfolgungswahn ins Romangeschehen. Er, der immer schon dazu geneigt hat, Komplotte und Verschwörungen zu wittern, sieht sich in Montmorency immer deutlicher als Opfer von Intrigen. Die Sticheleien und das Geschwätz der unzufriedenen Frauen, mit denen er zusammenlebt, bestärken ihn noch darin.

Gegen das unheimliche Gefühl einer Bedrohung durch die vorgeblichen Freunde – Grimm, Diderot, Holbach – erfindet Jean-Jacques sich einen »Lord Bomston«: die Idealisierung eines »wahren Freundes«, der in allen Wechselfällen des Lebens unerschütterlich zu Saint-Preux steht. Bomstons aufrichtige Liebe und Treue ist gleichsam die Umkehrung der Realität in einer Lebensphase, in der alle sich plötzlich auf rätselhafte Weise von ihm abzuwenden scheinen. Bomstons Edelmut ist die Kehrseite der Gemeinheit seiner Umgebung, die Jean-Jacques im Lauf der Niederschrift der *Nouvelle Héloïse* zu erkennen meint.

Der Briefwechsel zwischen den Romangestalten geht weiter. Doch nun ist Julie bestrebt, in Saint-Preux die Liebe zur Tugend und Entsagung zu wecken: *Welches Vorbild bewunderst du? Welchen hättest du am liebsten gleichen mögen? [...] Der Athener, der den Schierling trank! Brutus, der für sein Vaterland starb! Regulus unter all seinen Martern, Cato, der sich die Eingeweide aufriss – all diese tugendhaften Unglücklichen hast du beneidet. Im Innersten deines Herzens empfandest du jene wahre Glückseligkeit, die unter dem Scheine ihrer Leiden verborgen war!*[21]

Unschwer zu erkennen, von wem Julie hier spricht. Es ist der kindliche Jean-Jacques, der sich in die Gefühle seiner Bücherhelden hineinzusteigern versuchte.

Und wiederum Jean-Jacques beschreibt der Autor, wenn er Julie Saint-Preux streng ermahnen lässt: *Was Sie auch tun mögen, so beherrscht Sie dennoch wider Ihren Willen die Furcht vor Lächerlichkeit, die Sie verachten. Eher würden Sie hundert Gefahren als einer einzigen Spötterei Trotz bieten; und niemals sah man so viel Schüchternheit in einer so unerschrockenen Seele.*[22]

Saint-Preux erlebt also durch Julies Briefe seine »Lehrjahre des Gefühls«, so wie Jean-Jacques sie seinerzeit an der Seite Louise-Eléonore de Warens' erlebte. *O Julie, was wäre ich wohl ohne dich gewesen! Die kalte Vernunft hätte vielleicht meinen Geist aufgeklärt, als ein lauer Bewundrer des Guten hätte ich dieses wenigstens an anderen geliebt. Nun aber werde ich mehr tun; voll Eifer werde ich das Gute ausüben.*[23]

Wie damals Jean-Jacques und seine *Maman*, so finden auch Julie und Saint-Preux Trost bei Gesprächen über Gott und bei der Gewissheit, dass er in ihre Herzen sieht.

Julie heiratet auf Wunsch ihres Vaters Baron von Wolmar, den sie wegen seines Charakters achtet und bewundert. An seiner Seite wird sie zur Mustergattin und zur idealen Mutter mit fortschrittlichen Erziehungsgrundsätzen. Ein schönes Landgut, Clarence, wird von dem Ehepaar vortrefflich bewirtschaftet, das Gesinde gerecht und gütig angeleitet und geführt. Claire bleibt Julies Herzensfreundin. Alle, einschließlich der Landarbeiter und Bediensteten, leben ein erfülltes, tugendhaftes Leben. Als endlich auch Saint-Preux, von seinem Auslandsaufenthalt zurückgekehrt, in Clarence eintrifft, wird er herzlich in die Gemeinschaft aufgenommen.

Wesentlicher Aspekt der Utopie des Landgutes Clarence sind seine Schlichtheit, Ökonomik und »Natürlichkeit«, die im starken Kontrast zu Prunk, Verschwendung und Künstlichkeit der französischen Gesellschaft stehen. Diese Rousseau'schen Ideale manifestieren sich insbesondere in der berühmten Passage über Julies *geheimen Garten*, in den sie Saint-Preux eines Tages führt: *An den offnern Stellen entdeckte ich hie und da, ohne Ordnung und ohne Symmetrie, Rosenbüsche, Him-*

beersträucher, Johannisbeeren, Fliedergesträuch, Haselsträu-
cher, Holunder, wilden Jasmin, Ginster, Klee, welche die
Erde schmückten und ihr das Aussehen von Brachland ga-
ben.[24] Die »Natürlichkeit« ist jedoch nicht ursprünglich, also von Natur aus gegeben, sondern aufs Sorgfäl-
tigste — wenn auch ohne großen finanziellen Aufwand
— kultiviert, erfährt der bewundernde Betrachter: *Die*
Natur hat alles getan, sagt Julie, *aber unter meiner An-*
leitung, und hier ist nichts, was ich nicht angeordnet hät-
te.[25]

Auch Saint-Preux kann nicht anders, als den Baron
von Wolmar zu achten und zu schätzen. Doch obwohl
er und Julie den Beschluss gefasst haben, ein Leben in
völliger Entsagung führen zu wollen, in dem die Leidenschaft sich zu leidenschaftlicher Tugend wandelt, ergeben sich immer wieder Momente, in denen sie aus
der Rolle fallen.

So werden bei einer gemeinsamen Bootsfahrt unweigerlich teure Erinnerungen wach. *Wehmut über-*
wand die Verzweiflung; ich begann Ströme von Tränen zu
vergießen. […] Nachdem ich mich wieder erholt fühlte,
kam ich zu Julien zurück und nahm ihre Hand wieder.
Sie hielt ihr Taschentuch; ich fühlte, dass es sehr feucht war.
»Ach!«, sagte ich leise zu ihr. »Ich sehe, unsre Herzen ha-
ben niemals aufgehört, sich zu verstehen!« — »Das ist
wahr«, sagte sie mit zitternder Stimme, »es muss aber das
letzte Mal sein, dass Sie in diesem Ton gesprochen ha-
ben.«[26]

Alles in allem zeichnet der Triumph des guten Willens sich ab. Julie und Saint-Preux sind in eine solche Ekstase der Tugendhaftigkeit versetzt, dass Saint-Preux fühlt, er würde eine sich ihm körperlich hingebende Julie gar nicht mehr lieben können. Ein krasser, von Rousseau bewusst gesetzter Gegensatz zu den Gepflogenheiten des »galanten Zeitalters«, in dem eher Sex ohne Liebe die Regel war als Liebe ohne Sex.

Ein Weinlesefest in Clarence wird zum glücklichen Höhepunkt der Utopie: *Man singt, man lacht den ganzen Tag und die Arbeit geht dadurch nur desto besser voran. Alles lebt in der größten Vertraulichkeit, alle sind einander gleich und doch vergisst sich niemand.*[27]

In dieser Betonung des *alles* – der Gemeinschaft, die keinen ausschließt – liegt der Keim des »neuen Gesellschaftsvertrags«, den Rousseau bald entwerfen wird. *Das Abendessen wird auf zwei langen Tischen aufgetragen. Pracht und großer Aufwand der Festtafel sind nicht dabei, wohl aber Überfluss und Freude. Jedermann setzt sich an den Tisch, die Herrschaften, die Taglöhner, Knechte und Mägde; ein jeder steht ohne Unterschied, ohne Ausnahme, ohne Bevorzugung auf, um sich und andre zu bedienen …*[28]

Auf diesem nicht mehr zu überbietenden Gipfel von Tugendhaftigkeit und stillem Glück aller Beteiligten schlägt das Schicksal zu: Bei einem Spaziergang fällt Julies Sohn in den See, sie springt ins Wasser, um ihn zu retten, und zieht sich dabei eine Erkältung zu, an der sie schließlich stirbt. In ihrem letzten Brief, der ihm nach ihrem Ableben übergeben wird, gesteht Julie Saint-Preux, ihn doch geliebt – also erotisch begehrt – zu haben. *Nein, ich verlasse dich nicht, ich werde dich erwarten*, schreibt sie. *Die Tugend, die uns auf der Erde trennte, wird uns in der Ewigkeit vereinen.*[29]

Tugendrausch oder doch sexuelle Erfüllung? Worin besteht das wahre Glück der Liebenden – der Roman endet durchaus ambivalent. Ist er vielleicht überhaupt eine Absage an das Glück in diesem Leben?

Schon die Wahl des Titels scheint beziehungsvoll. Der Scholastiker Abälard, dem seine Schülerin Héloïse in leidenschaftlicher Liebe verfällt, wird auf Befehl ihres Vaters entmannt. Héloïse geht ins Kloster und Abälard setzt ihrer tragischen Liebesgeschichte in einem fiktiven Briefwechsel ein Denkmal. Ist Saint-Preux durch den Standesunterschied zwischen ihm und Julie quasi als »entmannt« zu betrachten? Sieht Jean-Jacques sich selbst nur als »halben Mann«? Der Titel scheint als Motto jedenfalls schon das »Prinzip Hoffnungslosigkeit« in sich zu tragen.

Neben dem dramatischen Beziehungsgeflecht der handelnden Personen enthält der Briefroman, der ja etwas Wertvolleres sein soll als ein sentimentaler Roman, Betrachtungen über die Pariser und Genfer Gesellschaft sowie einmal mehr über die französische Musik; den Standesdünkel des »Ancien Régime« prangert Jean-Jacques ebenso an wie die Oberflächlichkeit moderner Liebesbeziehungen. Über das entfremdete, sinnlose Leben der Reichen höhnt Saint-Preux: *Eine Kutsche, einen Diener, einen Haushofmeister zu haben, das heißt, wie jedermann zu leben. Um aber so »wie jedermann« zu leben, muss man so wie sehr wenige Leute leben. Leute, die zu Fuße gehen [...], das sind Bürger, Menschen aus dem Volk, Leute aus einer anderen Welt; und fast könnte man sagen, eine Kutsche sei weniger zum Fahren als zum Dasein notwendig.*[30]

Immer wieder nimmt der Roman zu aktuellen gesellschaftlichen Diskussionsthemen Stellung: Darf man sich duellieren? Hat der Einzelne ein Recht auf Selbstmord? Welche Bedeutung haben Standesunterschiede? Philosophische und religiöse Streitfragen werden erläutert. Dadurch soll der Roman zum Gesellschaftsbild überhöht werden. *Julie ou la Nouvelle Héloïse* kann somit jeder Gebildete guten Gewissens lesen.

Mit dieser Kombination unterschiedlicher literarischer Formen und Funktionen schafft Jean-Jacques kein organisches Ganzes – geschweige denn eine ganz neue literarische Form (wie sie etwa zur gleichen Zeit dem Engländer Lawrence Sterne glückte), doch gelingt es ihm, dem Leser sein Utopia von allen Seiten zu präsentieren – in immer neuen Facetten –, so dass man erkennen kann, dass es nicht Stückwerk ist, sondern komplex und allumfassend.

Aus den Gegensätzen Natur – Entartung, Tugend – Laster, Genf – Paris, Einfachheit – Luxus, ländliche Idylle – Großstadt, Ökonomie – Verschwendung, Gesetz des Herzens – starre Tradition arbeitet Jean-Jacques die Vision einer besseren Welt heraus, seine »monde idéale«. Die *Nouvelle Héloïse* ist sein erster konstruktiver Text. Anders als in den zwei Abhandlungen wird im Roman gezeigt, wie der Degenerierung der Menschheit Einhalt geboten werden könnte. Gegen die Herrschaft der Ratio setzt Rousseau die Herrschaft des Gefühls, gegen die Schranken, die die Menschen um sich aufbauten, setzt er die »Öffnung der Herzen«: Aufrichtigkeit, Vertrauen, Liebe, gegenseitige Beeinflussung und gemeinsame Entfaltung zu besseren Menschen.

Jean-Jacques selbst spricht aus allen handelnden Personen: Er schwelgt als »Julie« in Tugendhaftigkeit, lebt als deren scharfzüngige Freundin »Claire« seine Lust an Sarkasmus und Witz aus, er ist der leidenschaftliche Liebhaber »Saint-Preux«. (Jean-Jacques Rousseaus Image wird für seine Bewunderer geprägt sein vom Bild des jünglingshaften Saint-Preux, wie es auch die zahlreichen Romanillustrationen zeigen.)

Jean-Jacques identifiziert sich aber auch mit Saint-Preux' Rivalen, dem ernsten, gestrengen und doch grenzenlos toleranten Herrn von Wolmar. »Baron von Wolmar« ist der Mächtige, der alles präzise beobachtet, alle Fäden in der Hand hat, alles weise lenkt und fügt. Er ist ein Vorgriff auf den »Erzieher« Émiles und ein Wunschbild Jean-Jacques' von sich selbst, das der Realität diametral entgegengesetzt ist.

Der Einzige, dessen Charakter zu wünschen übrig

lässt, trägt bezeichnenderweise den Namen »Claude Anet«. Ein ungetreuer Domestike, am Ende gar ein heruntergekommenes Subjekt. Womit die wahre Geschichte von Claude Anet zu Jean-Jacques' Befriedigung »korrigiert« wäre.

Wie überhaupt *Julie ou la Nouvelle Héloïse* den Versuch einer Korrektur der Wirklichkeit darstellt. Ein leidenschaftlich Liebender, der vom Objekt seiner Begierde leidenschaftlich wiedergeliebt wird – so hätte Jean-Jacques es auch im realen »Roman« gern gehabt: dem Roman von Jean-Jacques Rousseau und Sophie d'Houdetot. Diese Geschichte entwickelt sich allerdings eher zu einer Tragikomödie oder Farce.

Jean-Jacques hat sich heillos in Sophie d'Houdetot verliebt; *Julie ou la Nouvelle Héloïse* kommt somit noch eine weitere bedeutende Funktion zu: Der Text wird zum Instrument der Verführung einer jungen Frau. Ursprünglich geschrieben, damit ihr Verfasser sich selbst an ihm berauschen kann, sollen die schwülen Phantasien nun Sophie d'Houdetot betören.

Auch die d'Houdetots mieten in Montmorency ein Haus und im folgenden Sommer besucht die Comtesse Jean-Jacques regelmäßig. Und er besucht sie.

Mit bebender Stimme liest er ihr aus Saint-Preux' Briefen vor: *Und ich sollte dich jetzt vergessen? Jetzt, da ich von deiner Reize Macht überwältigt bin, nur noch in ihnen atme? Jetzt, da meine alte Seele verschwunden ist und mich die von dir geschenkte belebt?*[31]

Wieder wünscht Jean-Jacques etwas mit aller Macht herbei; wünscht, dass er sich auf magische Weise in Saint-Preux verwandelt und Sophie d'Houdetot zu Julie wird, die ihn genauso heiß begehrt wie er sie.

Dass die junge Frau leidenschaftlich in den Marquis de Saint-Lambert verliebt ist und – an einer Affäre mit Rousseau nicht im Mindesten interessiert – lediglich seine Freundschaft schätzt, hält ihn nicht davon ab, dieser Freundschaft das Maximum abzupressen. Saint-Lambert versieht seinen Dienst im Heer, das in Westfalen steht;* Sophie sehnt sich nach ihrem Geliebten und benötigt einen teilnahmsvollen Zuhörer für ihre Schwärmereien. Sie und Jean-Jacques unternehmen lange Spaziergänge, man speist zusammen, man schreibt einander Briefe (die Thérèse befördert). Kurz, die schmachtende Comtesse ist so liebenswürdig, dass es Jean-Jacques schon wieder verdächtig erscheint.

Prompt bildet er sich ein, Sophie d'Houdetot und Saint-Lambert hätten sich untereinander abgesprochen, ihn zum Narren zu halten. Diesen Verdacht nimmt er zum Vorwand, von Sophie Beweise ihrer wahren Zuneigung zu ihm zu verlangen: Wenn sie seine aufrichtige Freundin sei, solle sie sich von ihm umarmen und küssen lassen.

In den *Bekenntnissen* schildert Rousseau eine Szene, die für ihn von wahnsinniger Hoffnung erfüllt ist, für Sophie d'Houdetot jedoch lediglich überaus peinlich ist: *Ich forderte Beweise, dass sie sich nicht über mich lus-*

tig machte. Sie sah, dass es kein andres Mittel gab, mich zu beruhigen. Ich wurde dringend, der Schritt war delikat. […] Sie verweigerte mir nichts, was die zärtlichste Freundschaft bewilligen konnte. Sie gewährte mir nichts, was sie untreu machen konnte, und ich hatte die Demütigung zu sehen, dass die Glut, in die ihre leichten Gunstbezeugungen meine Sinne versetzten, nie auch nur den kleinsten Funken in die ihrigen warf.[32]

Halb bitter, halb ironisch erinnert sich der alte Rousseau: *Wir waren beide vor Liebe trunken, sie für ihren Geliebten, ich für sie. Unsere Seufzer, unsere köstlichen Tränen flossen zusammen.*[33]

Und man wähne nicht, fährt er eindringlich fort, *dass mich hier meine Sinne so ruhig ließen wie bei Thérèse und Maman! Ich habe es schon gesagt, diesmal war es Liebe, Liebe in ihrer ganzen Kraft und in ihrer ganzen Raserei. Ich will weder die Aufregung noch die Schauer noch das Herzklopfen noch die krampfhaften Bewegungen noch die Ohnmacht des Herzens schildern, die ich fortwährend empfand.*[34]

Dichtung und Wahrheit sind völlig verstrickt: Durch die Liebesbeteuerungen eines Romanhelden sollte Sophie d'Houdetot in den Roman gleichsam hineingesogen und seine Heldin werden; das literarische Konzept sollte in der Wirklichkeit aufgehen. Nach dem kläglichen Scheitern dieses Bemühens soll wiederum die Romanhandlung für die Wirklichkeit entschädigen;

die Wirklichkeit durch die Literatur aufgehoben werden.

Das Ende der Geschichte ist bitter; eine böse Farce, in schlechter Aufführung, aus der schließlich alle gekränkt und verletzt hervorgehen.

Die Geschehnisse im Herbst und Winter 1757 stellen den entscheidenden Bruch in Rousseaus Leben dar. Angebahnt hat der Konflikt sich seit langem. Und es erweist sich als verhängnisvoll, dass keiner dieser so beredten und geistreichen Menschen imstande ist, ein klares Wort zu sprechen. Sich stattdessen mit Andeutungen begnügt oder schweigt. Teils aus Gründen des guten Tons, teils aus Feigheit.

Die Comtesse d'Houdetot erhält vom Marquis de Saint-Lambert einen alarmierenden Brief, der sie veranlasst, Jean-Jacques um größere Zurückhaltung zu bitten.

Jean-Jacques gerät in Panik. Wer hat ihn denunziert? Es kann nur Madame d'Épinay sein, die – so vermutet er – eifersüchtig auf ihre Schwägerin ist! Und Thérèse bestätigt eifrig seinen Verdacht: Stets habe die Marquise versucht, seiner Liebesbriefe an Sophie habhaft zu werden. Einmal habe sie sogar Thérèse aufgelauert und versucht, ihr einen Brief, den sie überbringen sollte, zu entreißen.

Jean-Jacques schreibt einen erbitterten Brief an seine Gastgeberin – gespickt mit dunklen Andeutungen und bösartigen Bemerkungen. Madame d'Épinay bittet ihn daraufhin um eine Aussprache.

Es bleibt ihm nichts übrig, als der Bitte Folge zu leisten. Doch keiner von ihnen bringt es fertig, über Jean-Jacques' wirre Beschuldigungen zu reden. Stattdessen gibt es Tränen und Versicherungen der Freundschaft.

Jean-Jacques fühlt sich nun durch einen Satz in einem Theaterstück Diderots zutiefst beleidigt: »Nur der Böse lebt einsam.« Er schreibt einen scharfen Brief. Diderot bleibt in seiner Antwort nichts schuldig. Madame d'Épinay drängt die beiden zu einer versöhnlichen Unterredung. Jean-Jacques beruhigt sich in der Folge und verspricht Diderot sogar, an Saint-Lambert einen aufrichtigen Brief zu schreiben und die Schuld an den Gerüchten über ihn und die Comtesse d'Houdetot auf sich zu nehmen – was er allerdings niemals tut.

Auch als Saint-Lambert während eines Fronturlaubs nach Montmorency kommt, hat Rousseau nicht den Mut, das Thema anzusprechen. Der Marquis ist zwar etwas reserviert, doch freundlich zu ihm. Wozu also viel reden?

Doch Jean-Jacques ist kein Aufatmen beschieden: Nicht nur fordert Sophie d'Houdetot jetzt ihre Briefe zurück; auch Friedrich Melchior Grimm – seit geraumer Zeit Louise-Florence d'Épinays Geliebter – benimmt sich ihm gegenüber immer kälter und herabsetzender. Als er sich bei Madame d'Épinay darüber beklagt, schlägt diese — wie bei seinem Streit mit Diderot — vor, die Freunde mögen sich miteinander aussprechen. Doch die Aussprache mit Grimm vertieft nur Jean-Jacques' Eindruck, dass alle um ihn herum sich auf die sonderbarste Weise verändert haben und dass keiner ihn mehr achtet und liebt.

Es folgt eine neue beunruhigende Wendung: Madame d'Épinay spricht von einer Erkrankung, deretwegen sie nach Genf reisen werde, und fragt, ob Rousseau sie nicht begleiten wolle. Jean-Jacques will aber auf keinen Fall fort von Montmorency und Sophie. In Anbetracht seiner eigenen zarten Gesundheit empfindet er den Vorschlag als Zumutung. Die treue Thérèse klärt ihn über die Hintergründe des Ansinnens auf: Man munkelt, Madame d'Épinay sei schwanger. Schaudernd erkennt Jean-Jacques das gegen ihn gerichtete »Komplott«. Ein Glück, dass er nicht zugesagt hat, mit der Marquise zu reisen! Man hätte ihn unweigerlich für den Vater ihres Kindes gehalten!

Wieder mischt Diderot sich ein: Rousseau solle unbedingt fahren, schreibt er. So hätte er endlich eine Gelegenheit, sich seiner Gastgeberin gegenüber dankbar zu zeigen.

Will man behaupten, er sei undankbar? Jean-Jacques weist solche Unterstellungen mit einem geharnischten Brief zurück. Liest die Epistel Grimm und Madame d'Épinay vor, die von seinem entschiedenen Ton of fenbar tief beeindruckt sind, da ihnen die Worte fehlen.

Doch nun bittet ihn die angebetete Sophie, die Reise nach Genf anzutreten oder einen triftigen Grund anzuführen, warum er in Montmorency bleiben müsse, da sonst alle Welt denken müsse, es sei ihretwegen. In seiner Ratlosigkeit beschließt Jean-Jacques, sich Grimm anzuvertrauen. Ihm kann er ja in einem Brief zu verstehen geben, warum er nicht fahren will. Leider schreibt Jean-Jacques, in diesem einzigen Versuch, »offen« zu sein, ausgerechnet das Dümmste und das Falsche, nämlich dass er nicht durch Louise-Florence d'Épinays Zustand kompromittiert werden wolle; ein Zustand, für den ja nicht er verantwortlich sei, sondern ein anderer, wobei er andeutet, dass er Grimm für den Vater des Kindes hält.

Grimm kündigt ihm daraufhin die Freundschaft auf. Klärt ihn nicht einmal darüber auf, dass Madame d'Épinay in Wahrheit an Tuberkulose erkrankt ist. Stattdessen schreibt er von Rousseaus »hassenswerten Grundsätzen«, dem »ungeheuerlichen System« seiner Abhandlungen.

Ein ebenso eisiger Brief von Madame d'Épinay folgt.

Der Anstand gebietet, die Eremitage zu verlassen. Doch Rousseau hat Sophie d'Houdetot hoch und heilig versprochen, keinen Aufsehen erregenden Schritt zu setzen. Nun richtet Jean-Jacques all seine Hoffnung auf einen angekündigten Besuch Diderots. Vielleicht kann der Freund ihm in diesem Dilemma helfen. Rousseau beklagt sich bei ihm über die Intrigen Madame d'Épinays, erzählt vom versuchten Raub eines Liebesbriefs. Diderot weigert sich rundheraus, irgendetwas Derartiges von Madame d'Épinay zu glauben. Obwohl Thérèse es bezeugt. Doch ihre Mutter, Madame Levasseur, kann sich an nichts dergleichen erinnern. Worauf Jean-Jacques sich in einen solchen Tobsuchtsanfall hineinsteigert, dass Diderot nach vergeblichen Versuchen, ihn zu beruhigen, schließlich entsetzt aus der Eremitage flüchtet.

Jean-Jacques ist über Madame Levasseurs »Leugnen« dermaßen empört, dass er sie hinauswirft und nach Paris zurückschickt.

Mit Denis Diderot hat Jean-Jacques einen seiner ältesten Freunde verloren. Mit Madame d'Épinay verliert er eine warmherzige Gönnerin, die sich nun mit Grimm und Diderot zu einer gegnerischen Allianz verbündet. Während er die anderen des »Komplotts« verdächtigte, hatten sie in Wahrheit ganz andere Sorgen: Denis Diderot muss um die *Enzyklopädie* kämpfen, deren weitere Herausgabe verboten wurde; Louise-Florence d'Épinay muss sich mit einer schweren Erkrankung auseinander setzen; der Marquis de Saint-Lambert hat an der Front einen Schlaganfall erlitten und seine Gesundheit macht Sophie d'Houdetot große Sorgen.

Jean-Jacques mit seiner maßlosen Egozentrik, seiner Blindheit für alles um sich herum, wenn es sich nicht auf ihn bezieht, seiner Feigheit und Angstbeißerei hat es sich endgültig mit ihnen verscherzt.

Auch ihm bleibt jetzt nichts übrig, als die Eremitage zu räumen. Er mietet sich in dem Anwesen Montlouis in Montmorency ein, einem heruntergekommenen kleinen Haus. Er schreibt weiter an Sophie d'Houdetot, doch diese ersucht ihn schließlich, den Briefverkehr mit ihr abzubrechen.

In der fiktiven Welt des Romans schreibt »Saint-Preux«: *Endlich ist der Schleier zerrissen; diese lang währende Verblendung ist vorüber; die so süße Hoffnung ist erloschen; es bleibt mir zur Nahrung einer ewigen Flamme nur noch ein bitteres und köstliches Andenken, welches mich am Leben erhält und meine Qualen mit der leeren Empfindung eines Glücks nährt, das nicht mehr ist.*[35]

VIII. »Émile« und »Gesellschaftsvertrag«
»Der Mensch ist frei geboren.«

Nach all den Schicksalsschlägen ist Jean-Jacques »am Boden«. Wie immer ist er nicht nur seelisch angeschlagen, sondern liegt auch körperlich darnieder. Sein altes Harnleiden macht ihm zu schaffen; dazu plagt ihn ein neues Bruchleiden. Er hat sich – wie um das spöttische Wort der Marquise wahr zu machen – bei der ganzen Affäre »überhoben«.

Jean-Jacques ist davon überzeugt, dass die ehemaligen Freunde nun samt und sonders seine Feinde sind, dass sie sich mit jenen verbündet haben, die ihn schon immer hassten. Sowohl in Paris als auch in Genf, so glaubt er, häuft man jetzt Stein auf Stein, um »einen Bau der Finsternis« rings um ihn zu errichten.

Womit er alle Welt gegen sich aufgebracht hat, weiß Jean-Jacques nicht, da es zu der Intrige gehört, ihn im Dunkeln zu lassen. Neben seiner Verliebtheit in Sophie d'Houdetot war es, wie er annimmt, vor allem sein Rückzug in die ländliche Einsamkeit, den man ihm verübelt.

Zu Jean-Jacques' »Einsamkeit« ist zu sagen, dass er in Wahrheit nie lang allein ist, sondern sich immer in Gesellschaft von Bekannten und Freunden, Bewunderern und Gönnern befindet. Von Thérèse ganz zu schweigen. Wohl hat Jean-Jacques das Bedürfnis, sich zurückzuziehen. Doch immer wieder empfängt er Besucher, stattet selbst Besuche ab, pflegt einen umfangreichen Briefverkehr und beteiligt sich an öffentlichen Diskussionen oder setzt sie in Gang.

So nützt er schon die nächste Gelegenheit, sich wieder kritisch mit den »philosophes« auseinander zu setzen. D'Alembert, Mitherausgeber der *Enzyklopädie*, plädiert in einem Artikel über »Genf« dafür, endlich auch dort ein Theater einzurichten und die Stadt für diese Kunst zu öffnen.

Theater ist die Leidenschaft des 18. Jahrhunderts. Hunderte von Häusern des Adels und des reichen Bürgertums veranstalten private Aufführungen; vom »Dichterfürsten« Voltaire in seinem Schloss in Ferney bis zum Bourbonenkönig im Trianon. Auch im Salon von Madame d'Épinay werden Stücke aufgeführt; einmal versuchte sich sogar Jean-Jacques als Schauspieler.

Nun greift er zur Feder und schreibt einen *Brief an d'Alembert über das Schauspiel*, in dem er sich vehement gegen die Errichtung eines Theaters in seiner Vaterstadt ausspricht. Dieser »Brief« – eine umfangreiche Schrift von über 150 Seiten – ist Kulturkritik, Warnung vor Modernisierung und Medienschelte.

Zunächst einmal: Das Theaterpublikum in Genf, wer soll das sein? *Ein Vater, ein Sohn, ein Ehemann, ein Bürger haben kostbarere Pflichten zu erfüllen, so dass ihnen für Langeweile keine Zeit übrig bleibt.*[1] Dann die Stücke selbst, die dort zur Aufführung gelangen würden: Es

201

liegt in ihrer Natur, dass sie *die Neigungen begünstigen, statt dass sie sie mäßigen!*[2] Weit entfernt davon, das Theater als »moralische Anstalt« zu schätzen, sieht Rousseau es als Unterhaltungsmaschinerie, die in erster Linie eine hohe Besucherquote erzielen muss. *Das Theater gibt nicht dem Publikum das Gesetz, sondern empfängt es von ihm, und was das Vergnügen betrifft, welches man dort finden kann, so besteht seine ganze Wirkung darin, uns öfter ins Theater zurückkehren zu lassen.*[3]

Selbst wenn den Zuschauer angesichts eines Schauspiels edlere Gefühle ergreifen sollten, wie etwa Mitleid, so würde er sich für diese Regung, die ihn nichts kostet, das Mitgefühl im Alltag ersparen. Eine Ersatzwirklichkeit mit Pseudogefühlen wäre die Folge.

Das Schauspiel hat zudem stets eine nivellierende Wirkung auf sein Publikum; es hat zur Folge, *Bürger als Schöngeister, Mütter als Kokotten und Töchter als Liebhaberinnen zu verkleiden.*[4]

Jene, die diese Popanze verkörpern, die Schauspieler, sind ihrerseits verdächtige Charaktere. *Was ist das Talent des Schauspielers? Die Kunst, sich zu verstellen, einen anderen als den eigenen Charakter anzunehmen, anders zu erscheinen, als man ist, kaltblütig sich zu erregen, etwas anderes zu sagen, als man denkt, und das so natürlich, als ob man es wirklich dächte, und endlich seine eigene Lage dadurch zu vergessen, dass man sich in die eines anderen versetzt.*[5]

Die Polemik gegen das Schauspiel hat nicht den gewünschten Effekt. Das Theater in Genf wird gebaut. Was dagegen bleibenden Nachhall hervorruft, ist das utopische Bild, das Rousseau am Ende des Briefs an d'Alembert heraufbeschwört: die Vision vom glücklichen »Volksfest«.

Das wahre Schauspiel des Lebens soll unter freiem Himmel stattfinden, auf öffentlichen Plätzen, wo freie Bürger sich fröhlich versammeln. *Mit der Freiheit herrscht überall, wo viele Menschen zusammenkommen, auch die Freude. Pflanzt in der Mitte des Platzes einen mit Blumen bekränzten Baum auf, versammelt dort das Volk, und ihr werdet ein Fest haben. Oder noch besser: Stellt die Zuschauer zur Schau, macht sie selbst zu Darstellern, sorgt dafür, dass ein jeder sich im andern erkennt und liebt, dass alle besser miteinander verbunden sind!*[6]

Rousseaus Vision wurde geschichtsmächtig, sowohl als politische Inszenierung wie als spontanes Ereignis. Im revolutionären Frankreich werden Straßen und Plätze zur Bühne, werden »Freiheitsbäume« gepflanzt und an ihren Zweigen die roten Jakobinermützen befestigt. Das Volk feiert sich selbst, wenn es zum triumphalen Klang der Marseillaise marschiert und wenn es im wilden Freudentanz der Carmagnole durch die Straßen wogt.

Jean-Jacques hält sein Pamphlet übrigens für äußerst mäßig im Tonfall und sanftmütig. Da er zur Zeit der Niederschrift davon überzeugt ist, bald sterben zu müssen, soll der *Brief an d'Alembert* dazu dienen, *ein letz-*

tes Lebewohl zu sagen. Weit entfernt, den Tod zu fürch-
ten, sah ich ihn mit Freuden nahen; aber es schmerzte
mich, meine Mitmenschen zu verlassen, ohne dass sie mei-
nen Wert erkannt hatten, ohne dass sie wussten, wie ich
ihre Liebe verdient hätte ...[7]

Die erste Auflage des *Briefs an d'Alembert* ist binnen weniger Wochen vergriffen und Jean-Jacques wieder einmal in aller Munde, im unbedeutendsten Lyoner oder
Straßburger Zirkel wie im legendären Salon der Mademoiselle de Lespinasse, der zu diesem Zeitpunkt das
geistige Zentrum von Paris – vielleicht der ganzen Welt
– bildet. Hier versammelt sich die Elite der Philosophen. Guillaume de Malesherbes, Ausnahmeerschei-
nung eines liberalen, toleranten Staatsbeamten, frequen-
tiert den Salon der Lespinasse ebenso wie der englische
Philosoph David Hume, zu dieser Zeit Sekretär des bri-
tischen Botschafters in Frankreich.

Jean-Jacques will mit der Welt der Salons und der Literaten nichts mehr zu tun haben. *Seit einiger Zeit plan-*
te ich, der Literatur und vor allem der Schriftstellerei ganz
zu entsagen, schreibt er.[8] Tatsächlich steht Rousseau im
Jahr 1758 am Beginn der fünf literarisch fruchtbarsten
Jahre seines Lebens. Er vollendet *Julie ou la Nouvelle*
Héloïse und nimmt gleichzeitig sowohl den Erziehungsroman *Émile* als auch den Traktat *Vom Neuen Gesell-*
schaftsvertrag in Angriff.

Ebenso folgenlos bleibt sein guter Vorsatz, der Welt

der Salons den Rücken zu kehren. Aus dem Milieu der Generalsteuerpächter* und des Amtsadels gelangt er nun sogar in die Kreise des Hochadels.

Der Gutsherr von Montmorency, der Herzog von Luxembourg, ehemals Marschall von Frankreich, verbringt den Sommer auf seinem nahe gelegenen Schloss. Er und seine Gemahlin schätzen und bewundern den Verfasser der *Abhandlungen* und rechnen es sich zur Ehre an, den berühmten, skandalumwitterten Rousseau an ihre Tafel zu bitten.

Gerade die Aristokratie liebt die kritischen und revolutionären Philosophen – ob es Voltaire mit der feinen Klinge ist oder ob es Jean-Jacques Rousseau ist, der die Moralkeule schwingt. Die Feingeister (und Freigeister) des Adels und des Klerus selbst sind es, die ihre Totengräber hätscheln.

Und Jean-Jacques fühlt als Gast des Herzogs und der Herzogin von Luxembourg, wie aus einer neuen ungeliebten gesellschaftlichen Verpflichtung bald echte Freundschaft wird. Vor allem den Herzog beginnt er aufrichtig zu lieben, während er vor dessen Gemahlin, einer überaus kultivierten, geistreichen Frau, immer ein wenig Angst hat. Die Herzogin von Luxembourg gilt als oberste Instanz des »bon ton«, während Jean-Jacques berühmt dafür ist, dass er sich gern im Ton vergreift.

In seinen *Dialogen* schreibt er über die *lebhaften Geister* wie die Herzogin: *Ihnen steht jedes Wort zu Diensten, ihr Geist, der immer gegenwärtig und durch-*

dringend ist, gewährt ihnen unaufhörlich neue Gedanken, Witz, glückliche Antworten; so viel Stärke und Feinheit man auch in das legen mag, was man ihnen sagen kann, so setzen sie doch durch die Raschheit und das Salz ihrer Erwiderungen in Erstaunen, und sie bleiben nie einsilbig. Selbst in Dingen, die das Gefühl betreffen, haben sie ein kleines, so gewandtes Geschwätz, dass man sie von Herzen gerührt glauben möchte.[9]

Ganz anders dagegen ist *der Naturmensch* (worunter Jean-Jacques sich selbst versteht): Dieser ist *zornigen und allgemeinen Wallungen ausgesetzt, der Wut, der Erregung, dem Unwillen, niemals aber gehässigen und dauernden Empfindungen. Der Naturmensch genießt [...] sich selbst und sein Dasein, ohne sich groß um das zu kümmern, was die Menschen davon denken, und ohne große Sorgen um die Zukunft.*[10]

Der Herzog macht sich liebenswürdig erbötig, Jean-Jacques' höchst baufällige Unterkunft »Petit Montlouis« sanieren zu lassen, und bietet ihm und Thérèse an, während der Renovierungsarbeiten in seinem höchsteigenen »Petit Château« auf dem Gelände des Schlosses zu wohnen. Das »Kleine Schloss« liegt in einem riesigen Park mit uralten Bäumen. *In dieser tiefen und köstlichen Einsamkeit,* erinnert sich Rousseau, *inmitten von Gehölz und Gewässer, beim Gesang aller Arten von Vögeln, umgeben vom Duft der Orangenblüten, schrieb ich in einem fortwährenden Entzücken. Mit welchem Eifer ging ich jeden Morgen auf den Säulenhof, um die balsamische Luft zu ge-*

nießen! Welch guten Milchkaffee trank ich da, meine Thérèse mir gegenüber! Meine Katze und mein Hund leisteten uns Gesellschaft. Dieses Gefolge hätte mir für mein ganzes Leben genügt, ich hätte nie einen Augenblick Langeweile empfunden. Ich war da in einem irdischen Paradies.[11] Der Herzog stößt sich nicht an dem barschen Ton, mit dem Rousseau sich ausbittet, nur dann zu kommen, wenn es ihm gefällt, und zu nichts verpflichtet zu sein. Ich will weder den Neugierigen gefällig sein noch andere Menschen sehen als die, die mir zusagen.[12]

Ebenso wenig befremdet zeigt der Herzog von Luxembourg sich vom Überschwang der Liebeserklärungen seines Gastes. So umarmt ihn Rousseau einmal mit den Worten: Ach, Herr Marschall, ich hasste die Großen, ehe ich Sie kannte! Ich hasse sie jetzt noch mehr, seit Sie mich so deutlich empfinden lassen, wie leicht es ihnen wäre, sich anbeten zu lassen![13]

Bei der Herzogin dagegen ist Jean-Jacques sich nicht so sicher, ob sie ihn nicht insgeheim verachtet und auslacht. Er weiß ganz gut, dass er sich, vom rechten Ton ganz abgesehen, oftmals arg danebenbenimmt. In seiner notorischen Unüberlegtheit passieren ihm arge Entgleisungen. So schreibt er einen hymnischen Brief an Étienne Silhouette, der als Finanzminister angesichts des Budgetdefizits eine Steuer auf die Güter der Adeligen durchsetzte und prompt seinen Ministerposten verlor: Sie haben dem Geschrei der Großverdiener getrotzt. Als ich Sie diese Elenden ausrotten sah, beneidete

*ich Sie um Ihre Stellung. Jetzt, da ich Sie die Stellung auf-
geben sehe, ohne dass Sie sich untreu geworden sind, be-
wundere ich Sie.*[14] Erst nachdem der Inhalt seines Briefs
sich herumgesprochen hat, dämmert es Jean-Jacques,
dass die Herzogin von Luxembourg zu jenen »Groß-
verdienern« gehört, die Silhouettes Absetzung betrieben.

Ähnlich peinlich für ihn ist es, als ruchbar wird, dass
er seinen Hund »Duc« (Herzog) auf »Turc« (Türke)
umgetauft hat, um bei den Herzögen, mit denen er im
Schloss verkehrt, keinen Anstoß zu erregen.

Jean-Jacques sitzt zwischen allen Stühlen; die Literaten in Paris kommentieren seinen Umgang mit den
Reichsten des Landes voll Hohn, von den Herzögen
und Grafen auf Schloss Montmorency wird er heimlich ausgelacht.

Als dann die *Nouvelle Héloïse* – unzählige Male vom
Verfasser überarbeitet – endlich erscheint, wird der
Roman, von dem schon viele Gerüchte im Umlauf
sind, den Buchhändlern förmlich aus den Händen gerissen. Über hundert Ausgaben der *Héloïse* werden bis
zum Ende des Jahrhunderts erscheinen und ein Mil-
lionenpublikum in die »Welt der Chimären« entführen.

Der Amsterdamer Verleger, der gebürtige Schweizer
Marc-Michel Rey, wird durch die *Nouvelle Héloïse* ein
reicher Mann und Jean-Jacques Rousseau zur zentralen Figur der französischen Literatur. Nun ist er endgültig das heißeste Thema in den Salons.

»Es war etwas Neues, dass sich ein Mann so vollständig enthüllte, wie Rousseau es durch Saint-Preux und Julie getan hat«, deuten die Kulturhistoriker Will und Ariel Durant den überwältigenden Erfolg. »Gefühlvoll zu sein, Gefühl und Empfindung auszudrücken wurde Mode. […] Die klassische Mode der Beherrschung, der Ordnung, der Vernunft und der Form begann zu vergehen. Die Herrschaft der *Philosophes* näherte sich ihrem Ende. Nach 1760 gehörte das 18. Jahrhundert Rousseau.«[15]

Bei den Literaten waren die Meinungen geteilt, schreibt Jean-Jacques in den *Bekenntnissen. Aber in der Gesellschaft herrschte über die »Julie« nur eine Ansicht, und die Frauen vor allem waren vom Buch und vom Verfasser berauscht, so dass es selbst in den hohen Kreisen nur wenige gab, deren Eroberung ich nicht gemacht hätte, wenn ich darauf ausgegangen wäre.*[16]

Von den »Literaten« werden allerdings höchstens die gesellschaftskritischen Exkurse des Romans geschätzt, nicht die Handlung; nicht die Sprache, die als schwülstig und geschwätzig verurteilt wird. »Ein Meer von Geschwätzigkeit«, urteilt etwa die geistreiche Madame du Deffand, die es gewohnt ist, Shakespeare als Nachtlektüre zu genießen. Voltaire hat für die *Nouvelle Héloïse* nur Hohn übrig und erklärt, die erste Hälfte des Romans sei in einem Bordell verfasst, die zweite in einem Irrenhaus. Von den deutschen Philosophen wird über die *Nouvelle Héloïse* das gleiche Urteil gefällt:

schlechte Literatur. Moses Mendelssohn, der Übersetzer der *Abhandlungen* ins Deutsche und ein erklärter Rousseau-Bewunderer, schreibt in seinen *Briefen, die neueste Literatur betreffend*, einen gnadenlosen Verriss: Rousseau fehle zum Romancier die fruchtbare und unerschöpfliche Dichtungskraft, die Kenntnis des menschlichen Herzens, die große Gabe zu erzählen und die noch größere zu dialogisieren, die echte Sprache der Leidenschaft und die Fähigkeit der individuellen Charakterzeichnung. »Hätte Rousseau lieber philosophische Aufsätze als einen Roman geschrieben!«[17]

Doch die nun entstandene breite Schicht bürgerlicher Leser denkt anders. Mit ihrer Tendenz zur Verdrängung und zum Tagtraum, zur Idealisierung von »Freiheit« und »Individuum« bewirkt sie den Siegeszug dieser Art von Literatur. Vor allem die immer größer werdende Zahl »romansüchtiger« Frauen berauscht sich an der Lektüre des Buchs, in dem der Kult von Liebe und Leidenschaft des »galanten Zeitalters« verbunden ist mit einem Kult des Gefühls und der Tugend.

Auch zuvor wurde gefühlt und leidenschaftlich gelitten und geliebt; doch solche Emotionen zu bekennen – ja, sie in Gesellschaft zum Thema zu machen – galt als plump und unelegant. Was in der Gesellschaft anerkannt und bewundert wurde, waren Raffinesse und Kaltblütigkeit. Nicht treue und innige Beziehungen verschafften Geltung, sondern riskante Spiele – »les liaisons dangereuses«.

Mit Jean-Jacques Rousseau wird die Funktion des Autors neu definiert als Vorbild und »Rollenmodell«. Nahm man in der Öffentlichkeit bisher mehrheitlich an, Jean-Jacques Rousseau sei lediglich ein originalitätsbesessener Literat, der die Lust an Polemiken und Paradoxa befriedigt und in Wahrheit nichts von dem glaubt, was er in seinen Briefen und Abhandlungen vertritt, so wird er nun zum Vorkämpfer einer moralischen Erneuerung stilisiert.[18]

Der Roman erscheint am Beginn einer ungeheuren Zeitenwende. Vieles von dem, wogegen man revoltieren wird: ständische Privilegien und Schranken, Despotie und »Unnatur«, Laster und Verschwendung, sind darin angeprangert und zum Teil utopisch überwunden. Doch Rousseau geht noch weiter – weit über Aufklärung und bürgerliche Emanzipation hinaus, indem er auch das Erringen und Erraffen des Bürgers ablehnt, der aus allem: Wissenschaft und Wirtschaft, Kultur und Natur, seinen Profit zieht. Gegen Welteroberung und Expansion, gegen Kapitalismus und Globalisierung wird Jean-Jacques' »small is beautiful« stehen. Gegen funktionale Ausdifferenzierung und Spezialistentum der Industriegesellschaft setzt er sein Ideal der Gemeinschaft und Ganzheitlichkeit. Gegen Verstellung, Selbstverleugnung und Selbstentfremdung sein Ideal von Authentizität.

Jean-Jacques wendet sich nun dem Werk zu, das er als sein wichtigstes ansieht, dem Erziehungsroman *Émile*. Bereits die *Nouvelle Héloïse* enthält lange Passagen, in denen Julie und ihr Gatte Thesen und Prinzipien zur Erziehung ihrer Söhne entfalten. Nun widmet Rousseau diesem Thema ein hunderte Seiten starkes Buch, *Émile oder über die Erziehung*.

Nicht wenige vermuten später, dass *Émile* eine Art »Wiedergutmachung« für die Fortgabe der eigenen Kinder darstellen sollte. Doch nicht der Gedanke an sie inspirierten Jean-Jacques zu diesem Werk, sondern das Leiden an der eigenen Kindheit und Jugend, an das er sich nur allzu gut erinnert; sein Zorn über Erziehungs- und Unterrichtsmethoden, durch die weitere Generationen um ihre Kindheit und somit um ihr Lebensglück betrogen werden.

Wieder greift Rousseau auf seinen Leitsatz von der ursprünglichen Unschuld und Güte des Menschen zurück. Doch diesmal liegt das verlorene Paradies nicht in einer prähistorischen Vergangenheit, sondern in der Kindheit. Aufgabe der Erziehung ist es, kurz gesagt, aus einem Kind einen glücklichen Erwachsenen zu formen, der mit sich selbst im Einklang ist.

Es gilt, der natürlichen Entwicklung freie Bahn zu lassen und den aus der Hand des Schöpfers rein hervorgegangenen Menschen vor »Verbildung« und Verbiegung zu schützen; an die Stelle von Druck und Zwang die behutsam geförderte Entfaltung zu setzen.

Rousseau will den *Émile* nicht als konkrete pädagogische Anleitung verstanden wissen, sondern als rein theoretisches Konstrukt. Als Durchspielen eines Gedankenexperiments unter »Laborbedingungen«. Es heißt nicht: »So sollte es sein«, sondern Rousseau stellt die Überlegung an: »Was würde sein, wenn die und die Voraussetzungen gegeben wären?«

Die übliche Erziehungsmethode vergleicht Rousseau mit Dressur und ist mit seiner Wortwahl wie gewohnt drastisch: [*Der Mensch*] *liebt die Missbildung, die Monster. Nichts will er so, wie es die Natur gemacht hat, nicht einmal den Menschen. Er muss ihn dressieren wie ein Zirkuspferd. Er muss ihn seiner Methode anpassen und umbiegen wie einen Baum in seinem Garten.*[19] Einengung und Fesselung bestimmen das gesamte Leben, anschaulich beschreibt Rousseau, wie schon das Neugeborene fest eingewickelt wird, so dass es sich nicht mehr rühren kann, wie das Kind dann durch die Verbote der Erwachsenen in Ketten geschlagen ist und der Heranwachsende später durch soziale Einschränkungen geknebelt wird – bis er am Ende seines Lebens in Leichentücher vermummt und in einen Sarg eingeschlossen wird. *Man soll das Kind nicht zwingen zu bleiben, wenn es gehen will, und zu gehen, wenn es bleiben will. Sie sollen herumspringen, rennen und schreien, wenn sie Lust haben.*[20]

Eine Erziehung, wie Rousseau sie erträumt, soll keinen bestimmten Menschentyp heranzüchten – einen gebildeten Gentleman, einen rationalen Geschäftsmann, einen ehrgeizigen Beamten –, sondern sie soll die Potenziale wecken, die in jedem Einzelnen liegen. Der Wert des Menschen bemisst sich für Rousseau nicht an seiner Funktion oder Wichtigkeit für die Gesellschaft, sondern an der Selbstverwirklichung der Seele. *Leben ist der Beruf, den ich Émile lehren will.*[21]

Doch Rousseaus Pädagogik ist durchaus für einen Heranwachsenden »von Stand« gedacht; das zeigt auch folgender Passus, der später als geradezu prophetisch empfunden wurde: *Émile soll zum Menschen erzogen werden, nicht aber zum Lord, Marquis, Prinzen, denn dann wird er vielleicht eines Tages weniger als nichts sein. Ihr verlasst euch auf den gegenwärtigen Zustand der Gesellschaft, ohne daran zu denken, dass dieser Zustand unausbleiblichen Revolutionen unterworfen ist. Der Große wird klein, der Reiche wird arm, der Monarch wird Untertan.*[22]

Die »Versuchsanordnung« des Experiments *Émile*: Ein »Erzieher« hat vom verstorbenen Vater Émiles unbeschränkte Vollmacht erhalten und offenbar auch unbegrenzte Mittel. Dieser »Erzieher« oder »Mentor« ist ausschließlich für den Knaben da, er lebt mit ihm auf dem Lande, wo er die Ereignisse besser unter Kontrolle hat und wo Émile kaum verderblichen Einflüssen ausgesetzt ist.

In den ersten Jahren ist Émiles Erziehung eine »Nicht-Erziehung« oder »negative Erziehung«. *Sie besteht keinesfalls darin, Tugend und Wahrheit zu lehren,* sondern darin, *das Herz vor dem Laster und den Geist vor dem Irrtum zu bewahren*,[23] schreibt Rousseau und appelliert eindringlich an künftige Erzieher: *Lasst die Seele des Kindes so lang als möglich in Ruhe!*[24]

Keiner also treibt Émile an; die wichtigste Regel der »negativen Erziehung« heißt nicht Zeit gewinnen, sondern Zeit verlieren. Niemand verbietet Émile etwas, droht ihm mit Strafe, belohnt ihn. So wächst das Kind ohne erzieherischen Zwang auf – ja, ohne menschliche Autorität auch nur zu kennen.

Liebt die Kindheit; begünstigt ihre Spiele, ihre Vergnügungen, ihren liebenswürdigen Instinkt. Wer unter euch hätte wohl nicht zuweilen das Alter beneidet, wo das Lachen beständig auf den Lippen sitzt und die Seele stets in Frieden lebt? Warum wollt ihr diesen unschuldigen Kleinen die Freuden rauben, die so kurz sind und so schnell vergehen?[25]

Die einzigen Grenzen werden Émiles Bewegungs- und Handlungsfreiheit durch die *Dinge* gesetzt. (Mit *Dingen* meint Rousseau die Naturgesetze; seine Beispiele erstrecken sich jedoch auch auf Sozialgesetze, wie zum Beispiel das Eigentumsrecht.)

Doch dieser scheinbar autoritätsfreie Raum ist in Wahrheit ein vom Erzieher sorgfältig geleitetes und kontrolliertes Szenario. Erzieherische Situationen werden geschickt im Voraus eingefädelt, so dass sich der entsprechende Lerneffekt vermeintlich von allein einstellt. Die »negative Erziehung« ist alles andere als ein einfaches Wachsenlassen, eher ist sie ein wohl durchdachtes, jedoch unsichtbares »Leiten«, eine Manipulation. Durch eine »Pädagogik der Unabhängigkeit« wächst Émile unbefangen und angstfrei heran. Er lernt, nicht mehr zu wünschen, als er aus eigener Kraft erreichen oder bewirken kann, und er benutzt auch keinen anderen Menschen als Mittel, um seine Wünsche durchzusetzen.

Erst im 12. Lebensjahr beginnt Émile mit dem systematischen Wissenserwerb. Er erlernt ein Handwerk und wird auch in Lesen und Schreiben unterrichtet. Doch darf er sich aus Büchern nur solche Kenntnisse aneignen, die von praktischem Nutzen sind: naturwissenschaftliche, mathematische, technische. Als einzige Romanlektüre ist ihm Daniel Defoes *Robinson Crusoe* gestattet.

Ab dem 15. Lebensjahr erfolgt Émiles »Gefühlserziehung«. So wie die körperliche und seelische Verfassung während der Pubertät des Menschen eine Umwälzung erfährt, so ändert sich nun auch die Einflussnahme des Erziehers radikal. Statt nur das Denken anzuregen, weckt er nun Émiles Anteilnahme und Einfühlungsvermögen. Die Entwicklung ästhetischer und ethischer Empfindungen sollen die Gabe der sachlichen Beobachtung vertiefen.

Die Kindheit Émiles war nicht nur frei von klassischer Bildung, sondern auch frei von religiöser Unterweisung. Rousseau hält nichts von »andressierter« kindlicher Frömmigkeit. Erst zwischen dem 15. und 25. Jahr (dem Alter der Vernunft) wird Émile sich mit Religion und Spiritualität beschäftigen.

An diesen Punkt seines Buchs, das bis hierher eher ein Traktat als ein »Roman« ist, stellt Rousseau das *Glaubensbekenntnis des savoyischen Vikars*. In diesem Exkurs über einen fiktiven Geistlichen wird die Idee eines »natürlichen Glaubens« entfaltet, der aus der Erkenntnis und der Vernunft entspringt, aber auch und vor allem aus der individuellen Empfindung, dem natürlichen Gefühl; dem Gewissen, das jedem Menschen innewohnt. Damit aber erteilt Rousseau der Offenbarungsreligion, in der die Glaubenswahrheiten und Gebote von einem Gott und von seinen Propheten verkündet wurden, eine Absage. Zugleich verwirft er damit alle religiösen Dogmen und Wunder, die der Mensch nicht verstehen und nicht begreifen kann, die er aber dennoch gezwungen ist zu glauben.

Dass mit der Absage an die Offenbarungsreligion auch die Echtheit der Heiligen Schrift und die Vermittlungsfunktion der Kirche negiert wird, ist die logische Folge. *Hat Gott nicht alles unsren Augen, unsrem Gewissen, unsrer Urteilskraft gesagt? Was könnten uns die Menschen mehr sagen?*[26]

Das *Glaubensbekenntnis des savoyischen Vikars* ist aber genauso eine Absage an den Materialismus der »philosophes«. Rousseau verteidigt die Freiheit des Willens und die Unsterblichkeit der Seele. Die Lehren der

Atheisten erklärt er für falsch, verderblich und unheil-voll: *Indem sie alles umwerfen, zerstören und mit den Füßen treten, was die Menschen achten, nehmen sie den Leidenden den letzten Trost in ihrem Elend und den Reichen und Mächtigen den einzigen Zügel ihrer Leidenschaften.*[27] Damit ist nicht nur die (Hoffnung auf) himmlische Gerechtigkeit rehabilitiert; mit dem Gewissen als oberster Instanz und als Regulativ der Vernunft überwindet Rousseau den inneren Widerspruch der Aufklärung – das ungelöste Problem nämlich, dass die Erkenntnis der Wahrheit allein noch lang nicht zur Tugend führt. Der Weg zu Kants »ewigem Sittengesetz« ist eröffnet.[*]

Für Émile wird die »natürliche Religion«, die ihn durch die Liebe zu Gott und die Unfehlbarkeit des Gewissens leitet, nun zum Quell der Stärke.

Als junger Mann muss Émile die Abgeschiedenheit des Landlebens verlassen und in die Gesellschaft eintreten, in der er von Anfang an Außenseiter ist. Doch braucht er weder Akzeptanz noch Bewunderung durch die Menschen noch muss er sich ihnen angleichen. Er lernt die Gesellschaft und ihre Normen kennen, ohne an ihnen zu leiden.

Der umsichtige, weit in die Zukunft blickende Erzieher pflanzt nun in Émiles Phantasie die Vorstellung eines von ihm geliebten Mädchens, das schließlich seine Ehefrau werden soll. Denn durch eine »Pädagogik der Liebe«, die zu einer glücklichen Ehe und zu

Kindern führt, soll Émiles Erziehung ihren krönenden Abschluss finden.

In der tugendhaften und reizenden Sophie, die der Erzieher in Wahrheit längst ausgekundschaftet und auserkoren hat, wird die zukünftige Ehegattin Émiles schließlich »gefunden«. Die jungen Menschen verlieben sich ineinander, der Erzieher ist in der Zeit ihres Verlöbnisses ihr engster Vertrauter und bietet schließlich noch eine Art »Eheschule« an.

Auch der Erziehung von Mädchen widmet Rousseau ein Kapitel, in dem er das Heranwachsen Sophies beschreibt. Mädchen sollen auf ein Dasein für den künftigen Mann vorbereitet werden. Ihre gesamte Erziehung muss darauf abgestimmt werden, Männern zu gefallen, ihnen nützlich zu sein, sie zu umsorgen, sie zu trösten, kurz: ihnen das Leben zu versüßen. Vom weiblichen Geschlecht wird Unterwerfung und Selbstaufgabe gefordert. [*Mädchen*] *müssen sich frühzeitig an Zwang gewöhnen. Dieses Unglück – wenn es denn eines ist für sie – ist von ihrem Geschlecht untrennbar.*[28]
Frauen sind in Rousseaus Augen also nicht zur Freiheit und Selbstentfaltung bestimmt. Weder die Erziehung der Mädchen noch ihre Ausbildung müssen so bewusst, systematisch und sorgfältig gestaltet werden, so konsequent antiautoritär gehalten sein wie die Erziehung und Ausbildung eines Knaben. *Die Frau ist dazu geschaffen, dem Mann nachzugeben und selbst seine Un-*

gerechtigkeit zu ertragen.[29] Begründet wird diese Funktionalisierung der Frau vage mit ihrer intellektuellen Unterlegenheit (*zu wenig Geistesschärfe und Ausdauer*[30]). Auffallend ist, dass diese Abwertung der Frau im Gegensatz zu Rousseaus realen Erfahrungen steht. Nicht nur haben die Frauen dieser Epoche eine so starke gesellschaftliche Position wie nie zuvor; betreiben hohe und höchste Politik genauso wie Wissenschaften und Künste, so dass das 18. Jahrhundert zu Recht später als das »Jahrhundert der Frauen« gilt; auch in Jean-Jacques' persönlichem Leben spielten und spielen starke und selbständige Frauen eine große Rolle.

Doch Sophie ist eine Frau, wie Jean-Jacques sie gern gehabt hätte: ganz und gar für ihren Émile da, für den Mann, der Jean-Jacques gern geworden wäre. Sophie ist seine persönliche »Traumfrau«.

Zugleich bestärkt Rousseau damit einen Trend, der sich bereits abzeichnet: Die Gesellschaft des 18. Jahrhunderts »verbürgerlicht«. Damit wird der Frau die Rolle der treuen Gattin und selbstlosen Mutter zugewiesen. Auch die so fortschrittliche *Enzyklopädie* zeichnet unter dem Stichwort »Frau« ein archaisierendes Bild: »Sie beschränkt sich auf die Pflichten der Frau und Mutter und opfert ihre Tage dem Ausüben ruhmloser Tugenden. Sie beschäftigt sich mit der Regierung ihrer Familie, regiert über ihren Ehemann durch Gefälligkeit, über ihre Kinder durch Sanftmut, über ihre Dienstboten durch Güte.«[31]

Unerwartet, und doch in Einklang mit Rousseaus Geschichtspessimismus, ist schließlich das Ende seines Erziehungsromans: Eine Verbesserung der Gesellschaft durch einen so außergewöhnlichen Mann wie Émile ist nicht vorgesehen. Nachdem er an der Seite seines Mentors Europa bereist und Staaten und Gesellschaften studiert hat, entschließt er sich wieder zu einem Leben in ländlicher Abgeschiedenheit und Bescheidenheit. Ironischerweise endet *Émile* also genauso resigniert wie Voltaires *Candide*.

Erziehung ist ein viel diskutiertes Thema und Gegenstand grundlegender philosophischer Erörtungen. Auch Madame d'Épinay etwa fühlt sich dazu gedrängt, einen Traktat über die Erziehung von Mädchen zu verfassen. Doch wieder ist es Rousseaus Schrift, die von allen das größte Aufsehen erregt. Ihre Stärke und Radikalität bezieht sie aus seiner Erinnerung an die eigene Kindheit, als er hilflos der Autorität und also den widersprüchlichen Botschaften, Wünschen, Forderungen und Befehlen der Erwachsenen ausgesetzt war. Aus dem begabten und daher wohl überangepassten, »altklugen« Kind wurde ein verängstigter und »verlorener« Junge, der am Übertritt ins Erwachsenenleben prompt scheiterte und es niemals schaffte, innere Reife zu erlangen und mit sich selbst in Einklang zu sein.

Der Erziehungsroman *Émile* ist eine Utopie mit hohem Unmöglichkeitsfaktor. Dennoch gelangte Rousseau durch seine geniale Intuition darin zu Grundgedanken und Erkenntnissen, die in der Reformpädagogik bis heute Geltung haben: Der Eigenwert der Kindheit als Lebensphase. Die von Natur aus gegebene Lernmotivation und Entdeckerfreude. Lernen als »Weltaneignung«, die am besten durch eigenes Entdecken, Ausprobieren, Anwenden und Verstehen erfolgt. *Unsere wahren Lehrmeister sind Erfahrung und Gefühl.*[32]

Die Drucklegung des *Émile* verzögert sich und Jean-Jacques gerät darüber in große Unruhe. Dass hinter der Verzögerung die Pariser Behörden stecken, erscheint ihm ausgeschlossen, da er den Kammerpräsidenten Guillaume de Malesherbes, Chef der königlichen Buchzensur, zu seinen Bekannten zählen darf. Monsieur de Malesherbes hat den Abdruck des Romans ausdrücklich befürwortet, ebenso die einflussreiche Herzogin von Luxembourg, die es zu ihrem persönlichen Anliegen gemacht hat, den *Émile* zu fördern.

Und doch hört er in seinem Bekanntenkreis immer wieder Andeutungen, wonach diese Veröffentlichung ihn in Schwierigkeiten bringen würde. Er vermutet, dass die Jesuiten hinter der Verzögerung des Druckes stecken. Die Jesuiten, so glaubt er, wollten seinen bevorstehenden Tod abwarten, um dann den Text des *Émile* zu verfälschen. In Wahrheit muss der Jesuitenorden zu jener Zeit selbst um seinen Bestand fürchten,[*] doch Jean-Jacques ist wieder einmal verrannt in eine fixe Idee und sieht *überall nur Jesuiten.*[33]

Insbesondere Guillaume de Malesherbes kümmert sich in dieser Krise fürsorglich um ihn und besucht ihn wiederholt in Montmorency. Jean-Jacques ist es peinlich, dass dieser liebenswürdige Mann einen so ungünstigen Eindruck von ihm gewinnen musste: krank und deprimiert und geplagt von Verfolgungswahn. Alle Gerüchte, die seine Feinde über ihn ausstreuen, scheinen dadurch womöglich bestätigt zu werden. Um dieses falsche Bild zu korrigieren, will er Malesherbes einen Brief schreiben, in dem er ihm den *wahren Jean-Jacques Rousseau* schildert – *meinen Geschmack, meine Neigungen, meinen Charakter und alles, was in meinem Herzen vorging.*[34]

Aus einem Brief werden vier. Die Selbstdarstellung macht Jean-Jacques Freude und ist der erste Ansatz zu seinem nächsten Projekt: seinem Lebensbericht, den er *Bekenntnisse* nennt. In den vier Briefen an Malesherbes finden sich jene Themen, von denen Jean-Jacques nicht mehr loskommen kann. Seine Einsamkeit, beteuert er, habe ihn nicht zu einem bösen, sondern zu einem guten Menschen gemacht, und er versichert Malesherbes seiner *Seelenheiterkeit.* Ein anderes Motiv, das er von nun an immer aufgreifen wird, ist seine Flucht vor den Menschen und sein Glück in der Natur. *Nun suchte ich mit ruhigerem Schritt einen wilden Ort im Wald, eine verlassene Stelle, wo nichts Menschenhände verriet und Knechtschaft und Herrschaft anzeigte, einen Zufluchtsort, wohin ich zuerst vorgedrungen zu sein glauben konnte und wo kein quälender Dritter sich zwischen die Natur und mich stellen konnte.*[35]

Ein weiteres sich stereotyp wiederholendes Thema ist seine Abscheu vor der eigenen Popularität und sein Überdruss am Schreiben und öffentlichen Wirken: *Wenigstens will ich mit allen Kräften die Belästigung durch das öffentliche Aufsehen von mir entfernen. Sollte ich noch hundert Jahre leben, so würde ich keine Zeile mehr für den Druck schreiben und nur dann wirklich glauben, dass ich von neuem zu leben anfinge, wenn ich gänzlich vergessen wäre.*[36] Nicht von seinen Zeitgenossen will Jean-Jacques verstanden und geehrt werden; wichtig ist ihm nur *die Ehre, welche ich von der Nachwelt erwarte und die sie mir gewähren wird, weil sie mir zukommt, und weil die Nachwelt immer gerecht ist.*[37]

Der *Émile* erscheint endlich. Statt Erleichterung und Freude zu empfinden, fühlt Jean-Jacques nur allzu deutlich, dass sich etwas um ihn zusammenbraut: *Die Veröffentlichung dieses Buchs rief nicht den Beifallssturm hervor, der allen meinen Schriften folgte. [...] Was mir die urteilsfähigsten Leute darüber sagten und schrieben, bestärkte mich in der Meinung, dass dies die beste sowie die wichtigste meiner Schriften war. Aber all das wurde mit der wunderlichsten Vorsicht gesagt, als wäre es von Bedeutung gewesen, das Gute, was man davon dachte, geheim zu halten.*[38]

Jean-Jacques beruhigt sich immer noch mit dem Gedanken, dass die Patronage von Malesherbes und der Herzogin von Luxembourg ihn vor etwaiger Verfolgung durch die Obrigkeit schützt. Außerdem: Was sollte an seinem neuen Buch zu beanstanden sein? Jean-Jacques ist sich keiner Schuld bewusst. *Nichts steht im Émile, was nicht schon in der* Nouvelle Héloïse *gestanden wäre*, beteuert er. Tatsächlich finden sich sowohl die Grundsätze der Erziehung als auch der »natürlichen Religion« in den Briefen und Betrachtungen Julies.

Nach Tagen der Ungewissheit und der Vermutungen geht es plötzlich Schlag auf Schlag: Malesherbes wird vom Pariser Parlament zur Anordnung gezwungen, alle Exemplare des *Émile* konfiszieren zu lassen. Die eingezogenen Bücher werden im Hof des Justizpalastes zerrissen und verbrannt. Die Freunde raten zur Flucht aus Frankreich. Das Parlament wolle mit äußerster Strenge gegen ihn vorgehen. Jean-Jacques hat einen anderen Plan: Er will sich einer Gerichtsverhandlung stellen und sein Werk öffentlich verteidigen. Doch dann erhält er von seiner treuen Freundin, Madame de Créqui, eine Botschaft: »Es ist nur zu wahr, dass ein Haftbefehl gegen Sie erlassen worden ist! Im Namen Gottes, gehen Sie fort. Das Verbrennen Ihres Buches wird Ihnen nicht wehtun, doch Ihre Person kann eine Einkerkerung nicht vertragen.«[39] Als Jean-Jacques begreift, dass es keine öffentliche Verhandlung geben wird und er gleich ins Gefängnis gebracht würde, ist er bereit zur Flucht.

Jean-Jacques wird in die Schweiz reisen. Nicht nach Genf allerdings, wo er ebenfalls Feinde hat und wo seine *Nouvelle Héloïse* verboten worden ist. Stattdessen wird er nach Yverdon in Neuchâtel gehen, wohin ein alter Freund ihn schon seit längerem eingeladen hat.

Thérèse wird in Montmorency zurückbleiben, um sich um Rousseaus Schriften zu kümmern und womöglich zu verhindern, dass diese beschlagnahmt werden.

Der Abschied des Paares ist tränenreich. Noch schmerzlicher empfindet Jean-Jacques den Abschied vom Herzog. *Wir fühlten beide, dass diese Umarmung ein letztes Lebewohl sein würde.*[40]

Bei der Abfahrt von Montmorency begegnet ihm schon eine Kutsche, in der vier Gerichtsdiener sitzen.

Auch andere Staaten folgen dem Beispiel des Parlaments von Paris, erklären den *Émile* zu »einem ketzerischen und subversiven Traktat«. Schuld an der Verdammung des Romans sind die Absage an den Offenbarungsglauben und die Forderung nach einer dogmenfreien und kirchlich ungebundenen Religion.

Zugleich mit dem *Émile* hat Rousseau seine Staatslehre, die Schrift *Vom Neuen Gesellschaftsvertrag*, verfasst. Er nimmt damit Bezug auf den in der *Zweiten Abhandlung* erwähnten fiktiven Gesellschaftsvertrag, den die Menschen mit einem *klugen Reichen* abschlossen, worauf die solcherart eingeführte »Regierung« sich jedoch zum Unterdrückungs- und Ausbeutungsinstrument der Reichen entwickelte.

Rousseau setzt sich mit den Staatstheorien von Hugo Grotius, Samuel von Pufendorf und Thomas Hobbes auseinander, die alle von einer freiwilligen Unterwerfung der Einzelnen unter einen »Souverän« ausgehen – um der Sicherung ihres Lebens und Eigentums und um des bürgerlichen Friedens willen. So ein Vertrag ist ungültig, sagt Rousseau, denn niemand kann sich seiner Freiheit entäußern. Gibt es aber keine rechtsgültige Unterwerfung, dann gibt es auch keine Rechtfertigung für einen unumschränkten Herrscher.

Rousseau verbindet die von Natur aus gegebene Freiheit und Gleichheit der Menschen mit ihrer menschlichen Würde und gebraucht dafür den Begriff *Menschenrechte*: Der Freiheit entsagen heißt seiner Eigenschaft als Mensch, den Menschenrechten und auch seinen Pflichten entsagen. Sollte eine solche vertragliche Bindung jemals stattgefunden haben, so müsste sie aufgehoben und durch eine bessere Übereinkunft, eben einen *Neuen Gesellschaftsvertrag* ersetzt werden.

Wieder handelt es sich dabei nicht um ein konkretes politisches Modell, sondern um ein Ideal. Ein Leitbild staatlichen Rechts.

Der Mensch ist frei geboren und überall liegt er in Ketten,[41] mit dieser Diagnose beginnt Rousseau seinen

Traktat. Sodann entwirft er Bedingungen, unter denen die verlorene Freiheit wiedergewonnen werden könnte, zeigt Voraussetzungen auf, unter denen eine Gesellschaft der freien und gleichen Bürger existieren könnte. Dieser Staat dürfte nicht zu groß und ausgedehnt sein. Die Bürger dürften nicht zu reich und nicht zu arm sein, damit keiner imstande sei, andere zu »kaufen«, und keiner versucht sei, sich kaufen zu lassen.

Nicht einem allmächtigen Gesetzgeber ordnen die Bürger sich unter, sie selbst sind vielmehr dieser Gesetzgeber oder Souverän. Nicht dem Willen eines Einzelnen müssen sie gehorchen; vielmehr werden ihre Gesetze durch den gleichgerichteten Willen aller, den so genannten *Gemeinwillen,* geschaffen und wirksam. Der Gemeinwille entspricht sowohl dem öffentlichen Interesse oder Gemeinwohl als auch dem individuellen Willen jedes Bürgers, dieses Gut zu erreichen. Ein freiwilliges Übereinkommen der Bürger besagt, dass jeder sein Recht, allgemein geltende Gesetze zu schaffen, ausüben und sich diesen Gesetzen auch unterordnen muss. Der Bürger ist also beides zugleich: Souverän und Untertan. Nur in einer solchen Konstruktion, sagt Rousseau, sind Gleichheit und Freiheit möglich.

Mit »Freiheit« meint er jetzt nicht die Unabhängigkeit des »natürlichen« Menschen, sondern die bürgerliche und moralische Freiheit, die eine freiwillige Bindung an das Gemeinwesen und die Verantwortung für alle anderen bedeutet. Der Instinkt des Naturmenschen ist durch die Gerechtigkeit des Bürgers ersetzt. Die Zwänge sind nicht mehr äußerlich, sondern verinnerlicht in einer Sitten- und Wertegemeinschaft. Individuelle und gesellschaftliche Selbstbestimmung sind eins.

Was heute in demokratischen Gesellschaften selbstverständlich klingt: Alles Recht geht vom Volk aus, ist zu Rousseaus Zeit ungeheuerlich. Kein Herrscher von Gottes Gnaden? Kein Landesvater, der sein Volk – seine Landeskinder – beschützt und bevormundet? Der Fürst nur ein vom Volk eingesetztes Regierungsorgan, das von diesem aus Vernunftgründen ausgewechselt und ersetzt werden kann? Der Generalprokurator Jean-Robert Tronchin in Genf verkündet – was zweifellos der Fall ist –, dass mit dem *Contrat Social* von Jean-Jacques Rousseau die Rechtsgültigkeit aller Regierungen angegriffen würde.

Vor Rousseau wagte bisher nur der Engländer John Locke diesen Schritt: die Verknüpfung von Freiheit, Gleichheit und Souveränität. Doch für Rousseau ist die Souveränität jedes Bürgers auch nicht im demokratisch verfassten England gegeben, wo sie sich seiner Meinung nach auf den Wahltag beschränkt und sodann an gewählte Abgeordnete abgetreten wird. Der Gemeinwille könne nicht in einer repräsentativen Demokratie ausgeübt werden, sondern nur direkt, durch die gesamte Gemeinschaft. Mittels basisdemokratischer Entscheidung, würde man heute sagen.

Wie diese Äußerung des Gemeinwillens vonstatten gehen soll, bleibt allerdings ungeklärt, denn Rousseau meint damit ausdrücklich nicht Stimmenmehrheit, wodurch die geringere Anzahl überstimmt wird, sondern kollektive Willensbildung. Am ehesten ließe der Gemeinwille sich deshalb in einem kleinen Verband – einem Stadtstaat, einem Inselstaat – realisieren. Sein idealer Ursprung ist der Familienverband, der Clan, in dem gemeinsame Ziele und Werte verinnerlicht sind.

Die Folgen der Schrift *Vom Neuen Gesellschaftsvertrag* sind ungeheuer. Nicht nur wird Rousseau gebeten, für das im Befreiungskampf stehende Volk der Korsen sowie für ein geeintes Polen Verfassungen zu entwerfen. Seine Ideen beeinflussen auch die Autoren der amerikanischen Unabhängigkeitserklärung und die Entwicklung moderner Demokratien generell.

Auf der anderen Seite führten die utopischen Gedanken dieser Schrift zu den schrecklichsten politischen Auswüchsen der folgenden Jahrhunderte: zu Totalitarismus und Terror. Gegner Rousseaus, die ihn für alle Formen der ideologisch begründeten Schreckensherrschaft haftbar machen, verbinden dies vor allem mit folgendem berüchtigten Satz: *Wer dem Gemeinwillen den Gehorsam verweigert, soll durch den ganzen Körper dazu gezwungen werden. Das heißt nichts anderes, als dass man ihn zwingt, frei zu sein.*[42]

Dieser »Zwang, frei zu sein« konnte in den folgenden Jahrzehnten und Jahrhunderten Gefängnis bedeuten und Guillotine, Gehirnwäsche und Schauprozesse. Diese Bemerkung, mit der Rousseau die Gehorsamspflicht gegenüber dem selbstgegebenen Gesetz unterstreicht, klingt wie die Grundlage für alle Gräuelregimes, die den Anspruch erheben, eine »bessere Welt« zu schaffen. Von Robespierre bis zu Hitler und Stalin.

Ein weiterer wesentlicher Grundgedanke des *Contrat social* und des *Émile*, dass man nämlich den Menschen so aufziehen und beeinflussen kann, dass er quasi automatisch »gut« wird und jederzeit mühelos gut handelt, wurde aufgegriffen in der Ideologie vom »neuen Menschen«. Ob Kommunismus, Sozialismus, Nationalsozialismus, Maoismus – alle diese Bewegungen wollten den »alten Menschen« ausmerzen oder sonst wie absterben lassen und den »neuen Menschen« als Klasse oder Rasse erschaffen.

Rousseau formuliert in seinem Traktat auch eine neue »bürgerliche Religion«, die der »natürlichen Religion« des savoyischen Vikars entspricht. Der unauflösliche Zusammenhang von Tugend und Religion begründe deren soziale Funktion und ihre Bedeutung für den Staat. Atheisten fehle es an Gemeinschaftssinn und an Mut zur Selbstaufopferung. Die »bürgerliche Religion« verheißt jedem Bürger, der bereit ist, für das Gemeinwohl zu sterben, ein ewiges Leben.

Kant wird die Utopie des vergesellschafteten Willens aufnehmen und sie in seinem »kategorischen Imperativ« zusammenfassen: Handle nur nach der Maxime, von der du zugleich wollen kannst, dass sie ein allgemeines Gesetz werde.[43] Durch die ethischen Grundsätze seines Handelns wird der Bürger einen Zustand erreichen, in dem die Anlagen der Menschheit als einer sittlichen Gattung ihren Anlagen als Naturgattung nicht mehr widerstreiten; einen Zustand, in dem vollkommene Kultur wieder als Natur erscheint.

So wie im geheimen Garten von Clarence.

IX. Und wieder Wanderjahre
»Erstaunt, dass man ein Ungeheuer wie mich noch atmen ließ«

Als ich das Berner Gebiet erreichte, ließ ich halten. Ich stieg aus, warf mich nieder, breitete die Arme aus, küsste die Erde und rief in meinem Entzücken: »Himmel, Beschützer der Tugend, ich lobe dich, ich berühre freien Boden!«, schreibt Jean-Jacques Rousseau über seine geglückte Ausreise aus Frankreich, um gleich darauf das lichte Bild wieder einzutrüben: *So habe ich mich, blind und vertrauend auf meine Hoffnungen, stets für das begeistert, was mir zum Unglück werden sollte.*[1]

Denn seine Flucht hat mit dem Übertritt auf Schweizer Gebiet noch kein Ende. Diese Flucht, die aus dem alternden Mann wieder einen Vagabunden macht, hat erst ihren Anfang genommen. Und deshalb sagt Rousseau über diese neue, tiefe Zäsur in seinem Leben: *Hier beginnt das Werk der Finsternis, in der ich seit acht Jahren begraben bin, ohne dass es mir möglich gewesen wäre, das erschreckende Dunkel zu durchdringen.*[2]

Wenige Wochen nach Jean-Jacques' Ankunft in Yverdon beschließt der »Kleine Rat« in Genf, die Schriften *Émile* und *Vom Neuen Gesellschaftsvertrag* wegen religionsfeindlicher Inhalte zu verbrennen. Beide Bücher seien »gottlos, skandalös, frech, voll von Lästerungen und Beleidigungen gegen die Religion«.[3] Jean-Jacques

Rousseau sei zu verhaften, falls er das Stadtgebiet betreten sollte. Auf Bern wird Einfluss ausgeübt, das Gleiche zu veranlassen. Prompt erlässt auch der Senat von Bern ein Verbot des *Émile* und ordnet die umgehende Ausweisung des Verfassers an.

Diese beiden Dekrete gaben das Signal zu dem Schrei der Verwünschung, der mit einer beispiellosen Wut gegen mich durch ganz Europa gellte. Sämtliche Zeitungen, Zeitschriften, Flugschriften läuteten mit aller Kraft zum Sturm […] Ich war ein Gottloser, ein Atheist, ein Verrückter, ein Rasender, ein wildes Tier, ein Wolf.[4]

Jean-Jacques flüchtet abermals über die Grenze, ins Fürstentum Neuenburg (Neuchâtel). Neuenburg steht seit 1707 unter der Herrschaft des preußischen Königs; Gouverneur ist Lord George Keith, ein schottischer Adeliger, der – selbst aus seiner Heimat vertrieben – in den Dienst Friedrichs II. getreten ist. Lord Keith schätzt die Philosophie Rousseaus und gewährt ihm gern Asyl. Dafür verspricht Jean-Jacques, keinen Ärger zu machen, solange er sich auf dem Gebiet von Neuenburg aufhält. Der Gouverneur kann bei Friedrich II. ein Bleiberecht für Rousseau erwirken; Rousseau müsse allerdings von Äußerungen zu religiösen Themen absehen.

Auch der Preußenkönig kennt den Ruf des Philosophen, an Lord Keith schreibt er: »Man muss diesen armen Unglücklichen Erleichterung verschaffen, da seine Sünde allein darin besteht, eigenartige Ansichten zu hegen, die er jedoch für richtig hält. Wenn wir nicht Krieg hätten, würde ich ihm eine Einsiedelei mit einem Garten bauen lassen, wo er leben könnte, wie seiner Ansicht nach unsere Urväter gelebt haben.«[5]

Die »Einsiedelei« findet sich. Eine reiche Verehrerin Jean-Jacques' überlässt ihm ein leer stehendes, aber vollständig eingerichtetes Haus im abgelegenen Bergdorf Môtiers.

Auch Thérèse trifft schließlich ein. Für die prüde Dorfgemeinschaft wird sie als Rousseaus »Haushälterin« ausgegeben, und tatsächlich ist Thérèse schon seit geraumer Zeit eher Jean-Jacques' Haushälterin als seine Geliebte. Die erotische Beziehung zwischen ihnen ist längst erkaltet. Sie sind Gefährten im Unglück. Immerhin haben sie eine Zuflucht gefunden, und eine Rente, die Rousseaus Verleger Rey auszahlt, befreit sie von unmittelbaren Existenzsorgen.

Außerdem hat Jean-Jacques in Lord George Keith wieder einen väterlichen Freund gefunden. Wie es seine Art ist, entwickelt er zu dem sanften älteren Herrn bald eine fast schwärmerische Zuneigung.

Der Lord ist auch durch Jean-Jacques' Exzentrik nicht weiter irritiert. Dessen neueste Marotte ist es, sich mit einer »armenischen Tracht«, einem langen, pelzverbrämten Kaftan, zu kostümieren. Wegen seines Blasenleidens ist er öfters gezwungen, eine Sonde in den Harnleiter einzuführen, was durch das Tragen eines Kittels vereinfacht wird. Doch diese praktische Funktion sieht man dem exotischen Aufzug, zu dem auch noch eine Pelzmütze mit Bommel gehört, nicht an. Die »armenische Tracht« macht den Philosophen nunmehr auch optisch zum Fremdkörper.

»Salaam Aleikum«, sagt Lord Keith gutmütig, als er Jean-Jacques das erste Mal so kostümiert erblickt, und lässt es dabei bewenden. Doch andere lachen oder schütteln missbilligend den Kopf.

Und Jean-Jacques würde in Môtiers so gern ein integriertes, unauffälliges Leben führen! Er geht zur Kirche, empfängt die Kommunion, er speist mit Pastor Montmollin und anderen ehrenwerten Bewohnern. Fest steht sein Beschluss, vom aktiven Leben, von Kunst und Philosophie gänzlich Abschied zu nehmen. Höchstens sein *Wörterbuch der Musik* wird er noch vervollständigen, die Herausgabe seiner gesammelten Werke organisieren, diese mit seiner Lebensbeschreibung einleiten, und das war es dann.

Die Genfer Opposition wendet sich an ihn mit der Bitte, er möge sich an ihre Spitze stellen, Rousseau lehnt jedes politische Engagement ab. Doch sich des Schreibens zu enthalten – die öffentliche Aufmerksamkeit zu meiden, gelingt ihm nicht. Zur Lust an der Auseinandersetzung tritt der Zwang der Rechtfertigung.

Jean-Jacques verfasst einen offenen Brief an den Erzbischof von Paris, Christophe de Beaumont, der in einem Hirtenbrief den *Émile* hart verurteilt hat. Auch in seiner Erwiderung vertritt er die Überzeugung von der ursprünglichen Güte des Menschen und weist darauf hin, dass die Erbsündenlehre nicht durch das Wort der Bibel belegt, vielmehr eine Erfindung des heiligen Augustinus gewesen sei. Auf über hundert Seiten sucht er jeden einzelnen Vorwurf des Bischofs zu entkräften, jede von dessen *Verleumdungen* zurückzuweisen. Der Ton seines Briefs ist wie immer stolz und provokant: *Wären Sie ein Privatmann wie ich, dann könnte ich Sie vor einen gerechten Richterstuhl laden. Wir würden uns beide dort einstellen, ich mit meinem Buch und Sie mit Ihrem Hirtenbrief, und Sie würden sicherlich für schuldig erklärt und verurteilt werden. Aber Sie nehmen eine Stellung ein, in der man nicht gerecht zu sein braucht.*[6] Diese Verteidigungsschrift, gedruckt in Amsterdam, wird unverzüglich in Paris und Rom und Genf verboten.

Rousseau informiert den Syndikus der Republik Genf darüber, dass er auf seine Bürgerrechte verzichtet. *Ich habe mich bemüht, dem Genfer Namen Ehre zu machen; ich habe meine Mitbürger herzlich geliebt; ich habe nichts vergessen, um ihre Liebe zu gewinnen, aber es konnte nicht schlechter gelingen.*[7]

Diese Geste ist Wasser auf die Mühlen der Genfer Opposition. Der »Kleine Rat« wird mit Forderungen und Beschwerden überhäuft, Pamphlete und Flugschriften erscheinen.

Der Generalprokurator Jean-Robert Tronchin sieht sich veranlasst, die Maßnahmen der Genfer Behörden gegen die Schriften Rousseaus zu rechtfertigen, und verfasst die *Briefe vom Lande*, gegen die Rousseau sofort mit den *Briefen vom Berge* kontert, in denen er die Aushöhlung der Genfer Verfassung durch die politische Praxis und den Verfall der politischen Tugenden der Republik kritisiert. Der »Kleine Rat« habe sich Aufgaben angeeignet, die nur einer Vollversammlung der Bürger, dem »Allgemeinen Rat« zustünden.

So nebenher denunziert Rousseau Voltaire als Verfasser einer ketzerischen Schrift, deren Urheberschaft dieser stets geleugnet hat.

Auch die *Briefe vom Berge* schlagen hohe Wellen; zu einer Rehabilitierung ihres Verfassers führen sie erwartungsgemäß nicht.

Doch Jean-Jacques ist nicht nur Angriffen ausgesetzt. Er schließt auch neue Freundschaften, etwa mit dem reichen calvinistischen Freimaurer Pierre-Alexandre Du Peyrou, der später das literarische Vermächtnis des Philosophen verwalten wird, oder mit dem Mediziner Jean-Antoine d'Ivernois, der ihn bei seinen botanischen Exkursen begleitet. Botanisieren ist zu Jean-Jacques' neuer Leidenschaft geworden.

Für Idealisten und »Schöngeister« in aller Welt ist Jean-Jacques Rousseau eine Ikone: verehrungswürdig – zumindest sehenswürdig.

Für junge Sinnsucher, Zweifler und Grübler ist er ein geistiger Führer, zu dem man pilgert, um sich Rat und Erleuchtung zu holen.

Für romantische Damen ist er schlicht »Saint-Preux«, die Verkörperung des leidenschaftlichen und zugleich tugendhaften – kurz, des absolut unwiderstehlichen Mannes.

Ein besonders hartnäckiger »Enthusiast« ist der junge Schotte James Boswell, der die Begegnungen mit dem »wilden Philosophen« in seinen berühmten Tagebuchnotizen festhält. Über den ersten Besuch am 3. Dezember 1764 schreibt Boswell unter anderem: »Ich bin bei ihm gewesen. Er hat mich überaus höflich empfangen. Wenn du ungezwungene Eleganz erleben willst, besuche den Autor der *Héloïse*!«[8]

Am 5. Dezember sucht er Rousseau zum zweiten Mal auf und gibt in seinem Tagebuch das Gespräch wörtlich wieder:

»Boswell: Ich leide sehr unter Melancholie. Wie kann ich überhaupt glücklich sein, ich, der ich so viel auf dem Gewissen habe?

Rousseau: Fangen Sie ein neues Leben an. Gott ist gut, denn er ist gerecht. Tun Sie Gutes. […] Lassen Sie sich nie von den Meinungen der Menschen leiten, sonst werden Sie dauernd hin- und hergerissen. Richten Sie Ihr Leben nie nach dem Urteil anderer Menschen ein, denn erstens sind sie genauso anfällig für Irrtümer wie Sie selbst, und zweitens wissen Sie nie, ob man Ihnen wirklich die Wahrheit sagt – Eigeninteresse oder Gewohnheit können die anderen dazu veranlassen, Ihnen etwas zu sagen, woran sie nicht glauben.

Boswell: Sir, würden Sie es übernehmen, mir entsprechende Anweisungen zu geben?

Rousseau: Das kann ich nicht. Ich kann nur für mich selbst die Verantwortung übernehmen.

Boswell: Ich werde aber wiederkommen.

Rousseau: Ich kann nicht versprechen, dass ich Sie wieder empfange. Ich bin krank. Ich brauche jede Minute einen Nachttopf.

Boswell: Doch, Sie werden mich empfangen!

Rousseau: Machen Sie, dass Sie fortkommen – gute Reise!«[9]

Rousseau empfängt Boswell bis zu dessen Abreise mehrmals. Vielleicht hat er in dem zugleich dreisten und schwärmerischen jungen Mann, der das rechte Maß nicht zu kennen scheint, etwas vom jungen Jean-Jacques wiedererkannt.

Über ihren Abschied am 15. Dezember schreibt Boswell: »Monsieur Rousseau umarmte mich, ganz der gefühlvolle Saint-Preux. Er küsste mich mehrmals und hielt mich mit eleganter Herzlichkeit umschlungen. Nie werde ich vergessen, dass ich das erleben durfte.«[10]

Boswell findet Thérèse hübsch und »eine gute Seele«. Da er gehört hat, dass Mademoiselle Levasseur gern Geschenke erhält, fragt er sie, womit er sich erkenntlich zeigen kann. Sie nennt eine Halskette mit Granaten.

Doch auch von Menschen, die Rousseaus Philosophie gar nicht kennen, wird er »besichtigt« wie eine Sehenswürdigkeit. *Es waren Offiziere oder andere Leute, die [...] meine Schriften meist nie gelesen hatten und trotzdem nach ihren Worten dreißig, vierzig, sechzig, hundert Meilen zurückgelegt haben wollten, um den ausgezeichneten, berühmten, hochberühmten, den großen Mann und so weiter zu sehen und zu bewundern.*[11]

Das ist die eine Seite des Ruhms: Verehrung und Vereinnahmung. Die andere Seite der Popularität ist, dass Jean-Jacques durch die Schmutzkampagnen, die gegen ihn betrieben werden, allmählich in der Öffentlichkeit zum Ungeheuer stilisiert wird. Sowohl die französischen »philosophes« als auch das Genfer Patriziat, sowohl der katholische Klerus als auch die calvinistische Geistlichkeit schießen sich auf ihn ein. Die Presse, von allen Seiten munitioniert, feuert aus vollen Rohren.

Rousseau ist ein Ketzer, der den Erzbischof von Paris verhöhnt! Rousseau ist ein Volksaufwiegler, der die Genfer zum Bürgerkrieg aufruft!

Jean-Jacques findet es insbesondere absurd, von der katholischen Sorbonne angegriffen zu werden. *Wollten sie erklären, dass ich kein Katholik sei? Das wusste alle Welt. Wollten sie erklären, dass ich kein guter Calvinist sei? Was ging es sie an? [...] Ich sah mich durchaus zu dem Glauben gezwungen, dass man die Sorbonne ins Irrenhaus bringen müsste.*[12]

Es ist wahrlich eine Ironie des Schicksals, dass ihn, der gegenüber den Atheisten der Aufklärung immer Glaube und Religiosität zu verteidigen und zu bewahren suchte, nun ausgerechnet die Religiosität der Zeitgenossen zu Fall bringt. Die zersetzende Rationalität der »philosophes« hat er als Gefahr empfunden und den Fundamentalismus der Jansenisten im Pariser Parlament sträflich unterschätzt.

Es dauert nicht lange, da sind alle Anklagen und Beschuldigungen und Gerüchte bis ins düstere Dorf Môtiers gedrungen. Pastor Montmollet, eben noch überaus stolz darauf, den berühmten Philosophen in seiner Gemeinde und an seinem Tisch zu haben, rückt nach dem Erscheinen der *Briefe vom Berge* demonstrativ von Jean-Jacques ab.

Es war ein *schreckliche[r] Ausbruch, der gegen dieses Höllenwerk und seinen abscheulichen Verfasser folgte,* schreibt Jean-Jacques in den *Bekenntnissen. Nach diesem letzten Werk schien man in Genf und Versailles erstaunt zu sein, dass man ein Ungeheuer wie mich noch atmen ließ.*[13]

Voltaire führt den folgenreichsten Schlag. Auf seine Denunziation in den *Briefen vom Berge* reagiert er mit einer anonymen Schrift *Ansichten der Bürger.* Darin bezeichnet er Rousseau als Narren und Verleumder, der Jesus Christus, das Christentum und seine Priester beleidigt habe. Rousseau trage die schlimmen Zeichen seiner Ausschweifungen noch an sich, führe als Gaukler verkleidet jene Unglückselige von Dorf zu Dorf und Berg zu Berg, deren Mutter er den Tod brachte und deren Kinder er vor der Pforte eines Hospizes aussetzte. Damit habe er allen Empfindungen der Natur ebenso abgeschworen, wie er die Ehre und Religion abschüttelte.[14]

Sogleich verfasst Rousseau ein Dementi. Er fürchtet um seine und Thérèses Sicherheit. Was im leichtlebigen Paris, in seinem Bekanntenkreis längst kein Geheimnis mehr war – die Weggabe der Kinder –, könnte in der sittenstrengen Schweiz noch mehr den Hass gegen ihn schüren. Schon bittet der Pastor, Rousseau möge doch lieber der Sonntagsmesse fernbleiben, da er sonst nicht für seine Sicherheit garantieren könne.

Lord Keith, der sich zu dieser Zeit beim König in Berlin aufhält, versucht, auf die Bevölkerung von Môtiers beruhigend einzuwirken, Jean-Jacques' Freunde setzen sich beim Konsistorium für ihn ein, doch die Geistlichkeit verlangt den Ausschluss Rousseaus aus der Gemeinde. Und von der Kanzel herunter hetzt Pastor Montmollin gegen ihn. Die Einwohnerschaft von Môtiers ist bis an die Grenzen der Lynchjustiz aufgewiegelt, hält Rousseau für den Teufel und Thérèse für seine Hure. Sie werden verhöhnt und angepöbelt, wenn man sie auf der Straße trifft. Eines Nachts durchschlagen Steine die Fenster seines Hauses. Die Freunde raten ihm, um seiner Sicherheit willen Môtiers und überhaupt Neuenburg schleunigst zu verlassen.

Wohin jetzt? Auf einer seiner Wanderungen hat Jean-Jacques die Insel St. Pierre im Bieler See entdeckt und war von ihrer landschaftlichen Schönheit entzückt. Er fasst den Beschluss, sich auf der kleinen Insel nieder-zulassen. Nach Erkundigungen, die er vorsichtshalber einzieht, würde die Berner Stadtverwaltung seinen Aufenthalt dort dulden. Im einzigen Haus auf St. Pierre mieten Jean-Jacques und Thérèse sich ein. Es ist Herbst 1765. Eine kurze glückliche Zeit beginnt. Jean-Jacques unternimmt Bootsfahrten und botanische Exkursio-nen. *Mir schien, dass ich auf dieser Insel von den Men-schen abgeschiedener wäre, vor ihren Kränkungen sicherer, mehr von ihnen vergessen, mit einem Wort, mehr der Süße der Muße und des beschaulichen Lebens hingegeben.*[15]

Doch schon am 16. Oktober kommt von der Ber-ner Regierung das Dekret, Rousseau möge St. Pierre und das Gebiet der Republik Bern innerhalb von vier-undzwanzig Stunden verlassen und es bei der schwers-ten Strafe nicht mehr betreten.

Nach Korsika gehen, wo die Führer eines mutigen Volkes ihn verehren? Nach Preußen, an den Hof Fried-richs, wo er Lord Keith wieder in die Arme schließen könnte?

Jean-Jacques fiebert und fühlt sich außerstande, die beschwerliche Reise nach Preußen anzutreten; statt-dessen fährt er zunächst nach Straßburg. Er ist so ver-zweifelt, dass es ihm schon beinahe gleichgültig ist, wenn er dafür nun in einem französischen Gefängnis landet. Doch die einflussreichen Freunde aus dem französischen Hochadel nehmen sich des Flüchtlings an und verschaffen ihm eine vorübergehende Aufenthaltsgenehmigung in Frankreich.

Kaum spricht sich Rousseaus Ankunft in Straßburg herum, da überbietet die »Haute volée« sich mit Einladungen, Galadiners und Konzerten. Alle seine vornehmen Gönner und Freunde kommen angereist: der Prinz von Conti, Malesherbes, Turgot, Buffon, die Herzogin von Luxembourg. Zahllose Verehrer und Neugierige wollen ihm ihre Aufwartung machen. *Der Dorfwahrsager* wird zu Ehren des Komponisten aufgeführt. Ja, selbst der Erzbischof von Straßburg empfängt ihn.

Wieder einmal reißt die Achterbahn seines Lebens Jean-Jacques aus einem Abgrund von Demütigungen hinauf in die lichte Höhe von Glanz und Ruhm.

Endlich kann er von seinen Freunden überredet werden, mit David Hume nach England zu reisen. Hume und er sind einander recht sympathisch. Wenngleich Jean-Jacques unangenehm berührt ist von der engen Vertrautheit Humes mit den Enzyklopädisten und wenngleich der Engländer ein wenig befremdet ist von dem Rummel, den man um Rousseau betreibt. »Allein schon sein Hund, nur ein Collie, hat Name und Ruf in der Welt«, schreibt Hume an einen Freund.[16]

Mit Hume nach England zu gehen war kein guter Plan. Die Temperamente der beiden Philosophen sind so verschieden wie Feuer und Wasser. David Hume ist ein Gentleman, ausgezeichnet durch Haltung und Hausverstand. Mit Jean-Jacques' Überempfindlichkeit und seinen extremen Gefühlsschwankungen kann er nichts anfangen. Dieser wiederum verabscheut das lärmende London. Rousseau ist auch hier eine gesellschaftliche Sensation, Aristokraten machen ihre Aufwartung, der Hofmaler Ramsey bittet, ihn malen zu dürfen, der weltberühmte Schauspieler Garrik bietet ihm eine Loge in seinem Dury Theatre an, da George III. und seine Gemahlin einen Blick auf ihn werfen möchten.

Rousseau flüchtet nach Chiswick, wo Hume ein Haus besorgt hat. Thérèse ist nachgekommen, begleitet von James Boswell. Während der gemeinsamen Reise haben die beiden ein Verhältnis miteinander. Boswell »übergibt« Thérèse und ist schockiert darüber, wie alt Rousseau geworden ist. Seine glühende Verehrung des Philosophen (die ihn dazu bewogen haben mag, sich mit Thérèse einzulassen) erfährt einen gewaltigen Dämpfer. Ist dieser jammernde Alte mit seinen hundert Ängsten und Beschwerden noch jener charmante Rousseau, den er in Môtiers kennen lernte?

Hume wiederum ist peinlich berührt von Thérèses krasser Unbildung und Beschränktheit. »Sie gilt als boshaft und streitsüchtig und schwatzhaft und soll die Hauptursache dafür sein, dass Rousseau Neuenburg verließ«, schreibt er an Madame de Boufflers, seine Pariser Freundin.

Thérèse, unbeliebt und verspottet, erzählt Jean-Jacques Tag für Tag, dass man ihnen in England nur Böses wünscht. Jeden Morgen schmiert sie ihm den Hass gegen die Engländer und vor allem gegen den arroganten Hume aufs Butterbrot. Prompt beginnt Jean-Jacques, Hume mit anderen Augen zu sehen und ihm Böswilligkeit zu unterstellen.

Jean-Jacques hat in den vergangenen Monaten eine wahre Flut schockartiger Erschütterungen erlebt. Dass das größte Werk seines Lebens – der *Émile* – ihm nicht allgemeine Liebe und Achtung brachte, sondern ihn ins Unglück stürzte, kann er nicht fassen. Die Enttäuschung, ja das Entsetzen darüber ist so tief, dass er in den *Bekenntnissen* fast nonchalant darüber hinweggeht. Doch innerlich wird er vom Kummer aufgefressen. Die Welt ist ihm vollends unbegreiflich und böse geworden. Nun bröckelt seine mühsam gewahrte Fassung immer mehr, ein Zusammenbruch kündigt sich an.

Als Hume ihn nach Wootton Hall fahren will, dem Landsitz, der endlich für ihn gefunden wurde, entdeckt Jean-Jacques, dass hinter seinem Rücken die teure Kutsche bereits bezahlt wurde. Er gerät außer sich, weil man ihn als »Bettler« behandelt, und stürmt davon. Kurz darauf kommt er völlig verwandelt wieder zurück. Hume schreibt an Madame de Boufflers: »Er setzte sich plötzlich auf meine Knie, warf seinen Arm um meinen Hals, küsste mich mit der größten Wärme, und mein Gesicht mit seinen Tränen befeuchtend, rief er aus: ›Können Sie mir je verzeihen, teurer Freund? Nach all den Beweisen der Zuneigung, die ich von Ihnen erhalten habe, belohne ich Sie am Ende mit Tollheit und schlechtem Betragen.‹«[17]

Kurz darauf erscheint im *St. James Chronicle* ein fiktiver Brief Friedrichs II. an Rousseau, in dem Rousseau verspottet wird. Jean-Jacques' Verfolgungswahn bricht voll aus. In einem 26 Seiten langen, wirren Brief beschuldigt er Hume, hinter der Verspottung und überhaupt hinter der ganzen Verschwörung in England zu stehen. Ist Hume nicht mit dem Herausgeber des *St. James Chronicle* befreundet? Wohnt er nicht in London Tür an Tür mit einem jungen Mann namens Tronchin, aus der Familie der Genfer Tronchins, die mit seinen Feinden konspirieren?

Hume ist nun überzeugt davon, es mit einem Verrückten zu tun zu haben. Sowohl die Pariser Literaten als auch die englischen Philosophen mischen sich in die Auseinandersetzung. Voltaire schickt einen boshaften öffentlichen Brief an Rousseau, den er »Docteur Pansophus« nennt. Darin erinnert er an diskriminierende Äußerungen über Engländer, die Rousseau in seinen Büchern getan hat.

Jean-Jacques wird immer verwirrter. Seine Post werde von Hume kontrolliert, bildet er sich ein; ständig werde er beobachtet und auf der Straße von Humes

Agenten verfolgt. Ziegel würden gelockert, um auf ihn herabzufallen und ihn zu erschlagen. »Sie haben vollkommen Recht, Rousseau ist ein Ungeheuer!«, schreibt Hume an Holbach.

Adam Smith, Turgot und Lord Keith, die Besonnensten diesseits und jenseits des Ärmelkanals, raten Hume, die Angelegenheit zu begraben. Doch die Enzyklopädisten drängen Hume, Rousseau, der bekanntermaßen an seinen Memoiren schreibe, zuvorzukommen und seine eigene Version der Geschehnisse zu veröffentlichen. Also publiziert Hume eine *Kurze Darstellung meines Zerwürfnisses mit Mr. Rousseau*, die rasch ins Französische übersetzt wird und von Grimm an seine Subskribenten in Europa verschickt wird. Für die englische Presse ist der wahnsinnige Franzose ein Knüller. Selbst George III. verfolgt neugierig den »Fall Rousseau«.

Ich will von England fort oder aus dem Leben scheiden, schreibt Jean-Jacques verzweifelt an Staatssekretär Lord Conway, einer der wenigen Engländer, denen er noch vertraut.[18]

Thérèse redet auf einmal davon, dass sie vergiftet würden. Sie habe einen Pudding, den die Köchin für Jean-Jacques zubereitete, wegen seines verdächtigen Geruchs einer Katze zu fressen gegeben, worauf die Katze sich wie vom Veitstanz besessen zu drehen begonnen habe. Es müsse ein heimtückisches Gift sein, das alle Anzeichen des Wahnsinns hervorrufe. Vielleicht ein Schierlingsextrakt …

Jean-Jacques ist entsetzt, weil ihm einfällt, dass Voltaire in seinem schurkischen Brief ihm empfohlen hat, den Schierlingsbecher zu trinken wie einst Sokrates.

Er flüchtet mit Thérèse aus Wootton Hall und lässt dabei all seine Sachen zurück. Da er sich im Land nicht auskennt und sich kaum verständlich machen kann, irren sie tagelang in diversen Kutschen umher, finden endlich den Weg nach Dover und schiffen sich nach Calais ein. Die von Hume vermittelte königliche Pension, die Jean-Jacques erst ablehnte, will er nun doch annehmen, wie er von Dover aus Lord Conway mitteilt. Dafür will er sich verpflichten, in den Memoiren nichts über seinen Aufenthalt in England zu berichten.

Rousseau kehrt nach Frankreich zurück; doch als ein vom Parlament Verbannter muss er ständig mit seiner Verhaftung rechnen.

Louis-François de Bourbon, Prinz von Conti, der seine schützende Hand über ihn hält – immerhin ein Verwandter Ludwigs XV. –, lädt Jean-Jacques ein, auf seinem Schloss Trye bei Gisors zu wohnen, das er ihm ganz zur Verfügung stellt. Jean-Jacques nimmt die Einladung an. Offiziell nennt er sich jetzt Jean-Joseph Renou und bezeichnet Thérèse als seine Schwester.

Doch er fühlt sich keineswegs sicher auf Schloss Trye, erwartet von jedermann nur Hohn und Verrat, selbst vom Prinzen, der allerdings zu jenen Menschen gehört, die Jean-Jacques gegenüber eine Engelsgeduld an den

Tag legen. Um seinen Gast mit sanfter Musik zu beruhigen, schickt er Musikanten. Jean-Jacques fasst die Musikberieselung als Infragestellung seiner geistigen Gesundheit auf.

Jeden Tag weiß Thérèse von neuen Feindseligkeiten und Hinterhältigkeiten zu berichten: Verschlossene Tore, falsch ausgeführte Aufträge; der Gärtner gebe kein Obst und Gemüse her; Kutscher, Bereiter, Hundewärter – das ganze Personal sei gegen sie verschworen.

Jean-Jacques weiß: Thérèse ist die Einzige, die wahr und aufrichtig spricht! Wenn sie auch stets missmutig ist und ihm öfters zu verstehen gibt, dass sie zu jung sei, um so ein Leben zu führen, und dass sie sich ein anderes Leben schon vorstellen könne. Thérèse weiß, dass sie ihn mit solchen Andeutungen panisch erschreckt.

Wie um von Thérèse zu fliehen, ehe er erleben muss, dass sie ihn verlässt, reist Jean-Jacques allein nach Lyon. Von dort hetzt er nach Grenoble, nach Chambéry, ans Grab von *Maman*, weiter nach Bourgoin. In Bourgoin bricht Jean-Jacques zusammen und schreibt einen langen Brief an Thérèse, der wie ein Testament klingt und in dem er ihr rät, sich in ein Kloster zurückzuziehen. Als Thérèse daraufhin nach Bourgoin eilt und Jean-Jacques in einem kleinen Gasthof findet, liegt er verwahrlost und entkräftet auf dem Bett; die Wände um ihn sind bekritzelt mit Anklagen. *Die Schweizer werden mir niemals die Schmach verzeihen, die sie mir an-*

getan – Die Volksführer, die auf meinen Schultern empor-
stiegen, möchten mich so in den Hintergrund schieben, dass
man nur sie noch sieht. – Die Schriftsteller plündern und
höhnen mich.[19]

Drei Tage später heiraten Jean-Jacques und Thérèse
in Bourgoin. Die kleine Zeremonie, die nur aus einem
Gelöbnis vor dem Bürgermeister besteht, soll das Versprechen besiegeln, einander bis zum Tod nicht im
Stich zu lassen. Jean-Jacques hat Thérèse nicht geliebt,
Thérèse hat sich anderwärtig schadlos gehalten, doch
man will zusammenstehen.

Während der ruhelosen zweiten »vagabondage« seines
Lebens, in den Jahren 1767 bis 1770, immer wieder an
einem neuen vermeintlichen Zufluchtsort, schreibt
Jean-Jacques sein letztes großes Werk: die *Bekenntnisse.*

Obwohl die Idee, Memoiren zu schreiben, ursprünglich nicht von ihm selbst stammt, sondern von seinem
Verleger Rey, formt Rousseau daraus wieder etwas
Originäres, etwas völlig Neues und äußerst Provokan-
tes: eine rückhaltlose und auch rücksichtslose Beichte.

Ich beschloss, daraus ein in seiner beispiellosen Aufrich-
tigkeit einzigartiges Werk zu machen, damit man wenigs-
tens einmal einen Menschen so sehen könne, wie er wirk-
lich in seinem Inneren ist.[20]

Rousseau wählt den Titel *Confessions* – Bekenntnisse
– und zitiert damit die »confessio« des heiligen Augustinus. Er kennt die großen Vorbilder in einer hoch ent-

wickelten Memoirenkultur: Dichter wie Petrarca, Philosophen wie Montaigne. Doch diese Autoren, so meint er, hätten nur ihre guten Seiten hervorgehoben, nicht ihre kleinlichen, lasterhaften Seiten gestanden.

Und genau das wird Jean-Jacques nun tun. Man verfolgt und bestraft ihn, weil man ihn für etwas anderes hält, als er ist. Er muss für eine Schuld büßen, die er nicht auf sich geladen hat, für böse, ja verbrecherische Eigenschaften, die niemals die seinen waren. Seine einzige Chance ist es, sich vollständig zu entblößen, jede seelische Regung zu offenbaren. Nichts ungesagt zu lassen. Wenn der Leser den wahren Jean-Jacques kennt, in seiner Außerordentlichkeit, aber auch in seiner unerschütterlichen Güte, so ist vor den Augen der Welt seine Unschuld erwiesen.

Dies ist das einzige Bild eines Menschen, genau nach der Natur und in seiner ganzen Wahrheit gemalt, das es gibt und wahrscheinlich je geben wird.[21]

Anscheinend vorbehaltlos ehrlich, ja mit geradezu schockierender Offenheit beschreibt Jean-Jacques seinen Werdegang. Er schildert die beschämendsten Episoden seines Lebens – die Auftritte als Exhibitionist im nächtlichen Turin, den Diebstahl im Hause Rougin. Er beschreibt, wie oft er sich lächerlich gemacht hat, schreibt über sein fortwährendes Versagen, seine unüberwindliche Feigheit. Er gesteht seine leidige Leidenschaft für Sophie d'Houdetot, er bekennt die wiederholte Weggabe seiner Kinder – wenngleich er den

Tatbestand mit ausführlichen »Begründungen« beschö-
nigt, gleichsam »mildernde Umstände« geltend macht.
Jean-Jacques klagt über den bitteren Verrat der einsti-
gen Freunde und ergeht sich in düsteren Andeutungen
über die Intrigen, die gegen ihn geführt werden.

Immer wieder pocht er darauf, trotz allem ein guter
und tugendhafter Mensch zu sein, nein: der beste aller
Menschen. Gleich an den Beginn der Bekenntnisse
stellt er einen pathetischen Anruf an Gott: *Ewiges Wesen, versammle um mich die unzählbare Schar meiner Mitmenschen. Jeder von ihnen enthülle sein Herz mit der gleichen Aufrichtigkeit zu den Füßen deines Throns, und dann
möge auch nur einer dir sagen, wenn er es wagt: Ich war
besser als dieser Mensch da.*[22]

Es sind sozusagen Bekenntnisse ohne Schuld. Jean-
Jacques ist unschuldig, weil er niemals etwas »ver-
schuldet« hat (schon gar nicht den Tod seiner Mutter!).
Er lehnt es ab, für das, was er tut und sagt, Verantwortung zu übernehmen. Was zählt, ist einzig die Gesin-
nung, und die ist bei ihm immer die rechte. Was zählt,
sind die Gefühle, und die sind bei ihm immer rein.
Jean-Jacques listet seine Verdienste auf, die Verehrung,
die er in aller Welt genießt, sämtliche namhaften
Freunde und Bekannten – wie ein Buchhalter. Er
schüttet sein Herz aus. Er stilisiert sich zum grenzenlos unglücklichen, grenzenlos gutherzigen Menschen.

Die *Bekenntnisse* sind stellenweise ein Exzess an
Peinlichkeit. Doch Peinlichkeit ist für Rousseau, wenn

es um Selbstdarstellung geht, keine Kategorie. Die *Bekenntnisse* sind der erste Versuch des Sich-Entblößens als Lebens- und Kunstform.

Einer der größten Widersprüche Jean-Jacques' ist, dass seine Sehnsucht nach Alleinsein und Geborgenheit im Verborgenen verbunden ist mit einem unbändigen Drang nach Mitteilung, nach Hervorkehrung seines Innersten und Offenlegung seines Lebens. Sein übersteigerter Beichtzwang entspringt dem tiefen Wunsch nach Absolution und Aufnahme in den Himmel, in den Olymp der unsterblichen Götter.

Die *Bekenntnisse* sind nicht für eine Veröffentlichung zu seinen Lebzeiten gedacht. Jean-Jacques will, dass die Nachwelt ihm Verständnis und Verzeihung gewährt und ihm ihre ewige Dankbarkeit schenkt.

Zu diesem Exhibitionismus, der Teil seines Charakters ist, kommt nunmehr die Erschütterung darüber, dass die Feinde ein falsches, verzerrtes Bild von ihm zeichnen. Insbesondere die Kindesweglegung scheint ihn in der Öffentlichkeit zu einem Teufel zu machen, sie desavouiert den Verfasser des *Émile* als Nicht-Pädagogen, ja als Kinderhasser.

Mit diesem Zerrbild, dieser Verleumdung kann er sich nicht abfinden. Immer noch schmerzt die Narbe des traumatischen Erlebnisses in Bossey, als der kleine Jean-Jacques − *zu Unrecht* − beschuldigt und grausam bestraft wurde. Wie konnten Menschen, von denen er sich geliebt fühlte, ihn nur auf einmal für böse und lügnerisch halten? Das darf ihm nicht wieder passieren! Er muss darlegen, dass er keineswegs ein Teufel ist – nur völlig anders als alle Menschen! Er muss sich und seine Verhaltensweise erklären und die allgemeine Achtung wiedererlangen! Denn mit der Anerkennung seiner Person und seines Wesens steht und fällt das Ansehen und die Überzeugungskraft seiner Philosophie und Pädagogik.

Das Vorhaben, in radikaler Aufrichtigkeit seine innere Befindlichkeit, seine Gefühle und Gedanken zu beschreiben, verwirklicht Jean-Jacques nicht durchgehend. Solche Schilderungen gelingen ihm stellenweise hinreißend, sie werden jedoch immer wieder abgelöst von oberflächlichen Beschreibungen und Aufzählungen, von schieren Behauptungen und Beteuerungen. Man merkt, dass die kompromisslose Aufrichtigkeit und Authentizität, die Jean-Jacques sich zum Programm gemacht hat, literarisch erst am Anfang steht. Doch indem er den Wert der Authentizität höher stellt als Moral und Konformität, hat Jean-Jacques Rousseau einen neuen psychologisch-literarischen Bereich eröffnet: die subjektive Autobiographie.

»Authentizität« bedeutet nicht, dass eine vorgegebene Wahrheit und Wirklichkeit reproduziert wird, sondern dass durch das Kunstwerk »Wahrheit« produziert wird. Jean-Jacques' »wahres Ich« konstituiert sich schreibend.

Sieht man Rousseau als radikalen Subjektivisten,[23] so

erledigt sich der Einwand, er hätte den Erkenntniswert seiner Innenschau weit überschätzt und übersehen, dass jede Selbstdarstellung zwangsläufig zu »Selbstverkleidung« führt.

Die literarische Kritik wird allerdings bis ins 20. Jahrhundert hinein die *Bekenntnisse* nach ihrem möglichen objektiven Wahrheitsgehalt beurteilen und entsprechend bezweifeln. Schlimmer noch: Das Ziel einer Absolution durch die Leser wird Jean-Jacques mit seiner Lebensbeichte nicht erreichen. Während die *Héloïse*, der *Émile* und der *Neue Gesellschaftsvertrag* seine Ruhmesblätter darstellen, machten die *Bekenntnisse* auf die meisten Leser einen eher abstoßenden Eindruck. Und auf die wenigen Zeitgenossen, denen sie zugänglich sind, wirken sie absolut stillos und unanständig, manchmal fast unerträglich in ihrer Selbstbeweihräucherung und ihrem Selbstmitleid, krankhaft durch den Verschwörungs- und Verfolgungswahn, der in ihnen zutage tritt.

Ein Vierteljahrhundert später, während des Siegeszugs der Revolution, wird der Rousseau der *Bekenntnisse* auf einmal zum Heiligen und Märtyrer. Und wieder ein Vierteljahrhundert darauf werden politische Reaktion und Konservatismus diese Schrift wieder verdammen.

Heute gelten die *Bekenntnisse* als ein höchst interessantes Lebenszeugnis, als die umstrittenste Autobiographie der Weltliteratur jedenfalls, doch der Mensch Jean-Jacques Rousseau erscheint darin nur zu oft als egozentrisches Ungeheuer. Ein Eindruck, den die Beteuerungen der eigenen Güte und die Besessenheit von der eigenen Besonderheit nur noch verstärken. Gerade ein Rousseau, der postuliert hat, dass alles Übel der Welt von der Ungleichheit komme und von der unseligen Sucht, die anderen zu übertreffen, deklariert sich fortwährend als der Beste von allen!

Man denkt: Hat dieser Jean-Jacques denn überhaupt kein Gespür? Keine Antennen? Kein Gefühl für Anstand und Verhältnismäßigkeit? Er, der immerzu austeilt, ist überrascht, wenn die anderen zurückschlagen. Er, der eine Gesellschaft verdammte, in der jeder sich nur nach der Meinung der anderen richte, will Madame d'Épinay mit der angeblich schlechten Meinung anderer über sie unter Druck setzen!

Manchmal fällt ihm seine Gedankenlosigkeit ja selbst auf. Zum Beispiel in der Episode mit dem Mantel des verstorbenen Anet. Manchmal kommt er ins Grübeln: Was habe ich nur jetzt wieder gesagt, geschrieben, getan, dass sie auf mich so böse sind? Er kommt nicht dahinter. Die Freunde sind grundlos zu Feinden geworden. Und der Kamm hat sich von selbst zerbrochen. Die Erklärung einer Weltverschwörung ist das Einzige, was ihm einfällt.

Rousseau, der Erfinder des »Gemeinwillens«, ein Phänomen, das wohl als eine Art Verschmelzung der Seelen zu imaginieren ist, scheint selbst unfähig, sich in andere einzufühlen, sich in eine Situation der Gegenseitigkeit zu versetzen. Selbst die grundlegendste Regel des Zusammenlebens von Menschen – die Verbindlichkeit der Sprache – hat für ihn nicht zu gelten. Er als Einziger hat das Recht, sich ständig zu widersprechen.

Keine Aneinanderreihung von Daten und Anekdoten, wie sie vorher meist den Inhalt von Memoiren darstellten, sollten die *Bekenntnisse* sein, sondern aufrichtige Selbstbeobachtung und Selbstergründung. Ein Plan, der von vornherein zum Scheitern verurteilt ist. Allenfalls, wenn man die Schrift als Rohmaterial für eine Psychoanalyse nimmt, ergibt sich vielleicht der »wahre Jean-Jacques«, und auch das ist nicht sicher.

Psychoanalyse ist im 18. Jahrhundert unbekannt. Für Jean-Jacques ist es nicht vorstellbar, dass seine Darstellungen Dinge enthüllen, die ihm gar nicht bewusst sind oder die er sich nicht eingestehen kann und will: Zorn und Eifersucht auf Anet etwa, oder die Unfähigkeit zu Liebesbeziehungen, die sich in einer Folge nicht realisierter oder gescheiterter erotischer Abenteuer manifestiert. Die »größte Liebe« seines Lebens ist nichts als eine Projektion, eine Fleisch gewordene Romanfigur, die ihn nicht an sich heranlässt, genauso wie die tugendhaft gewordene »Julie« ihren »Saint-Preux« ewig abweist.

Jean-Jacques' Schriften sind sein eigentliches Leben und Handeln. Sein Leben ist imitierte Literatur.

Psychologisch gesehen musste diese Autobiographie an ihrem eigenen Anspruch scheitern. Sie zeigt nicht den wahren Jean-Jacques Rousseau, sondern den, der er zu sein wünscht und glaubt und den er sich einredet. Im 19. Jahrhundert hätte man gesagt: Die *Bekenntnisse* verraten seine »Lebenslüge«. In den zwei Jahrhunderten seit ihrem Erscheinen wurden Rousseaus Schriften von tausenden Sachverständigen analysiert und überprüft; Mediziner aller Fachrichtungen lieferten Diagnosen, Erklärungen für seinen Wahn, für seine sonstigen leiblichen und seelischen Krankheiten.

Die *Bekenntnisse* wurden als ein Dokument angesehen, als »Material«, als Interpretationsgrundlage.

Und schließlich als literarisches Kunstwerk anerkannt.

Die *Confessions* sind der Höhepunkt von Jean-Jacques Rousseaus literarischem Schaffen. In ihnen finden sich Szenen von großer Lebendigkeit, die man nicht vergisst: ein Apfeldiebstahl im Haus Ducommun – der erste Liebeskummer – die Episode mit der Kaufmannsfrau – das misslungene Konzert – Jean-Jacques im Lernfieber – seine Angst, selbst einen Kuchen zu kaufen – der letzte Abend vor seiner Verhaftung, als er und noch ein paar ältere Herren den Wein mit Strohhalmen aus der Flasche trinken, weil sie keine Gläser dabeihaben, und lachen, als wäre die Welt noch jung …

Der Rousseau der *Bekenntnisse* ist ein stellenweise wunderbarer Schriftsteller. Mit Humor, mit ironischer Distanz, mit einer reichen und geschmeidigen Sprache.

Der Rousseau der *Bekenntnisse* ist ein alter, verstörter und kranker Mann, der sich, wo er auch ist, ob in Wootton Hall oder auf dem Schloss in Trye, verfolgt wähnt. *Die Decke, unter der ich bin, hat Augen; die Wände, die mich umgeben, haben Ohren; umringt von Spionen und gehässigen und wachsamen Aufpassern, unruhig und zerstreut, werfe ich in aller Eile ein paar abgerissene Worte aufs Papier.*[24]

Der Rousseau der *Bekenntnisse* ist, während er schreibt, wieder der junge Jean-Jacques, *Mamans* »Kleiner«; er ist wieder der fanatische Tugendapostel; er ist noch einmal der verzweifelt Liebende auf dem nächtlichen Weg zu Sophie d'Houdetot, gemartert von seiner Erregung, seinen vergeblichen Hoffnungen.

Ein paar Worte, die er »aufs Papier wirft«, versetzen ihn wie mit Zauberkraft in heitere und unbeschwerte Tage. Er erlebt sie nochmals, während er sie beschreibt. Er dringt dabei nicht zum »wahren Jean-Jacques« vor, und wer sollte das auch sein? Rousseau kultiviert seine Erinnerungen, die schönsten und die schlimmsten. Zugleich verfestigt und verfugt er die Mauer, die das Undenkbare, das Verdrängte umschließt.

Während er schreibt, ist Jean-Jacques völlig bei seinen *Chimären.* Sie führen ihn, sie diktieren ihm. *Ich werde mich also mit dem Stil ganz nach den Dingen rich-*

ten. Ich werde nicht danach streben, ihn einheitlich zu ma-
chen, sondern immer den haben, der mir eben zufällt, und
ihn ungescheut nach meiner Stimmung wechseln, ich wer-
de jede Sache so sagen, wie ich sie empfinde, wie ich sie
sehe, ohne Nachforschung, ohne Scham, ohne mich an dem
Stilgemisch zu stören.[25]

Und so wechseln Szenen wie aus einem Schelmen-
roman mit ländlichen Idyllen, Szenen aus dem Leben
der Bohème mit Szenen wie aus einem Stück von
Marivaux oder Molière. Jean-Jacques schreibt und
schreibt, schreibt sich bis an seine Gegenwart heran.
Am Ende der *Bekenntnisse* fallen der Zeitpunkt des Er-
zählens und der Inhalt der Erzählung zusammen.

1770 kehrt Jean-Jacques nach Paris zurück. Er ist der
Fluchten müde. Seine Erkundungen haben ergeben,
dass er in Paris von den Behörden in Ruhe gelassen
werden wird, solange er kein Aufsehen erregt. Jean-
Jacques träumt nur noch von einem friedlichen Le-
bensabend: sich sein Geld mit Notenschreiben verdienen, ein Schachspiel im Café, Spaziergänge in der
Umgebung von Paris …

Doch als er sich einige Male im »Café Régence« in
der Nähe des Palais Royal blicken lässt, lockt sein Anblick immer mehr Schaulustige an. Bis eine Men-
schenmenge das Kaffeehaus umlagert, hereindrängt und
glotzt. Prompt ergeht an ihn ein behördlicher Bescheid,
bevölkerte Orte der Stadt zu meiden. Rousseau fügt

sich, pflegt jedoch weiterhin gesellige Kontakte, ganz so, als ginge es ihm darum, seinen Ruf als menschenscheuer Sonderling zu widerlegen.

In seiner Dachwohnung in der Rue Plâtrière empfängt er hoch stehende Besucher wie den Herzog von Alba und den Prinzen de Ligne. Ja, er nimmt sogar an kleinen Banketten teil. Diese Phase endet, als er in Grimms *Correspondence* lesen muss: »Herr Rousseau hat mit dem armenischen Gewand auch seine Bärenhaut abgelegt, ist wieder ein galanter Süßholzraspler geworden und soupiert wie in früheren Zeiten mit der Elite der Snobs und Höflinge.«[26]

Doch so groß Jean-Jacques' Wunsch ist, keine Angriffsfläche mehr zu bieten, noch stärker ist sein überwältigender Drang, gehört zu werden, Zustimmung und Anteilnahme zu finden, Bewunderung und Applaus zu ernten.

In privatem Kreis liest er stundenlang aus den *Bekenntnissen*. Vergessen ist der Vorsatz, den brisanten Text erst der Nachwelt zugänglich zu machen. Jean-Jacques trägt alle seine Anklagen gegen seine Feinde vor und klagt über die Verschwörung gegen ihn, bis ihm auf Betreiben von Madame d'Épinay diese Auftritte polizeilich untersagt werden. Nichts von dem, was er zu sagen hat, darf mehr nach außen dringen. Er soll mundtot gemacht werden. Das *Werk der Finsternis* ist vollendet.

An diesem Punkt brechen auch die *Bekenntnisse* ab.

So beschloss ich meine Vorlesung und jeder schwieg. Frau von Egmont schien mir als Einzige davon bewegt; sie zitterte sichtlich, aber fasste sich bald wieder und schwieg so wie die übrige Gesellschaft. Das war die Frucht, die ich aus dieser Vorlesung und meiner Erklärung erntete.[27]

Schweigen.

X. Schlimme Träume, schöne Träume
»So bin ich denn allein auf dieser Erde.«

Soll das Bild des bösen, gottlosen, verbrecherischen Rousseau überdauern? Jean-Jacques kann es nicht zulassen. Er verzweifelt an diesem falschen Bild. Gerüchte über die *Bekenntnisse* rücken das Bild nicht zurecht. Im Gegenteil. Nun munkelt man von unerhörten Sünden und Lastern, Betrügereien und liederlicher Lebensweise in der Jugend. Paris scheint sich in ein dumpf gehässiges Môtiers zu verwandeln. Voltaire dagegen soll schon zu Lebzeiten ein Denkmal erhalten. Der größte Bildhauer der Zeit, Houdon, soll die Statue erschaffen. Für die Finanzierung des Projekts werden Sponsoren gesucht. Rousseau spendet ebenfalls, um zu zeigen, dass er nicht nachtragend ist.

Wie zum Ausgleich geben sich dafür bei ihm allerhöchste Herrschaften die Klinke in die Hand: Der polnische Graf Wilhorski ersucht, Rousseau möge das Konzept für die künftige Regierung eines freien Polens verfassen.

Kronprinz Gustav von Schweden steigt die Stufen zur kleinen Dachwohnung empor. Und auch ein gewisser Graf von Waldenstein erscheint, bei dem es sich in Wahrheit um Joseph II., Kaiser von Österreich, handelt.

Der deutsche Komponist Christoph Willibald Gluck

265

fragt an, ob Rousseau sich für eine Inszenierung seiner Oper *Iphigenie in Aulis* einsetzen würde. Jean-Jacques engagiert sich für Gluck und entfacht damit sofort eine neue Aufsehen erregende Kontroverse um die Oper: Was denn? Auf einmal vertrete Rousseau die Sache der deutschen Musik und des französischen Librettos gegen die herrschende Präferenz der italienischen Oper, für die er seinerzeit so vehement kämpfte! Gesinnungslumperei sei das!

Die Aufführung der »Iphigenie« wird zum Triumph für Ritter von Gluck und Rousseau.

Unvermindert ist die Zahl der Rousseau-Enthusiasten, die ihn mit Briefen bombardieren und mit Besuchen bestürmen. Es genügt ja, eine Notenkopierarbeit in Auftrag zu geben, um sich bei Rousseau Zutritt zu verschaffen.

Doch die Beweise seiner ungebrochenen Popularität reichen Jean-Jacques nicht, sie sind ihm höchstens lästig. Was er will, wonach er sich sehnt, ist die öffentliche Rehabilitierung des Verfassers des *Émile* und des *Neuen Gesellschaftsvertrags*. Das Verdammungsurteil über die beiden Werke soll aufgehoben, Jean-Jacques Rousseau vor aller Augen als der anerkannt werden, der er wirklich ist: ein Weiser und Wohltäter der Menschen.

Jean-Jacques' gesellige Impulse werden schwächer und hören auf. Er verbarrikadiert sich in der Rue Plâtrière.

Thérèse wird zum Zerberus, der die meisten Besucher von der Schwelle jagt. Nur noch einige wenige, sorgfältig Ausgewählte werden vorgelassen, und noch seltener gelingt es einem von ihnen, das Interesse und die Anteilnahme Jean-Jacques' zu erwecken oder gar sein Vertrauen zu gewinnen. Eine dieser Ausnahmen ist der junge Dichter Bernardin de Saint-Pierre, der in Rousseau den Erlöser der Menschheit sieht und seine Launen geduldig erträgt.

Jean-Jacques ist mit einem neuen Werk befasst, und wie unter Zwang schreibt er Zeile um Zeile, ohne ein Wort zu korrigieren, ohne einen Satz nochmals zu überlesen.

Auf über 500 Seiten entfalten sich die *Dialoge*, die er mit *Rousseau richtet über Jean-Jacques* untertitelt. In diesen Zwiegesprächen spaltet der Autor sich in drei Personen auf: in den Richter, genannt *ein Franzose*, in den Verteidiger, genannt *Rousseau*, und in den Angeklagten, von dem beide sprechen: *Jean-Jacques*.

Der Verteidiger beschreibt »Jean-Jacques« als *Wesen aus einer anderen Welt*. In dieser anderen Welt herrschen Tugendhaftigkeit und Harmonie. Alle Menschen sind große und starke Seelen und leidenschaftlich Liebende; zugleich sinnlich und genügsam, arglos, selbstlos und gut. *Wesen von so besonderer Beschaffenheit müssen sich notwendig ganz anders ausdrücken als gewöhnliche Menschen!*, schließt der Verteidiger.[1]

Mit diesem Bild eines seligen Arkadiens, bewohnt von Übermenschen oder Halbgöttern, eröffnet Rousseau auf gewohnt spektakuläre Weise die Verteidigung von »Jean-Jacques«. Wie ganz anders ist dieses Gemälde als die bösartige Karikatur des Einsiedlers, die von den Medien verbreitet wird und die der »Franzose« so beschreibt: Er *überlässt sich ganz seinem schrecklichen Menschenhass. Er flieht die Menschen, weil er sie verabscheut, er lebt wie ein Werwolf, weil keine Menschlichkeit in seinem Herzen ist.*[2]

Doch der Verteidiger geht in aller Ausführlichkeit auf die Widersprüche der Anklage ein: Die *Nouvelle Héloïse*, ein Buch, dessen Lektüre ihn in *himmlisches Entzücken* versetzte, könne niemals das Werk eines *ausschweifenden Liederlichen* sein! Der *Émile* könne nicht von einem *verdorbenen Herzen* herrühren! Jene *wütendste, intoleranteste und ausschweifendste Eigenliebe*, die der »Franzose« »Jean-Jacques« unterstellt, hätte dieser von seiner Jugend bis ins hohe Alter so geschickt zu verbergen gewusst, dass man bisher keine Spur davon entdecken konnte? Mit einem Wort: Alle die »Jean-Jacques« zugesprochenen Taten und Eigenschaften widersprechen einander; willkürlich werden diese Gerüchte von seinen Verfolgern in die Welt gesetzt.

Was Rousseau hier als raffinierte Verschwörung gegen »Jean-Jacques« beschreibt, mag zum Teil tatsächlich auf Kampagnen zurückgeführt werden, die von unterschiedlichen Seiten aus unterschiedlichen Gründen geführt wurden; zum größten Teil entspringt dieser Malstrom an Klatsch und Sensationsmache, diese »negative Öffentlichkeit« jedoch einfach der Eigendynamik des Berühmtseins.

Einen ähnlichen Rummel müssen auch andere »Stars« dieser Zeit aushalten. Doch spielen sie ihre Rolle mit größerer Gelassenheit. Laurence Sterne spielt in der Öffentlichkeit einen Typen namens »Yorik« – eine Kreuzung von Shakespeare'schem Witz und neuer Empfindsamkeit; Benjamin Franklin tritt auf als treuherzig-schlichter Geschäftsmann, und sein Habitus – ungepudertes Haar, derbes Schuhwerk – wird von »tout Paris« kopiert. Marmontel spielt den unerschrockenen Teufelskerl. Als sein Roman *Bélisaire* wegen der gleichen Anklagepunkte verdammt wird wie Rousseaus Bücher, macht er aus dem Prozess eine Bühnenshow. Zu seinem Ankläger sagt er nonchalant: »Geben Sie zu, mein Herr, man verurteilt mich mehr aufgrund des Geistes meines Jahrhunderts als aufgrund meines eigenen!« Die Zuhörer applaudieren entzückt, das Verbot des Romans wird aufgehoben, Marmontels Bonmot in ganz Frankreich zitiert.

Jean-Jacques aber wird nicht damit fertig, dass die von ihm geschaffene Figur »Rousseau« sich verselbständigt hat, sich von jedem ein Mäntelchen umhängen lässt und laufend Neuigkeiten und Skandale produziert, ohne dass er dazu auch nur einen Finger gerührt hätte. Auch die abstrusesten Anwürfe nimmt er persönlich und wertet sie als Zeichen einer allumfassenden Verschwörung gegen ihn.

Wer aber sind die Verschwörer?

Noch heftiger und zugleich diffuser als in den *Bekenntnissen* fallen in den *Dialogen* die Beschuldigungen und Verdächtigungen aus. Wieder und wieder brechen die alten Wunden auf, die der Verlust der früheren Freunde Jean-Jacques zugefügt hat. Im wahnhaften Bild der dämonischen Puppenspieler, die ganz Frankreich – nein, die ganze Welt – an ihren Fäden halten, die alle dazu bringen, »Jean-Jacques« auszuspionieren, zu verfolgen und zu verleumden, flackern die Schatten von Diderot, Grimm und d'Alembert, Männer, die einst vorgaben, »Jean-Jacques« zu lieben und die auf unbegreifliche Weise seine Feinde wurden. *Sie suchten seine Bekanntschaft, zogen ihn an sich und hatten ihn bald unterjocht, denn dies war nicht schwer. Sobald sie aber einsahen, dass dieser so sanfte und einfache Mann sich plötzlich emporschwang und mit schnellen Schritten einen Ruhm erreichte, zu dem sie, die so große und gegründete Ansprüche hatten, nicht gelangen konnten, so vermuteten sie alsbald etwas darunter, was nicht stimmen konnte.*[3]

Plan der »Verschwörer« war es, den Tugendprediger Jean-Jacques als ein *Ungeheuer voll heimlicher Laster* zu entlarven und ihn zu entehren. Ein Plan, der aufgegangen ist. *Auf diese Art gab das Publikum nach und nach die günstige Meinung auf, die es so lang von ihm ge-*

hegt hatte, und sah alsdann nur Prahlerei, wo es vorher Mut, Niederträchtigkeit, wo es Einfalt, Großsprecherei, wo es Uneigennützigkeit, und Lächerlichkeit, wo es Sonderbarkeit gesehen hatte.[4]

Immer wieder verwendet der Verteidiger »Rousseau« die Metapher von den Mauern, die die ehemaligen »Freunde« um »Jean-Jacques« errichten: *Mauern von Finsternissen, die seinen Blicken undurchdringlich sind, sie haben ihn mitten unter den Lebenden lebendig begraben.*[5] Die reale Erfahrung von Verbot und Verbannung mischt sich mit Wahnvorstellungen: Man verbiete Jean-Jacques das Reden und hindere ihn am Schreiben (indem man ihm zum Beispiel in Häusern, in denen er eingeladen war, farblose Tinte hingestellt habe), vor allem aber *verbirgt man mit außerordentlicher Sorgfalt die Ankläger, die Anklage und die Beweise.*[6]

Jean-Jacques Rousseau sieht seine gegenwärtige Lage so verzerrt, wie er sein früheres Leben verklärt sieht und die Vorstellung kultiviert, dass er vorher *vierzig Jahre lang in öffentlicher Achtung gestanden hat und von all denen geliebt wurde, die ihn kannten.*[7] Diese Sichtweise lässt ihm seinen tiefen Fall im Rückblick noch abgründiger erscheinen.

»Rousseau« zählt handfeste Indizien für die allumfassende Verschwörung gegen »Jean-Jacques« auf: Auf der Straße werden Flugzettel verteilt; ihm als Einzigem wird keiner gereicht. Eine Strohpuppe, die einmal im Jahr durch Paris getragen und verbrannt wird – ein alter Brauch –, wird mit Jean-Jacques' Kleidung und Aussehen versehen und eigens an seinem Haus vorbeigeführt. In London trommelt die Garde unter seinem Fenster, um ihn zu verhöhnen. In Läden, von denen er seine Lebensmittel bezieht, wird ihm ums gleiche Geld bessere Ware verkauft, um ihn als Schnorrer hinzustellen. Kurz, man habe »Jean-Jacques« das Leben zur Folter gemacht. Und dabei trage man immer eine sanftmütige Miene zur Schau und bewahre Stillschweigen, auch wenn »Jean-Jacques« sich an die ihn umgebenden Menschen wendet und schreit: *Redet laut, Verräter! Hier bin ich! Was habt ihr zu sagen?*[8]

Auf Anordnung der Verschwörer seien Maler und Stecher dazu angestiftet worden, Meuchelbilder von »Jean-Jacques« anzufertigen: Der englische Hofmaler Allan Ramsey zeichnete ihn als einen *scheußlichen Zyklopen*, Fiquet als einen *grimmassierenden Spaßvogel*, während »Jean-Jacques'« Gesicht in Wahrheit *Züge von Émiles Mentor* aufweise und in seiner Jugend *Züge von Saint-Preux* getragen habe.[9]

Genauso hilflos wie gegenüber den Verschwörern sei Jean-Jacques gegenüber den vorgeblichen Enthusiasten, die ihn Tag und Nacht belagern. Er müsste *zehn Hände und zehn Sekretäre haben, um all die Bittschriften, Eingaben, Briefe, Denkschriften, Widmungen, Verse und Bouquets zu schreiben, die man ihm zum Spaß aufträgt, in Anbetracht der Beredsamkeit seiner Feder und der großen Güte seines Herzens.*[10]

Der Mann kann tun, was er will, sagt der Verteidiger, es wird zu seinen Ungunsten ausgelegt: *Gibt er Almosen? Ach der Scheinheilige! Lehnt er es ab? Da seht einmal den »mildtätigen« Menschen! Begeistert er sich, wenn er von Tugend spricht, dann ist er ein Tartuffe; lebt er auf, wenn er von Liebe spricht, so ist er ein Satyr. Liest er die Zeitung, so denkt er an Verschwörung.*

Längst sei »Jean-Jacques« zur Projektionsfläche sowohl für seine Feinde als auch für seine Fans geworden. *Keiner kommt, um zu sehen, was er sieht, sondern nur, um es nach seiner Art auszulegen. Weiß oder schwarz, für oder wider dient ihnen gleichermaßen.*[11]

Der Verteidiger weist auf die zahllosen Fälschungen unter den »Jean-Jacques« zugesprochenen Schriften, Aussagen, Erklärungen, Theaterstücken und Pamphleten hin, auf denen viele der Anfeindungen beruhen. »Jean-Jacques Rousseau« ist zum Markenartikel geworden, der schlecht und billig gefälscht wird, der persifliert und karikiert wird. All das dreht an den Rädern und Schrauben seiner Folterbank, verstärkt noch seine Angst. Er sieht keinen Fluchtweg, keine Befreiung.

Der Verteidiger, der von der völligen Unschuld seines Mandanten überzeugt ist, empfiehlt am Ende dem Gericht, folgendermaßen vorzugehen, um zu einem gerechten Urteil zu gelangen: Die Zeugnisse der Verfolger nicht beachten, sondern selbst das Leben »Jean-Jacques'« akribisch zu erforschen – etwa seine Zeit in

Venedig. Was die zahllosen Plagiatsanschuldigungen gegen ihn angeht (immer wieder wurde »Jean-Jacques« verdächtigt, keines seiner Musikstücke selbst komponiert, vielmehr alles abgeschrieben zu haben), unabhängige Fachleute zu konsultieren. Vor allem aber ist es wichtig, »Jean-Jacques« zu studieren *und wenn möglich bis ins Innerste seiner selbst einzudringen, mit einem Wort, ihn weniger nach zweideutigen und flüchtigen Zeichen als in seiner beständigen Seinsweise zu beobachten.*[12]

Das, was Jean-Jacques Rousseau mit seinen *Bekenntnissen* leisten wollte, den »wahren Jean-Jacques« zu enthüllen, soll jetzt also ein fiktives »Gericht« übernehmen.

Welcher Befund würde sich aus dieser Beobachtung ergeben? Zweifellos der, dass »Jean-Jacques« zwar kein Held, aber auch kein Bösewicht sei. Der Verteidiger führt einige seiner Wesenszüge an:

Er muss Flamme oder Eis sein. Ist er lau, so ist er nichts.[13]

Nie gab es ein Wesen, das reizbarer für Gefühle und weniger zum Handeln geschaffen war.[14]

Seine Kraft liegt nicht in der Handlung, sondern im Widerstand; alle Mächte des Erdkreises würden die Richtung seines Willens nicht einen Augenblick verändern.[15]

»Rousseau« erklärt, dass »Jean-Jacques« stets bereit gewesen sei, für seine Kritik an der Gesellschaft Sanktionen auf sich zu nehmen. *Er wusste, dass die Großen, die Wesire, die Advokaten, die Geldleute, die Ärzte, die*

Philosophen und alle Parteileute, die aus der Gesellschaft eine wahre Straßenräuberei machen, es ihm nie vergeben würden, dass er sie so gesehen und dargestellt hat, wie sie wirklich sind. Er musste mit Hass, mit Verfolgungen aller Art rechnen. Nicht aber mit Entehrung, Schande und Verleumdung.[16]

Nun bleibe ihm nur noch die Resignation: *Ich hoffe nicht mehr und wünsche es auch kaum, zu meinen Lebzeiten die Revolution zu sehen, die die Täuschung des Publikums über mich aufheben soll.*[17]

Die Frage, ob denn tatsächlich eine Verschwörung gegen »Jean-Jacques« im Gange sei, beantwortet Verteidiger »Rousseau« am Ende des Plädoyers mit einem eindeutigen »Ja«.

Beweise?

Dass »Jean-Jacques« mit einem Schlag einmütig von allen verurteilt wurde (nach dem Erscheinen des *Émile* und des *Gesellschaftsvertrags*); dass es konspirative Treffen zwischen den Verschwörern auf dem Landsitz Voltaires bei Genf gab; und schließlich, dass, nachdem »Jean-Jacques« eine Verfassung für Korsika ausgearbeitet hatte, die Insel von Frankreich besetzt wurde.

Die Frage, ob »Jean-Jacques« unschuldig ist, wird vom Verteidiger ebenfalls bejaht – mit einer typisch Rousseau'schen Begründung: *Ich glaube, dass Jean-Jacques unschuldig und tugendhaft ist, und dieser Glaube ist so fest im Grund meiner Seele, dass er keiner anderen Bestätigung bedarf.*[18]

Das Gericht lässt sich von der Unschuld »Jean-Jacques'« überzeugen. Doch wird dessen Schuldlosigkeit weder öffentlich verkündet noch werden dem Opfer die Identität und die Beweggründe seiner Verfolger offenbart. Das Schweigen um ihn bleibt undurchdringlich.

Jean-Jacques Rousseau will das Manuskript der *Dialoge* auf dem Altar der Kathedrale von Notre-Dame deponieren und die Schrift Gott anempfehlen. Auf den Umschlag schreibt er: *Ich übergebe das Depositum der Vorsehung, dem Beschützer der Unterdrückten, dem Gott der Gerechtigkeit. Von den Menschen, die ihre eigene Ungerechtigkeit verhärtet, habe ich nichts zu erwarten als Beleidigungen, Lügen, Verräterei. Ewige Vorsehung, auf dich allein hoffe ich.*[19]

Doch an diesem Tag ist der Chorraum der Kathedrale durch Gitter verschlossen. In höchster Erregung und Verwirrung glaubt Jean-Jacques, Gott selbst habe es abgelehnt, seine Schrift entgegenzunehmen.

Einen Tag darauf rafft er sich noch einmal auf, zu einem letzten Rechtfertigungsversuch in eigener Sache. Diesmal hat er einen Flugzettel verfasst, den er auf der Straße verteilen will. Adressat: *Jeder Franzose, der noch Gerechtigkeit und Wahrheit liebt*. Keiner der Passanten, denen er sie anbietet, nimmt ihm einen Flugzettel ab.

Jean-Jacques übergibt die *Dialoge* Étienne Bonnot de

Mably, genannt Condillac, dem einzigen Freund aus dem Kreis der »philosophes«, der ihm noch verblieben ist. Doch als er Condillac einige Tage später aufsucht – begierig nach einem Wort, einem Urteil, einem Freispruch – und der Freund die Schrift mit ein paar belanglosen Worten kommentiert (vermutlich hat er nach wenigen Seiten aufgehört, sie zu lesen), erlischt der letzte Funke von Hoffnung. Jean-Jacques gibt es auf, Gerechtigkeit zu suchen und die Liebe der Menschen zu erlangen.

Da der Wunsch, von den Menschen besser gekannt zu werden, gänzlich aus meinem Herzen verschwunden ist, bleibt mir nur eine tiefe Gleichgültigkeit,[20] schreibt Jean-Jacques, der zwar jede Hoffnung begraben hat, der jedoch nicht aufhören kann zu schreiben. Schreiben ist zu einer Besessenheit geworden, wie Gehen. Er muss unermüdlich gehen und unaufhörlich schreiben. Während der Spaziergänge trägt er Spielkarten bei sich, auf deren Ränder er seine Einfälle kritzelt. Seine letzte Schrift schreibt er tatsächlich nur noch für sich selbst. Er will darin seine Träumereien protokollieren, um sich in ihnen wiederzufinden und sich an ihnen zu freuen. Um sie nochmals zu erleben. Er nennt seine Skizzen *Träumereien des einsamen Spaziergängers.*

Leser – Zuhörer – Bewunderer, jene Resonanz, die Jean-Jacques stets so viel bedeutete, ist für immer ausgeschaltet, verbannt und vergessen. Andere Menschen, schreibt er, existieren für ihn nicht mehr. *So bin ich denn allein auf dieser Erde, habe keinen Bruder mehr, keinen Nächsten, keinen Freund, keine Gesellschaft außer mir selbst.*[21]

Ich bin auf der Erde wie auf einem fremden Planeten, wie herabgefallen von einem anderen [Stern], den ich einst bewohnte.[22]

Diese Situation – Jean-Jacques der einzige lebendige Mensch auf der Welt, alle anderen, die ihm begegnen, seelenlose Automaten – ist allerdings wieder nur eine Versuchsanordnung, so wie die einzigartige Erziehung des Knaben Émile. Was Jean-Jacques in den *Träumereien* als seine Situation beschreibt, ist in Wahrheit eine Beschwörungsformel.

Da begann ich mich allein auf der Welt zu sehen, und ich begriff, dass meine Zeitgenossen in Bezug auf mich nur mechanische Wesen waren, die sich nur durch äußeren Antrieb bewegen und deren Handlungen ich nur nach den Gesetzen der Bewegung berechnen konnte. [...] So kam es, dass die Verfassung ihres Innern mir bald nichts mehr bedeutete. Ich sah in ihnen nur noch Massen, die auf verschiedene Art bewegt wurden.[23]

Die Schläge und Worte der Automatenwesen können Jean-Jacques zwar treffen, jedoch nicht so wehtun, wie es die absichtsvollen Verletzungen der Menschen früher getan haben.

Vieles an den *Träumereien* ist Absichtserklärung. Eher das Konzept eines Werks als das Werk selbst, »Konzeptkunst«. Jean-Jacques kündigt an, über seine Träume berichten zu wollen, doch es folgt keine Traumbeschreibung. Eher sind es Gedankenspaziergänge, Streifzüge durch seine seelische Verfassung. Wieder verirrt er sich in den Labyrinthen der alten Streitereien, blickt schaudernd und doch gebannt in den Abgrund seines Unglücks. Dann wieder sucht er die Orte seiner schönsten Erinnerungen auf, schreibt rückwärts gewandte Utopien.

Aber meint Jean-Jacques denn überhaupt Träume, wenn er von »Träumen« spricht? Meint er nicht jene eigentliche, von ihm selbst geschaffene Wirklichkeit, die ihm alles bedeutet? *Mein ganzes Leben war kaum mehr als eine lange Träumerei*, schreibt er in einer Anmerkung[24]; und je mehr er in seine Vergangenheit zurückkehrt, desto eher will es ihm erscheinen, als hätte es dort nur schöne und herrliche Träume gegeben. Befremdet kehrt er dann wieder in die Gegenwart zurück, merkt, dass er immer noch verletzbar ist – durch eine feindselige Umgebung, die ihm nur Hass und Verachtung bezeugt. *Wie kann ich es selbst heute fassen,* [*dass ich*] *der Abscheu der menschlichen Gattung, das Spielzeug des niedrigsten Pöbels würde? Dass die Vorübergehenden, statt mich zu grüßen, nur vor mir ausspeien würden? Dass ein ganzes Geschlecht einmütig sich ein Vergnügen daraus machen würde, mich lebendig zu begraben?*[25]

Jean-Jacques beschreibt seine seelische Technik, mit all den Anwürfen fertig zu werden: passive Duldung, stoische Hinnahme. Er ergibt sich in das *blinde Verhängnis*, bei dem *ich weder eine Richtung noch eine Absicht noch einen moralischen Grund voraussetzen durfte; ich erkannte, dass ich mich ihm ohne Widerspruch und ohne Sträuben unterwerfen musste, da beides fruchtlos wäre, und dass alles, was ich noch auf Erden tun konnte, darin bestand, dass ich mich als ein bloß passives Wesen betrachtete, und die Kraft, die mir blieb, um mein Schicksal zu ertragen, nicht durch unnützen Widerstand verbrauchen durfte.*[26]

Man will ihn dazu verleiten, etwas zu tun, das ihm wieder zur Schande gereicht? Jean-Jacques weigert sich einfach, zu reagieren. *Ich weiß auch, dass die einzige gute Tat, die zu üben ich noch fähig bin, darin besteht, auf jedes Tun zu verzichten, um nicht, ohne es zu wollen und zu wissen, Böses zu tun.*[27]

Man will, dass er einen bestimmten Weg einschlägt? Jean-Jacques bleibt einfach stehen.

Er muss sich jetzt nicht mehr die Mühe geben, Erwiderungen auf die Argumente und Spitzfindigkeiten der »philosophes« zu finden, dazu wäre er gedanklich auch gar nicht mehr in der Lage. All das mühsame Denken erübrigt sich nun. *Ich habe zuweilen tief genug gedacht, aber selten mit Vergnügen, fast immer gegen meinen Willen und wie durch Gewalt fortgetrieben. Die Träumerei erquickt und unterhält mich, das Nachdenken ermüdet mich und macht mich traurig. Denken war mir stets eine mühsame und reizlose Beschäftigung.*[28]

Mit den *Träumereien* beweist Jean-Jacques sich, dass

seine Gegner nicht über ihn triumphieren. Sie können ihn nicht daran hindern, zu träumen und glücklich zu sein.

Er schildert einen Unfall, der ihm unlängst zustieß: Auf einem seiner Spaziergänge wird er von einem großen Hund umgerannt, stürzt schwer aufs Pflaster, bricht sich den Kiefer und verliert das Bewusstsein. Im Erwachen weiß er für Minuten nicht, wo er ist und wer er ist. *Ich erblickte den Himmel, einige Sterne und ein wenig Grün. Diese erste Empfindung war köstlich. Ich empfand zunächst mein Dasein einzig durch sie. [...] Ganz dem Gegenwärtigen hingegeben, erinnerte ich mich an nichts; ich hatte keinen klaren Begriff von mir selbst, nicht die geringste Vorstellung von dem, was mir zuge-stoßen war, ich wusste weder, wer ich war, noch, wo ich war; ich fühlte weder Schmerz noch Furcht noch Unruhe.*[29]

Diese durch einen Unfall verursachte kurzfristige Amnesie – also Selbstvergessenheit – wird für ihn zu einem Schlüsselerlebnis. Jean-Jacques, der blutend auf der Straße liegt, durfte für einige Augenblicke zurück-kehren ins Paradies wilder Unschuld. In die unreflek-tierte Existenz des »Homme naturel«.

Schon tags darauf wird er wieder unschön mit der Realität konfrontiert, als er von Gerüchten seines To-des hört und einen gehässigen Nachruf in der Presse lesen muss. Doch Jean-Jacques weiß nun: Auch Kum-mer und Zorn über diese neue Infamie werden verge-hen. Er muss nur ein bisschen abwarten. Dann ist er wieder in einem Zustand glücklicher Gleichgültigkeit. Wie Gott.

Über das Leben im Hier und Jetzt – *ohne sich an das Vergangene zu erinnern oder sich das Zukünftige herbeiwünschen zu müssen* – schreibt er sehnsüchtig:

Derjenige, welcher sich in diesem Zustand befindet, [kann] sich glücklich nennen. Und sein Glück ist nicht unvollkommen, arm und nur bedingt, wie jenes, das man in den Freuden des Lebens findet, sondern es ist ausreichend, vollkommen und erfüllt und hinterlässt keine Leere in der Seele.[30]

Die kurze Zeit, die Jean-Jacques auf der kleinen Insel im Bieler See verbrachte, hat ihm ein solches Glück geschenkt, da sie ihm vollkommene Ruhe und Einklang mit sich selbst gewährte.

In einem solchen Zustand befand ich mich auf der Petersinsel oft während meiner einsamen Träumereien, wenn ich entweder in meinem Nachen lag, den ich in der Strömung treiben ließ, oder am Ufer des stürmischen Sees saß oder anderswo am Ufer eines schönen Flusses oder eines Baches, der murmelnd über den Kies dahinfloss.

Was genießt man in einem solchen Zustand? Nichts, was außerhalb von uns ist, nichts als uns selbst und unser eigenes Dasein; solange dieser Zustand währt, ist man sich selbst genug, wie Gott.[31]

Der Vergleich mit Gott ist mehr als zufällig. Immer wieder umkreist Jean-Jacques die Vision vom glücklich-gleichgültigen Gott, der die Welt geschaffen und in Gang gesetzt hat und nun auf ewig ruht. Er nähert dieses Bild dem Bild des einsamen Selbst. In *Émile* schreibt er: *Ein wahrhaft glückliches Wesen ist ein einsames Wesen: Gott allein genießt ein absolutes Glück.*[32] Diese etwas rätselhafte Passage scheint zu besagen: Der absolut glückliche Gott ist auch ein absolut einsamer Gott. Zugleich ist Gott absolut gut. Demnach ist der absolut Einsame gut. (Also ist auch Jean-Jacques in seiner Art ein Gott.)

Am Anfang der *Träumereien* findet sich folgende Passage: *Für mich ist nun auf dieser Erde alles zu Ende. Man kann mir hier weder Gutes noch Böses mehr zufügen. Ich habe in dieser Welt nichts mehr zu hoffen und nichts mehr zu fürchten, und so bin ich nun ruhig in der Tiefe des Abgrunds, ein armer, unglücklicher Sterblicher, gleichmütig wie Gott selbst.*[33]

Die letzte »Träumerei« schreibt er am Palmsonntag 1777, jenem Osterfeiertag, an dem ein halbes Jahrhundert zuvor der sechzehnjährige Jean-Jacques seiner *Maman* begegnete: Louise-Eléonore de Warens. Die Jahre mit ihr erscheinen ihm jetzt in strahlendes Licht getaucht; er gedenkt *dieser einzigen kurzen Zeit meines Lebens, da ich ganz mein war, ohne Beimischung und ohne Hindernis, und von der ich wahrhaftig sagen kann, dass ich gelebt habe.*[34] Dieser kurze Abschnitt der *Träumereien* schließt mit dem Vorsatz, den Jean-Jacques einst fasste: Louise de Warens den Beistand, den er von ihr erhalten hatte, später zu vergelten.

Ein Vorsatz, den er niemals ausgeführt hat.

Der *einsame Spaziergänger* ist genauso eine Kunstfigur wie »Saint-Preux«, wie der Erzieher in *Émile* oder der »Jean-Jacques« der *Dialoge*.

Während des Schreibens der *Träumereien* mag Jean-Jacques sich einsam und von allen ausgestoßen fühlen, von einer ganzen Generation verurteilt; in Wirklichkeit ist er jedoch weder allein noch einsam noch geächtet. Thérèse kümmert sich um ihn und pflegt ihn, wenn er krank ist; er hat nach wie vor treue Freunde und echte Bewunderer. Und auch das Recht auf freien Eintritt in die Oper ist ihm wieder zuerkannt worden, das er vor allem wahrnimmt, um Gluck zu hören.

Allerdings bedrücken ihn Geldsorgen. Das Leben in Paris ist teuer und als Notenschreiber erhält er kaum noch Aufträge. Thérèse ist kränklich und bewältigt die Hausarbeit nicht mehr. Sie würden eine Dienstmagd brauchen, die sie sich jedoch nicht leisten können.

Als einer seiner Verehrer, der Marquis de Girardin, ihn einlädt, auf seiner Besitzung Ermenonville zu wohnen, nimmt Jean-Jacques die Einladung gern an. Im Mai 1778 übersiedelt er mit Thérèse in ein kleines Haus auf dem idyllisch gelegenen Landgut.

Im gleichen Jahr, als Jean-Jacques Paris verlässt, kehrt ein anderer nach jahrzehntelanger Emigration nach Paris zurück: Voltaire. Er wird so begeistert empfangen und so exzessiv geehrt – Triumphzug, Galadiners, Empfänge,

Aufnahme in die Académie Française, Krönung mit dem Lorbeerkranz in der Oper, Weihe bei der Bruderschaft der Freimaurer –, dass er mit seinem hohen Alter und seiner gebrechlichen Konstitution die Heimkehr nicht lang überlebt.

Auch Jean-Jacques kommt es vor, als sei er auf wunderbare Weise heimgekehrt.

Denn der Marquis de Girardin hat die Naturbeschreibungen der *Nouvelle Héloïse* zur Inspiration für die Gestaltung seiner weitläufigen Gärten genommen. Man durchstreift ein Wäldchen mit Efeu und Moos an den alten, verwitterten Bäumen; man wandert hinan zu einer künstlichen Ödnis mit Steinen und Felsen, die das Hochgebirge imitiert; Wiesenabhänge, durch die ein Bach fließt, führen von der Höhe wieder hinab. Endlich steht man am Ufer eines glitzernden Teichs, in dessen Mitte sich der Anblick einer kleinen, von hohen Pappeln bestandenen Insel bietet: der Isle de Peupliers.

Jeden Morgen wandert Jean-Jacques durch diesen ihm gewidmeten Garten und genießt den Anblick – die Düfte – den Gesang der Vögel.

Er will sich aber nichts schenken lassen; den Sohn des Marquis unterrichtet er in Botanik, der Tochter gibt er Klavierstunden.

Sechs Wochen nach der Übersiedlung bricht Jean-Jacques nach dem Morgenspaziergang zusammen und stirbt an einem Schlaganfall, ohne das Bewusstsein wiedererlangt zu haben.

Ausblick

An einem schönen Junimorgen, etwa einen Monat vor Jean-Jacques' Tod, läuft ihm mitten im Park von Ermenonville einer jener hartnäckigen Enthusiasten über den Weg, die ihn überall zu finden wissen. Der junge Mann plappert etwas von einem zehnstündigen Fußmarsch, von seinem unendlichen Glück, dem großen Lehrer der Menschheit endlich ins Antlitz sehen zu dürfen. Das Übliche. Unüblich ist nur die Intensität seines Blicks. Die Berührung von Seele zu Seele, die Jean-Jacques spürt: ein lang vergessenes inneres Aufglühen.

Er merkt kaum, dass sie längst nebeneinander gehen, dass er unbefangen mit dem jungen Mann redet, der sich als Student der Jurisprudenz aus Arras vorgestellt hat. Schon hat Jean-Jacques so viel Vertrauen zu ihm gefasst, dass er beginnt, über das Unverständnis und das Unrecht der Welt ihm gegenüber zu klagen. Es ist eine Litanei, die zu sprechen ihm so zur Gewohnheit geworden ist, dass er auf die Worte kaum noch achtet. Es ist fast wie ein altes Lied. Man könnte es singen. Wie im Traum hört er den jungen Mann, der ihm leidenschaftlich widerspricht, der vom Volk redet, das Jean-Jacques liebt – mehr als all die anderen Philosophen. Weil es ihn verstanden hat. Er – und nur er – könne der Jugend Frankreichs den Weg zeigen.

Vielleicht ist er ja nur eine Chimäre, der Student der Jurisprudenz aus Arras, doch es ist schön, ihm zuzuhören und vielleicht sogar zu glauben.

Als der junge Mann bittet, wiederkommen zu dürfen, schüttelt Jean-Jacques den Kopf. Er will den kleinen gemeinsamen Spaziergang so in Erinnerung behalten, wie er war. *Nicht länger wag ich zu lauschen, Tircis, deiner Schalmei…*, flüstert Jean-Jacques unhörbar.

Abends schreibt der neunzehnjährige Student Maximilien de Robespierre in sein Tagebuch:

»Ich habe Jean-Jacques gesehen, den Bürger von Genf, den Größten unter den Lebenden. Ich bin noch ganz voll von freudigem Stolz: Er hat mich seinen Freund genannt!

Edler Mann, du hast mich gelehrt, die Größe der Natur zu erkennen und die ewigen Prinzipien der gesellschaftlichen Ordnung. Aber ich habe in deinen erhabenen Zügen auch die Furchen des Kummers erblickt, zu dem die Ungerechtigkeit der Menschen dich verdammt hat. An dir habe ich mit diesen meinen Augen gesehen, wie die Welt das Streben nach Wahrheit lohnt.

Trotzdem werde ich deiner Spur folgen.

Das alte Gebäude zerfällt. Wir werden, deinen Lehren getreu, die Hacke gebrauchen, es völlig zu zerstoßen, und die Steine herbeitragen, ein neues Haus aufzurichten, herrlich, wie die Welt noch keines gesehen hat. Vielleicht werden ich und andere für solch ein Unternehmen zahlen müssen, mit schwärzestem Unglück oder auch mit vorzeitigem Tod. Es schreckt mich nicht. Du hast mich deinen Freund genannt: Ich werde mich dessen würdig zeigen.«[1]

Einen Tag nachdem Jean-Jacques Rousseau tot aufgefunden wurde, kommt der Bildhauer Jean-Antoine Houdon, um mit Hilfe eines Gipsabdrucks des Gesichts die Totenmaske anzufertigen. In der Folge wird er eine Statue schaffen, die wirkt, als hätte er Jean-Jacques gekannt oder erkannt. Nur einem genialen Künstler gelingt dies bei einem lebenden Menschen. Houdon gelingt es sogar bei einem Toten.

Der Marquis de Girardin errichtet eine würdige Grabstätte auf der Pappelinsel und sofort setzt der Strom der Wallfahrer ein. Es kommt der Adel, es kommen die Bürger, es kommt vor allem die Jugend. Am zweiten Jahrestag von Jean-Jacques' Tod kommt auch die junge Königin Marie-Antoinette mit ihrem Hofstaat, um dem »peintre enchanteur de l'Amour et de la Sagesse« ihre Ehrerbietung zu erweisen.

Sechzehn Jahre hegt und pflegt der Marquis die Weihestätte, vervollkommnet noch den Park, der sie umgibt, entwickelt eine richtige Philosophie des Rousseau'schen Gartens, die ihm einen Platz in der Geschichte der Gartenarchitektur verschafft. Dann holt die Revolution Jean-Jacques Rousseaus sterbliche Überreste nach Paris. Im Triumphzug werden sie im neuen Pantheon beigesetzt. Nun ist Jean-Jacques wirklich im Himmel der Unsterblichen – leider gleich neben Voltaire.

In der *Erklärung der Menschenrechte* vom August 1789 heißt es: »Die Menschen werden frei und gleich an Rechten geboren und bleiben es.« Und weiter: »Das Gesetz ist Ausdruck des Gemeinwillens. Alle Bürger haben das Recht, sich persönlich oder durch ihre Vertreter zu versammeln, um zur demokratischen Willensbildung zu gelangen.«

In den Menschenrechten findet die Revolution ihre dogmatische Grundlage. Jetzt weiß man, wofür man kämpft: für die Souveränität eines jeden, unabhängig von Stand, Reichtum oder Fähigkeiten.

Die Revolution hat das Volk erfasst – Arbeiter der Manufakturen, Heimarbeiter, Handwerker, Krämer. Die Sansculotten ergänzen die hehren Ziele »Liberté« und »Egalité« durch das Ideal »Fraternité«, Brüderlichkeit. Mit ihrer Ablehnung der »Culotte«, der Kniehosen des Adels, mit ihrer Gefühlhaftigkeit und Tugendhaftigkeit treten sie auf als die Negation der aristokratischen Gesellschaft und auch als die Negation der Bourgeoisie.

Gott und die Heiligen sind ebenso abgesetzt wie der Bourbonenkönig. Jacques-René Hébert ruft zur Schändung der Kirchen auf und proklamiert die öffentliche Anbetung der Göttin der Vernunft. In den Kathedralen

Notre-Dame und Chartres werden »Feste der Vernunft« gefeiert, Heiligenstatuen werden zertrümmert und stattdessen Statuen aufgestellt, die als Voltaire, Rousseau und Mably bezeichnet werden. In Chartres wird ein Drama aufgeführt, das einen »Rousseau« und einen »Voltaire« vereint zeigt in ihrem Kampf gegen die Kirche.

Als Maximilien Robespierre an die Macht kommt, fordert er den Nationalkonvent auf, das *Glaubensbekenntnis des savoyischen Vikars* als offizielle Religion der französischen Nation zu übernehmen. Im Mai 1794 eröffnet er zum Andenken an Rousseau die Feier zu Ehren des »Höchsten Wesens«. Hébert und andere schickt er wegen Atheismus auf die Guillotine. Er ist sicher, im Sinne Rousseaus zu handeln.

Jeanne-Marie Philipon ist eine Rousseauistin, die ihr Idol nicht nur im Herzen trägt, sondern Jean-Jacques auch in allem folgt und nachlebt: in seiner Ablehnung der Priesterreligion ebenso wie in seinem autodidaktischen Lerneifer und in den Versuchen der Selbsterfahrung. Jeanne-Marie, genannt Manon, sieht sich als »Julie«, und ihr zwanzig Jahre älterer Gatte, Monsieur Roland, ist für sie »Wolmar«.

Als Anhängerin der Girondisten, begeisterte Republikanerin und Patriotin wird sie gleichwohl unter der Schreckensherrschaft der Jakobiner verhaftet und beginnt im Gefängnis mit der Niederschrift ihrer Memoiren.

Das denkwürdige Leben der »Madame Roland« inspiriert zahlreiche Schriftsteller zu Biographien und Romanen. Als »Jean-Jacques Rousseau der Frauen« wird sie bezeichnet. Am berühmtesten ist ihr Ausspruch, als sie zur Guillotine hinaufgeführt wird: »Oh Freiheit! Welche Verbrechen werden in deinem Namen begangen!«

Thérèse Levasseur wird vom Nationalkonvent eine Ehrenpension bewilligt. Als Witwe Rousseaus ist sie hoch geehrt, tritt jedoch nur selten öffentlich in Erscheinung – etwa bei der Übergabe des Manuskripts der *Bekenntnisse* an den Nationalkonvent. Doch werden nun auch von ihr Porträts und Scherenschnitte angefertigt, die gleich den »Heiligenbildern« von Jean-Jacques großen Absatz finden. Thérèse stirbt 1801 mit achtzig Jahren.

Der Komponist André Grétry schreibt Opern im Rousseau'schen Geist – gekennzeichnet durch lyrische Zärtlichkeit, Gefühlsbetontheit, Einfachheit. Zeit seines Lebens wird der sanfte, freundliche Mann geschätzt und geliebt. In seiner Jugend wird er von Rousseau, Grimm und Diderot gefördert, im Alter ist seine Popularität ungebrochen; von den Revolutionären werden bekannte Arien aus seinen Opern gesungen. Zuletzt bewilligt Napoleon ihm eine Pension.

Grétry kauft die Eremitage, in der Jean-Jacques gewohnt hat, und stirbt dort 1813.

Zeittafel

1712 Jean-Jacques Rousseau wird am 28. Juni in Genf als Sohn des Uhrmachers Isaac Rousseau und dessen Ehefrau Suzanne aus dem Hause Bernard geboren. Am 4. Juli stirbt die Mutter.

1722 Nach Streit mit einem Mitbürger verlässt der Vater Genf und zieht nach Nyon. Jean-Jacques wird der Aufsicht seines Onkels Gabriel Bernard unterstellt, der ihn, gemeinsam mit dem eigenen Sohn, dem Pfarrer Lambercier in Bossey zur Erziehung übergibt.

1724 Lehrling beim Gerichtsschreiber Masseron.

1725 Nach Entlassung durch Masseron wird Jean-Jacques Lehrling beim Graviermeister Ducommun.

1728 14. März: Nach einem Ausflug in die Umgebung Genfs kehrt Jean-Jacques nicht mehr zu Ducommun zurück. Er findet Aufnahme bei Madame de Warens in Annecy.
Wanderung nach Turin und Übertritt zur katholischen Kirche.
Lakai in Turiner Adelshäusern.

1729 Rückkehr zu Madame de Warens. Kurzer Besuch eines Priesterseminars, danach Chorist und Musikschüler.

1730 Jean-Jacques wandert als Landstreicher, Musikant und Musiklehrer durch die Schweiz und Frankreich.

1731 Erster Aufenthalt in Paris. Rückkehr zu Madame de Warens, die nun in Chambéry wohnt. Anstellung im Katasteramt von Savoyen.

1732 Jean-Jacques wird Gehilfe von Madame de Warens und erteilt Musikunterricht.

1735 Idyllisches Leben in »Les Charmettes« bei Chambéry. Autodidaktische Studien.

1737 Kurze Reise nach Genf zur Regelung einer Erbschaft. Kuraufenthalt in Montpellier.

1738 Rückkehr nach Chambéry.

1740 Jean-Jacques wird Erzieher im Haus de Mably in Lyon. Eine Stellung, die er ein Jahr später wieder aufgibt.

1742 Übersiedlung nach Paris. Jean-Jacques unterbreitet der Académie Française ein Projekt, Musiknoten durch ein Zahlensystem zu ersetzen. Nach Ablehnung verteidigt er die Erfindung in seiner *Dissertation sur la musique moderne (Abhandlung über die moderne Musik)*.
Beginn der Freundschaft mit Denis Diderot.

1743 Jean-Jacques wird Sekretär des französischen Botschafters in Venedig.

1744 Nach Streit mit dem Botschafter Rückkehr nach Paris.
1745 Aufnahme der Beziehung mit Thérèse Levasseur.
Oper *Les muses galantes (Die galanten Musen)*.
1946 Sekretär im Haus Dupin-Francueil. Geburt des ersten Kindes aus dem Verhältnis mit Thérèse Levasseur, das – ebenso wie weitere Kinder – dem Findelhaus übergeben wird.
1748 Bekanntschaft mit Madame d'Épinay.
1749 Bekanntschaft mit Grimm. Abfassung von Musikartikeln für die *Enzyklopädie*.
Discours sur les sciences et les arts (Abhandlung über die Wissenschaften und Künste).
1750 Die Abhandlung erhält den Preis der Akademie von Dijon. Kündigung der Stellung im Haus Dupin-Francueil und Arbeit als Notenkopist.
1752 Komposition des Singspiels *Le devin du village (Der Dorfwahrsager)*. Aufführung vor Ludwig XV.
1753 Rousseaus *Lettre sur la musique française (Brief über die französische Musik)* ruft einen Aufruhr in der Pariser Musikwelt hervor. Er verfasst den *Discours sur l'origine et les fondements de l'inégalité parmi les hommes (Abhandlung über den Ursprung und die Grundlagen der Ungleichheit unter den Menschen)*.
1754 Reise mit Thérèse nach Genf. Wiederaufnahme in die calvinistische Kirche. Erwerb der Bürgerrechte der Republik Genf.
1755 Der zweite *Diskurs* erscheint in Amsterdam.
1756 Übersiedlung in das ihm von Madame d'Épinay überlassene Gartenhaus »Eremitage« bei Montmorency.
Lettre de J.-J. Rousseau à Monsieur de Voltaire, eine Polemik gegen Voltaires *Gedicht über das Unglück von Lissabon*. Erste Entwürfe zu *La Nouvelle Héloïse*.
1757 Liebe zu Gräfin Sophie d'Houdetot.
Rousseau verlässt nach einem Zerwürfnis mit Madame d'Épinay die »Eremitage« und zieht nach Montmorency in das Gartenhaus Mont-Louis. Bruch mit Diderot und Grimm.
1758 *Lettre à d'Alembert sur les spectacles (Brief an d'Alembert über das Schauspiel)*.
1759 Einladung des Herzogs von Luxembourg, in das »Petit Château« in Montmorency zu übersiedeln. Arbeit am *Émile* und am *Contrat social (Vom Gesellschaftsvertrag)*.
1761 *Julie ou la Nouvelle Héloïse* erscheint und wird ein großer Erfolg. Rousseau stellt die Manuskripte *Émile* und *Le Contrat social (Vom Gesellschaftsvertrag)* fertig.

1762 *Vom Gesellschaftsvertrag* erscheint in Amsterdam.
Émile erscheint zugleich in Paris und Amsterdam. Nach Konfiszierung und Verdammung des *Émile* durch das Pariser Parlament sowie Haftbefehl gegen den Autor verlässt Rousseau Montmorency und flüchtet in die Schweiz. Die Genfer Ächtung seiner Werke entzweit die Bürgerschaft. Von Genf reist Rousseau weiter ins preußische Neuchâtel, wo ihm der Gouverneur Lord Keith Asyl gewährt. Er bezieht mit Thérèse, die ihm ins Exil gefolgt ist, ein Haus in Môtiers.

1763 Rousseau verfasst *La lettre à Christophe de Beaumont (Brief an Christophe de Beaumont)*, eine Polemik gegen den Erzbischof von Paris. Verzicht auf das Genfer Bürgerrecht.

1764 Disput mit dem Genfer Generalprokurator Thronchin in den *Lettres écrites à la montagne (Briefe vom Berge)*.
Voltaire macht in einem anonymen Pamphlet die Übergabe von Rousseaus Kindern an das Findelheim publik.
Beginn der Arbeit an *Les confessions (Die Bekenntnisse)*.

1765 Nach Verfolgung durch die Bevölkerung von Môtiers Flucht auf die Insel St. Peter im Bieler See. Auf Befehl der Berner Regierung muss Rousseau die Insel verlassen.
Aufenthalte in Basel, Straßburg und Paris.

1766 In Begleitung von David Hume reist Rousseau nach England. Aus London übersiedelt er in das Dorf Chiswick, später nach Wootton. Entfremdung zwischen Hume und Rousseau und Anzeichen einer geistigen Erkrankung.

1767 Rückkehr nach Frankreich. In den folgenden Jahren leben Rousseau und Thérèse heimlich in Schloss Trye des Prinzen de Conti oder abgelegenen Orten wie Bourgoin und Monquin.

1768 Eheschließung mit Thérèse.

1770 Rückkehr nach Paris. Wiederaufnahme der Arbeit als Notenkopist. Abschluss der *Bekenntnisse*.

1771 Polizei verbietet Vorlesungen aus den *Bekenntnissen*.

1772 *Betrachtungen über die Reform der Regierung von Polen*.
Beginn der Dialoge *Rousseau juge de Jean-Jacques (Rousseau richtet über Jean-Jacques)*.
Depressionen und Wahnzustände.

1776 Beginn der autobiographischen Aufzeichnungen *Rêveries du promeneur solitaire (Träumereien des einsamen Spaziergängers)*.

1778 Auf Einladung des Marquis de Girardin Übersiedlung auf dessen Landgut Ermenonville.
Am 2. Juli stirbt Rousseau. Am 4. Juli erfolgt seine Beisetzung auf einer Insel im See des Parks von Ermenonville.

Personenverzeichnis

Abälard (eig. Pierre de Palais) (1079–1142), frühscholastischer Theologe; verfasste den Briefroman *Abälard und Héloïse*, der titelgebend für Rousseaus *Julie oder die Neue Héloïse* war.

d'Alembert, Jean Le Rond (1717–1783), Mathematiker und Philosoph; gemeinsam mit Denis Diderot Herausgeber der *Enzyklopädie*.

Bacon, Sir Francis (1561–1626), englischer Philosoph, der mit seiner Schrift *Über den Fortschritt und die Beförderung der Wissenschaft* (1605) einen neuen Ansatz wissenschaftlichen Denkens und Forschens (induktive Methode, Experiment) begründete.

Bernadin de Saint-Pierre, Jacques-Henri (1737–1814), Schriftsteller und Jünger Rousseaus. Seine Erzählung *Paul et Virginie* (1788) wurde zum Klassiker der französischen Literatur.

Boswell, James (1740–1795), beschreibt in seinen Korrespondenzen, Tagebüchern und Reiseberichten Begegnungen mit namhaften Zeitgenossen (u.a. Rousseau und Voltaire). Als sein Lebenswerk betrachtet Boswell jedoch die Dokumentation von Leben und Wirken eines der berühmtesten Engländer seiner Zeit, des Lexikographen Samuel Johnson.

Buffon, Georges-Louis Leclerc, Graf von (1707–1788), Naturwissenschaftler und Begründer der Evolutionslehre.

Castell, Louis-Bertrand (1688–1757), Jesuit, Mathematiker und Erfinder.

Chambers, Ephraim (1680–1740), Verfasser des ersten englischen Wörterbuchs der Künste und Wissenschaften, das Vorbild für die französische *Enzyklopädie* war.

Condillac (eig. Etienne Bonnot de Mably) (1715–1780), Philosoph und Mitarbeiter der *Enzyklopädie*.

Conti, Louis-François de Bourbon, Prinz von (1717–1776), Bruder Ludwigs XV. und Oberbefehlshaber der französischen Truppen im Österreichischen Erbfolgekrieg. Protektor Rousseaus.

Descartes, René (1596–1650), bedeutendster Philosoph Frankreichs. Im Mittelpunkt seines Lehrsystems steht der Fortgang der Erkenntnis von prinzipiellen Einsichten zu vollständigem Wissen. Grundgewissheit ist die Existenz des denkenden Bewusstseins (Ich denke, also bin ich).

Diderot, Denis (1713–1784), neben Voltaire der bedeutendste französische Schriftsteller des 18. Jahrhunderts (*Jacques der Fatalist, Die Nonne, Rameaus Neffe* u.v.a.). Initiator und Mitherausgeber der *Enzyklopädie*, für die er hunderte von Beiträgen schrieb.

Duclos, Charles Pinot de (1704–1772), Schriftsteller und langjähriger Freund Rousseaus.

Epiktet (etwa 50–120), römischer Philosoph und Sittenlehrer.

d'Épinay, Louise-Florence Lalive (1726–1783), Freundin von Charles-Louis Francueil und Friedrich-Melchior Grimm; Gönnerin und Gastgeberin Rousseaus. Madame d'Épinay entwirft eine anspruchsvolle Pädagogik für Mädchen *(Conversations d'Émilie)* und verfasst als Replik auf Rousseaus *Bekenntnisse* ihre eigenen Memoiren, die ebenfalls großes Aufsehen erregen.

Fénelon (eig. François de Salignac de la Mothe-Fénelon) (1651–1715), Theologe und Schriftsteller. Sein Hauptwerk ist der Bildungs- und Erziehungsroman *Die Abenteuer Telemachs* von 1699.

Fontenelle, Bernard Le Bovier Sieur de (1657–1757), Schriftsteller und Philosoph.

Fragonard, Jean-Honoré (1732–1806), Rokokomaler galanter Sujets. Berühmtestes Bild: *Die Schaukel.*

Francueil, Charles-Louis Dupin de (1716–1780), Freund Rousseaus und von 1746 bis 1751 sein Arbeitgeber.

Friedrich II., genannt der Große, von 1760 bis 1785 König von Preußen; Freund und Förderer der Philosophen der Aufklärung.

Gauffecourt, Jean-Vincent (1691–1766), arrivierter Sohn eines Genfer Uhrmachers; führt Rousseau 1744 ins Haus La Pouplinière ein und verschafft ihm damit Zutritt zu den ersten Pariser Kreisen.

Gluck, Christoph Willibald (1714–1787), deutscher Komponist und Kapellmeister. Seine »Reformoper« *Orpheus und Eurydike* wurde in Wien zum Sensationserfolg; mit *Iphigénie en Aulide* eroberte er Paris.

Grimm, Friedrich-Melchior Baron von (1723–1807); der gebürtige Regensburger lebt seit 1748 in Paris und veröffentlicht zwischen 1752 und 1772 Berichte über literarische und philosophische Entwicklungen in Frankreich, die *Correspondance littéraire.*

Helvétius, Claude-Adrien (1715–1771), Finanzmann, Philosoph und Schriftsteller.

Hobbes, Thomas (1588–1679), Philosoph und Staatstheoretiker. In seinem bekanntesten Werk *Leviathan* (1651) untersucht er die logischen Voraussetzungen staatlicher Gebilde und leitet sie aus einem recht verstandenen Selbsterhaltungstrieb her, der die Unterwerfung unter einen Herrscher der grenzenlosen Unsicherheit des Naturzustandes vorzieht. Der Staatssouverän erhält per Vertrag unumschränkte Macht, um das öffentliche Beste durchzusetzen.

Holbach, Paul-Heinrich Dietrich Baron von (1723–1789), deutsch-französischer Philosoph und Schriftsteller, Mitarbeiter an der *Enzyklopädie.*

d'Houdetot, Elisabeth-Sophie-Françoise (1730–1813), Schwägerin von Madame d'Épinay, wird für Rousseau zur Inkarnation seiner »Julie«.

Hume, David (1711–1776), schottischer Philosoph und Historiker, 1763 bis 1765 Botschaftssekretär in Paris.

Josef II. Kaiser von Österreich, Regentschaft von 1765 bis 1790, versucht zahlreiche Reformideen zu realisieren, wie Abschaffung der Leibeigenschaft und der Todesstrafe; Toleranzedikte und Enteignung der Klöster zugunsten öffentlicher Schulen, Krankenhäuser und Wohlfahrtseinrichtungen. Nach seinem Tod wurden fast alle Reformen widerrufen.

Keith, George, Lord-Marschall von Schottland (1686–1778). Als Parteigänger der Stuarts aus Großbritannien vertrieben; seit 1747 enger Vertrauter Friedrichs des Großen und als sein Statthalter Gouverneur des Fürstentums Neuenburg (Neuchâtel).

La Bruyère, Jean de (1645–1696), Schriftsteller. Sein Hauptwerk *Caractères ou Portraits moraux* (1688) beschreibt die Gesellschaft zur Zeit Louis XIV.

Leibniz, Gottfried Wilhelm (1646–1718), deutscher Philosoph, gilt als »letzter Universalgelehrter«; die Auseinandersetzung zwischen Voltaire und Rousseau über Leibniz' »Optimismus« bezieht sich auf dessen »Theodizee«: Da Gott immer in der vollkommensten und wünschenswertesten Art, die nur möglich ist, handelt, hat er die vollkommenste der möglichen Welten zur Verwirklichung erwählt.

Lespinasse, Julie de (1732–1776). In ihrem Salon verkehrten die namhaftesten Vertreter des französischen Geisteslebens, allen voran d'Alembert, der sie bis zu ihrem Tod tief verehrte.

Locke, John (1632–1704) wendet sich in seiner politischen Philosophie gegen das »göttliche Recht« des Herrschers. Der Staat kann die natürlichen Rechte der Freiheit und des Eigentums nicht aufheben, sondern muss sie vielmehr sichern und schützen. John Locke ist auch einer der ersten Philosophen, die sich ausführlich mit Erziehungsfragen beschäftigten: Anschauungsunterricht statt Auswendiglernen, körperliche Übung und sittliche Bildung sollen nützliche Mitglieder der Gesellschaft heranziehen.

Luxembourg, Charles-François-Frédéric de Montmorency, Herzog von (1702-1764), Marschall von Frankreich; verheiratet in zweiter Ehe mit Madeleine-Angélique von Neufville-Villeroy, verwitwete Herzogin von Boufflers.

Malebranche, Nicola de (1638–1715), französischer Philosoph und Jansenist; Hauptwerk: *Untersuchungen über die Wahrheit*, 1675.

Malesherbes, Chrétien-Guillaume de (1721–1794), hoher Staatsbeamter und Chef der staatlichen Zensurbehörde; als solcher ermöglicht er das weitere Erscheinen der *Enzyklopädie*, deren Drucklegung wiederholt vom Staatsrat untersagt wurde. Als Verteidiger im Prozess gegen Ludwig XVI. wird er nach der Verurteilung des Königs ebenfalls aufs Schafott geschickt.

Marivaux, Pierre Carlet de (1688–1763), berühmter und bis heute in Frankreich viel gespielter Dramatiker; in den Mittelpunkt seiner Komödien stellt er die beiden wichtigsten Themen der Zeit: Liebe und Geld.

Marmontel, Jean-François (1723–1799), Dichter und Dramatiker.

Mendelssohn, Moses (1729–1786), deutscher Philosoph und Kunstkritiker. Seine Schrift *Phaidon oder über die Unsterblichkeit der Seele* ist eine der berühmtesten und meistgelesenen philosophischen Schriften der Epoche. Moses Mendelssohn setzte sich für die Gleichberechtigung jüdischer Bürger ein und gilt als Vorbild für die Gestalt *Nathans des Weisen* im gleichnamigen Schauspiel seines Freundes Gotthold Ephraim Lessing.

La Mettrie, Julien Offray de (1709–1751), leitet das Denken von der körperlichen Organisation des Menschen her. Sein berühmt-berüchtigtes Hauptwerk: *Der Maschinenmensch* (1748).

Molière (eig. Jean-Baptiste Poquelin) (1622–1673), berühmtester französischer Komödiendichter; mit *Tartuffe* und *Der Menschenfeind*, *Der Eingebildete Kranke* oder *Der Bürger als Edelmann* schuf er unsterbliche literarische Gestalten.

Montaigne, Michel Eyquem, Seigneur de (1533–1592), Philosoph und Schriftsteller; als Verfasser der *Essais* (1572–1592) Vorläufer der modernen Autobiographie und auch Rousseaus (uneingestandenes) Vorbild für die *Bekenntnisse*.

Montesquieu, Charles de Secondat, Baron de (1689–1755), französischer Philosoph und Schriftsteller. Sein Hauptwerk *Der Geist der Gesetze* (1748) beeinflusste alle Staatstheoretiker der Zeit.

Newton, Sir Isaac (1642–1727), Mathematiker, Physiker und Astronom. Seine Gravitationstheorie begründete die mechanischen Vorgänge und schuf die Grundlage moderner Naturwissenschaften.

Pascal, Blaise (1623–1662), vom Jansenismus beeinflusster Philosoph und Mathematiker. Pascals *Briefe aus der Provinz* (1656–1657) sind leidenschaftliche Angriffe gegen die jesuitische Moral; in seiner Schrift *Vom Geist der Geometrie* gibt er der Mathematik den Vorrang vor der philosophischen Logik; Pascals *Gedanken* sind Betrachtungen über das Elend des Menschen ohne die Gewissheit Gottes.

Pergolesi, Giovanni Battista (1710–1736), italienischer Opernkomponist.

Peyrot, Pierre-Alexandre Du (1729–1794), Freund und Nachlassverwalter Rousseaus.

Philidor (eig. François-André Danivan) (1726–1795), zu seiner Zeit berühmter Komponist und Schachspieler.

Plutarch (ca. 50–125), Philosoph und Historiograph der griechischen und römischen Antike.

Pompadour, Jeanne-Antoinette Poisson, Marquise de (1721–1764), politisch überaus einflussreiche Maitresse Ludwigs XV., Befürworterin der französisch-österreichischen Allianz im Siebenjährigen Krieg.

Prévost, Abbé (eig. Antoine-François Prévost d'Exiles) (1697–1763), Schriftsteller, dessen bekanntestes Werk, der Roman *Manon Lescaut*, mehrmals als Oper vertont wurde.

Pufendorf, Samuel (1632–1694), deutscher Staatstheoretiker und Verfechter des »Naturrechts«.

Rameau, Jean-Philippe (1683–1764), französischer Komponist und Musiktheoretiker.

Réaumur, René-Antoine de (1683–1757), einer der bedeutendsten französischen Naturwissenschaftler seiner Zeit; führte die nach ihm benannte Temperatur-Skala ein.

Richelieu, Louis-François-Armand du Plessis, Herzog von (1696–1788), einflussreicher Kammerherr Ludwigs XV.

Robespierre, Maximilien de (1758–1794), Führer der Jakobiner und nach dem Sturz der Girondisten 1793 bis 1794 Diktator Frankreichs. Im Namen der Tugend übte er eine Schreckensherrschaft mit Massenhinrichtungen aus, die als »La Terreur« in die Geschichte einging; an deren Ende wurde er selbst guillotiniert.

Roland, Manon (1754–1793), führende Girondistin und glühende Jüngerin von Jean-Jacques Rousseau.

Rousseau, Jean-Baptiste (1671–1741), französischer Dichter.

Saint-Lambert, Jean-François, Marquis de (1716–1803), Offizier und Literat; Liebhaber von Madame de Châtelet, der Freundin Voltaires und später von Sophie d'Houdetot, der Angebeteten von Rousseau.

Saint-Pierre, Abbé de (eig. Charles Castel de Saint-Pierre) (1658–1743), politischer Schriftsteller, der mit seiner Abhandlung *Plan eines ewigen Friedens* (1713–1717) große Aufmerksamkeit der Zeitgenossen erregte.

Silhouette, Etienne de (1709–1767); berüchtigter Finanzminister Ludwigs XV.; die damals in Mode gekommenen »Schattenrisse« wurden nach ihm benannt, weil er angeblich derart »auszehrende« Steuern auferlegte.

Smith, Adam (1723–1790), schottischer Philosoph und Nationalökonom.

Sterne, Laurence (1713–1768), schrieb mit »*Leben und Ansichten des Tristram Shandy* einen der exzentrischsten und besten Romane der englischen Literatur. Sein (durchaus ironischer) Bericht über *Eine empfindsame Reise durch Frankreich und Italien* begründete eine Mode der »Empfindsamkeit«.

Tour, Maurice Quentin de la (1704–1788), einer der berühmtesten Maler der Epoche; sein Porträt Jean-Jacques Rousseaus wurde 1753 im Pariser Salon ausgestellt und trug zu dessen rasch wachsender Popularität bei.

Tronchin, Théodore (1709–1781), Genfer Arzt, der mit den Enzyklopädisten befreundet ist. Sein Bruder, *Jean-Robert Tronchin* (1710–1793), Generalstaatsanwalt der Republik Genf und erklärter Gegner Rousseaus, ist Ankläger im Verfahren gegen Rousseaus *Émile* und *Gesellschaftsvertrag* und Verfasser der *Briefe vom Lande* (1763), in denen die Verurteilung ihres Autors gerechtfertigt wird.

Turgot, Anne-Robert-Jacques, Baron von Aulne (1727–1781), Theoretiker des Frühkapitalismus: *Reflexions sur la formation et la distribution des richesses* (1766); als Finanzminister Ludwigs XVI. setzt er sich für Steuerermäßigungen und Strukturverbesserungen für die Landbevölkerung ein.

Voltaire (eig. François-Marie Arouet) (1694–1778), Philosoph und Schriftsteller; mit seinem Epos *Henriade*, den Theaterstücken, Romanen und Erzählungen, Briefen, Dialogen und Betrachtungen brilliert er auf allen literarischen Gebieten. Als engagierter und beredter Verkünder der Prinzipien der Aufklärung bekämpft Voltaire Aberglauben und Intoleranz. Doch Freiheit und Gleichheit erwartete er (ähnlich wie Diderot und d'Alembert) nicht von einer Demokratie, sondern von einem »aufgeklärten Herrscher«.

Warens, Louise-Elénore de (1699–1762), heiratet mit 14 und verlässt ihren Mann mit 23 Jahren, sie nimmt ihren Wohnsitz in Savoyen und konvertiert zum Katholizismus. Im Auftrag des Bischofs von Annecy betreut sie andere Konvertiten. Rousseau lebt – unterbrochen von Reisen und Auslandsaufenthalten – von 1728 bis 1738 bei ihr.

Watteau, Antoine de (1684–1721), französischer Rokokomaler. In Bildern wie *Einschiffung nach Kythere* idealisiert und verherrlicht er Liebes- und Lebenslust seiner Zeit.

Quellenverzeichnis

I. Mittellos und vom Vater verlassen

1 Jean-Jacques Rousseau, *Die Bekenntnisse*, München, 1981 (im Folgenden abgekürzt *Die Bekenntnisse*), S. 35
2 ebenda, S. 38
3 ebenda, S. 39
4 ebenda, S. 43
5 ebenda, S. 45
6 ebenda, S. 46
7 ebenda, S. 48
8 ebenda, S. 46

II. Lockende Abenteuer

1 ebenda, S. 55f.
2 ebenda, S. 77
3 ebenda, S. 87
4 ebenda, S. 97
5 ebenda, S. 108f.
6 ebenda, S. 114
7 ebenda, S. 120
8 ebenda, S. 145
9 ebenda, S. 147
10 ebenda, S. 148
11 ebenda, S. 149

III. Lehrzeit des Gefühls

1 ebenda, S. 159
2 ebenda, S. 162
3 ebenda, S. 164
4 ebenda, S. 174
5 ebenda, S. 176
6 ebenda, S. 180
7 ebenda, S. 188
8 ebenda, S. 195
9 ebenda
10 ebenda, S. 196
11 ebenda, S. 198f.
12 ebenda, S. 204

13 ebenda, S. 213
14 Dieses und die folgenden Zitate aus der Ode: *Der Obstgarten der Madame de Warens* sind zitiert nach: Ludwig Harig: *Rousseau. Der Roman vom Ursprung der Natur im Gehirn*, München, 1981, S. 55ff.
15 *Die Bekenntnisse*, S. 221
16 ebenda, S. 224
17 ebenda, S. 227
18 ebenda, S. 231
19 ebenda, S. 232
20 ebenda, S. 233
21 ebenda, S. 239
22 ebenda, S. 245
23 ebenda, S. 246
24 ebenda, S. 247
25 ebenda, S. 250
26 ebenda, S. 251f.
27 ebenda, S. 257
28 ebenda, S. 261
29 ebenda, S. 264f.
30 ebenda, S. 261
31 ebenda, S. 266
32 ebenda, S. 268
33 ebenda, S. 269

IV. Der geistige Mittelpunkt der Welt

 1 ebenda, S. 278
 2 ebenda, S. 282
 3 ebenda
 4 ebenda, S. 284
 5 ebenda, S. 287
 6 *Julie oder Die Neue Héloïse. Briefe zweier Liebenden aus einer kleinen Stadt am Fuß der Alpen*. Gesammelt und herausgegeben durch Jean-Jacques Rousseau. Jean-Jacques Rousseau, *Werke in vier Bänden*, München, 1981, 1. Band (im Folgenden abgekürzt: *Neue Héloïse*), S. 275f.
 7 Bernhard Groethuysen: *Philosophie der Französischen Revolution*, Neuwied-Berlin, Luchterhand, 1971, S. 82
 8 *Neue Héloïse*, S. 262
 9 *Die Bekenntnisse*, S. 309
10 ebenda, S. 305f.

11 ebenda, S. 320

12 ebenda, S. 322

13 ebenda, S. 330f.

14 ebenda, S. 332

15 ebenda, S. 326

16 ebenda, S. 327

17 ebenda, S. 328

18 ebenda, S. 348

19 ebenda, S. 339

20 ebenda, S. 352

21 Jean-Jacques Rousseau, *Korrespondenzen*, Leipzig, Reclam, 1992 (im Folgenden abgekürzt: *Korrespondenzen*), S. 82, 83

22 zitiert nach Wido Hempel: *Zu Voltaires schriftstellerischer Strategie*, in: Jochen Schmidt (Hrsg.): *Aufklärung und Gegenaufklärung in der europäischen Literatur, Philosophie und Politik von der Antike bis zur Gegenwart*, Darmstadt, Wissenschaftliche Buchgesellschaft, 1989, S. 244

23 zitiert nach Lytton Strachey: *Französische Paradiese. Voltaire, Madame du Deffand, Mademoiselle de Lespinasse und Stendhal*, Berlin, Wagenbach-Verlag, o.J.

24 Jean-François Marmontel: *Erinnerungen an Philosophen und Aktricen*, Leipzig, o.V. (1980), S. 210f.

V. Die Erleuchtung auf dem Weg nach Vincennes

1 Jean-Jacques Rousseau: *Vier Briefe an Malesherbes*, in: Henning Ritter (Hrsg.): Jean-Jacques Rousseau, *Schriften*, Frankfurt-Berlin-Wien, Ullstein Verlag, 1981, 1. Band, S. 483

2 *Die Bekenntnisse*, S. 346

3 zitiert nach Jens-Peter Gaul: *Jean-Jacques Rousseau*, München, dtv, 2001 (im Folgenden abgekürzt »Gaul«), S. 57

4 Jean-Jacques Rousseau: *Abhandlung über die von der Akademie zu Dijon gestellte Frage, ob die Wiederherstellung der Wissenschaften und Künste zur Läuterung der Sitten beigetragen habe* (im Folgenden abgekürzt: *Abhandlung*), in: Jean-Jacques Rousseau, *Werke*, München, Winkler-Verlag, 1981, 4. Band, S. 10

5 ebenda

6 ebenda, S. 13

7 ebenda, S. 13f.

8 ebenda, S. 20

9 ebenda

10 ebenda, S. 23
11 ebenda, S. 24
12 ebenda, S. 34
13 *Die Bekenntnisse*, S. 358
14 Jean-Jacques Rousseau: *Vorrede zu »Narciss«*, in Henning Ritter (Hrsg.): Jean-Jacques Rousseau, *Schriften*, Frankfurt-Berlin-Wien, Ullstein Verlag, 1981, 1. Band, S. 158
15 ebenda, S. 163
16 *Die Bekenntnisse*, S. 41
17 ebenda, S. 356
18 ebenda, S. 411
19 ebenda, S. 363
20 ebenda, S. 326
21 ebenda, S. 363
22 ebenda, S. 373f.
23 zitiert nach Jean Starobinski: *Rousseau. Eine Welt von Widerständen*, Frankfurt/M., Fischer Verlag, 1993 (im Folgenden abgekürzt »Starobinski«), S. 559
24 zitiert nach Gaul, S. 66

VI. Über die Ursachen der Ungleichheit

1 *Die Bekenntnisse*, S. 381
2 Jean-Jacques Rousseau: *Abhandlung über den Ursprung und die Grundlagen der Ungleichheit unter den Menschen*, in: Jean-Jacques Rousseau, *Werke*, München, Winkler Verlag, 1981, 4. Band (im Folgenden abgekürzt: *Zweite Abhandlung*), S. 85
3 ebenda, S. 71
4 ebenda, S. 93
5 ebenda, S. 99
6 ebenda, S. 121
7 *Zweite Abhandlung*, S. 123
8 *Die Bekenntnisse*, S. 397
9 *Korrespondenzen*, S. 101, 103
10 zitiert nach Georg Holmsten: *Jean-Jacques Rousseau*, Reinbek bei Hamburg, Rowohlt, 1972 (im Folgenden abgekürzt »Holmsten«), S. 72
11 *Die Bekenntnisse*, S. 387
12 ebenda, S. 386
13 ebenda, S. 391
14 ebenda, S. 392

15 zitiert nach Will und Ariel Durant: *Rousseau und die Revolution*, Bern-München, Francke Verlag, 1969 (im Folgenden abgekürzt »Durant«), S. 56
16 *Die Bekenntnisse*, S. 406
17 ebenda, S. 391
18 ebenda, S. 407
19 ebenda, S. 396
20 Jean-Jacques Rousseau: *Vier Briefe an Malesherbes*, S. 487f.
21 zitiert nach Holmsten, S. 85
22 Voltaire: *Candidus*, Zürich, Manesse Verlag, 1956, S. 276

VII. Ein Einsiedler verliebt sich

 1 *Die Bekenntnisse*, S. 419
 2 ebenda, S. 420
 3 ebenda, S. 415
 4 ebenda, S. 420
 5 ebenda, S. 421
 6 ebenda, S. 422
 7 ebenda, S. 425
 8 *Neue Héloïse*, S. 64
 9 ebenda, S. 33
10 Jean-Jacques Rousseau: *Rousseau richtet über Jean-Jacques. Gespräche*, in: Henning Ritter (Hrsg.): *Jean-Jacques Rousseau, Schriften*, 2. Band (im Folgenden abgekürzt: *Gespräche*), S. 481
11 *Neue Héloïse*, S. 729
12 *Die Bekenntnisse*, S. 431
13 ebenda, S. 426
14 ebenda, S. 429
15 ebenda
16 *Neue Héloïse*, S. 33
17 ebenda, S. 116
18 ebenda, S. 149
19 ebenda, S. 197
20 ebenda, S. 222
21 ebenda, S. 229
22 ebenda, S. 309
23 ebenda, S. 234f.
24 ebenda, S. 494
25 ebenda, S. 493
26 ebenda, S. 544

27 ebenda, S. 636
28 ebenda, S. 638
29 ebenda, S. 780
30 ebenda, S. 259
31 ebenda, S. 236
32 *Die Bekenntnisse*, S. 437
33 ebenda, S. 438
34 ebenda, S. 439
35 *Neue Héloïse*, S. 329

VIII. »Émile« und »Gesellschaftsvertrag«

1 Jean-Jacques Rousseau: *Brief an d'Alembert über das Schauspiel*, in: Henning Ritter (Hrsg.): Jean-Jacques Rousseau, *Schriften*, Frankfurt-Berlin-Wien, Ullstein Verlag, 1. Band, S. 348
2 ebenda, S. 350
3 ebenda, S. 354
4 ebenda, S. 399
5 ebenda, S. 414
6 ebenda, S. 462
7 *Die Bekenntnisse*, S. 494
8 ebenda, S. 508
9 *Gespräche*, S. 486f.
10 ebenda, S. 490
11 *Die Bekenntnisse*, S. 514
12 zitiert nach Holmsten, S. 105
13 *Die Bekenntnisse*, S. 519
14 ebenda, S. 524
15 zitiert nach Durant, S. 205
16 *Die Bekenntnisse*, S. 537
17 zitiert nach Reinhold Wolff: *Rousseaus »Neue Héloïse«*, in: *Neue Héloïse*, Nachwort, S. 822
18 Vgl. Ursula Link-Heer: *Facetten des Rousseauismus*, in: Helmut Kreuzer und Ursula Link-Heer (Hrsg.): *Rousseau und Rousseauismus*, Göttingen, 1986
19 Jean-Jacques Rousseau: *Émile. Oder Über die Erziehung*, Stuttgart, Reclam, 1968 (im Folgenden abgekürzt: *Émile*), S. 107
20 ebenda, S. 198
21 ebenda, S. 116
22 ebenda, S. 409
23 ebenda, S. 213

24 ebenda, S. 214

25 ebenda, S. 185

26 ebenda, S. 603

27 ebenda, S. 635f.

28 ebenda, S. 742

29 ebenda, S. 795

30 ebenda, s. 776

31 zitiert nach Lieselotte Steinbrügge: *Die Aufteilung des Menschen. Zur anthropologischen Bestimmung der Frau in Diderots Encyclopédie,* in: Brehmer/Jacobi-Dittrich/Kleinau/Kuhn (Hrsg.): *Frauen in der Geschichte,* Düsseldorf: Schwann-Bagel, 1983, S. 62

32 *Émile,* S. 378

33 *Die Bekenntnisse,* S. 558

34 ebenda, S. 560

35 *Vier Briefe an Malesherbes,* S. 478

36 ebenda, S. 493

37 ebenda, S. 495

38 *Die Bekenntnisse,* S. 564

39 Durant, S. 226

40 *Die Bekenntnisse,* S. 575

41 Jean-Jacques Rousseau: *Vom Gesellschaftsvertrag oder Grundsätze des Staatsrechts,* in: Jean-Jacques Rousseau, *Werke,* München, Winkler Verlag, 1981, 4. Band, S. 270

42 ebenda, S. 283

43 Immanuel Kant, *Kritik der praktischen Vernunft,* Werkausgabe Band VII, Frankfurt/M., Suhrkamp, 1977, S. 51

IX. Und wieder Wanderjahre

1 *Die Bekenntnisse,* S. 578

2 ebenda, S. 579

3 zitiert nach Durant, S. 227

4 *Die Bekenntnisse,* S. 581

5 *Korrespondenzen,* S. 387f.

6 Jean-Jacques Rousseau: *Brief an Beaumont,* in: Henning Ritter (Hrsg.): Jean-Jacques Rousseau, *Schriften,* Frankfurt-Berlin-Wien, Ullstein Verlag, 1981, 1. Band, S. 588f.

7 zitiert nach Holmsten, S. 132

8 James Boswell: *Journal,* Stuttgart 1996, S. 123

9 ebenda, S. 128f.

10 ebenda, S. 145

11 *Die Bekenntnisse*, S. 601

12 ebenda, S. 595f.

13 ebenda, S. 613

14 *Korrespondenzen*, S. 415

15 *Die Bekenntnisse*, S. 628

16 zitiert nach Gaul, S. 132

17 zitiert nach Durant, S. 250

18 *Korrespondenzen,* S. 326

19 zitiert nach Hanns J. Wille: *Die Gefährtin. Das Leben der Thérèse Levasseur mit Jean-Jacques Rousseau*, Berlin: Henschelverlag, 1957 (im Folgenden abgekürzt »Wille«), S. 446

20 *Die Bekenntnisse*, S. 509

21 ebenda, S. 7

22 ebenda, S. 9

23 vgl. Maurice Blanchot: *Rousseau*, in: Maurice Blanchot: *Der Gesang der Sirenen. Essays zur modernen Literatur*, Frankfurt/M.: Fischer, 1988, S. 61–71

24 *Die Bekenntnisse*, S. 275

25 Starobinski, S. 290

26 Wille, S. 474

27 *Die Bekenntnisse*, S. 646

X. Schlimme Träume, schöne Träume

1 *Gespräche*, S. 268

2 ebenda, S. 399

3 ebenda, S. 300

4 ebenda, S. 303

5 ebenda, S. 306

6 ebenda, S. 335

7 ebenda, S. 344

8 ebenda, S. 369

9 ebenda, S. 388

10 ebenda, S. 539

11 ebenda, S. 541

12 ebenda, S. 395

13 ebenda, S. 418

14 ebenda, S. 428

15 ebenda, S. 436

16 ebenda, S. 559

17 ebenda, S. 590f.

18 ebenda, S. 582
19 ebenda, S. 621
20 Jean-Jacques Rousseau: *Die Träumereien des einsamen Spaziergängers*, in: Jean-Jacques Rousseau, *Werke in vier Bänden*, München, 1981, 3. Band (im Folgenden abgekürzt: *Träumereien*), S. 655
21 ebenda, S. 649
22 ebenda, S. 653
23 ebenda, S. 734
24 Anmerkung Rousseaus zu den *Träumereien*; siehe *Träumereien*, S. 863 (Fußnoten)
25 ebenda, S. 649f.
26 ebenda, S. 735
27 ebenda, S. 706
28 ebenda, S. 716
29 ebenda, S. 660
30 ebenda, S. 701
31 ebenda
32 *Émile*, S. 458
33 *Träumereien*, S. 653
34 ebenda, S. 754

Ausblick

1 Zitiert nach Lion Feuchtwanger: *Narrenweisheit oder Tod und Verklärung des Jean-Jacques Rousseau*, Frankfurt/M., Fischer, 1984, S. 133f.

Anmerkungen

S. 33: Der französische Reformator Jean Calvin gab Genf mit der *Ordonnance ecclésiatique* von 1541 eine Verfassung, die die kirchliche über die weltliche Macht stellt. Jeder Bürger ist zu Gottesfürchtigkeit, Zucht und Ordnung verpflichtet; Tanz, Musik und Theater sind verboten, Kirchenbesuch und der Empfang der Kommunion mindestens viermal im Jahr sind gesetzliche Pflicht. Alle politischen und wirtschaftlichen Kräfte müssen in den Dienst der heiligen Gemeinde gestellt werden. Der Stadtstaat Genf, die »kleinste Republik Europas«, von dem aus der Calvinismus sich bis nach Amerika verbreitet, gilt bald als »Rom des Protestantismus«. Im 18. Jahrhundert ist die städtische Ordnung Genfs liberaler geworden, doch immer noch ist der protestantische Glaube Voraussetzung für das Bürgerrecht, sind Theateraufführungen verboten und gelten Verstöße gegen die Kirchenordnung als strafrechtliche »Delikte«.

S. 55: Archimandrit: in der griechisch-orthodoxen Kirche der Vorsteher mehrerer Klöster.

S. 55: Lingua franca: Verkehrssprache für Handel und Seefahrt im Mittelmeerraum mit romanischem, vor allem italienischem Wortgut, das mit arabischen Bestandteilen vermischt war.

S. 69: Jansenismus: Katholische Glaubensrichtung, die im Anschluss an die Gnadenlehre des niederländischen Bischofs Cornelius Jansen die absolute Sündhaftigkeit des Menschen lehrte. Erlösung lässt sich nur durch den Tod und die unerforschliche Gnade Gottes finden. Zentrum des sich im 17. Jahrhundert ausbreitenden Jansenismus war das Kloster Port Royal bei Paris. Im 18. Jahrhundert führen Konflikte zwischen orthodoxen Katholiken und Jansenisten zu schweren politischen Unruhen (siehe Fußnote zu S. 145).

S. 78: Die Einwohnerschaft Genfs ist zur Zeit Rousseaus in Klassen zerfallen. Der republikanische Geist seiner Verfassung besteht nur noch auf dem Papier. An der Spitze der Bürgerschaft stehen die »citoyens«, eine Schicht der reichsten und am längsten ansässigen Familien; aus ihnen setzt sich der »Rat der Zweihundert« (das Stadtparlament) und der »Kleine Rat« (das höchste politische Gremium) zusammen. Durch die Zuschreibung von Steuerprivilegien und anderen Vorrechten verschärft sich die Kluft zwischen Armen und Reichen beständig. Gegen die Monopolisierung von Ämtern und Pfründen finden im 18. Jahrhundert wiederholt Aufstände statt und führen 1737 zu bürgerkriegsähnlichen Zuständen. Frankreich, Bern und Zürich greifen vermittelnd ein und können den Frieden wiederherstellen. Die Einsetzung eines »Allgemeinen Rates« soll die Demokratie wieder gewährleisten.

S. 131: Der englische Moralphilosoph und Nationalökonom Adam Smith (1723–1790) vertritt – ähnlich wie die französischen Physiokraten – die Auffassung, dass der natürliche Erwerbstrieb des Einzelnen sich frei und unbeschränkt betätigen dürfen soll. Der Staat soll die Wirtschaft nicht bevormunden; das Gesetz von Angebot und Nachfrage werde als »unsichtbare Hand« alles regeln.

S. 145: Christoph von Beaumont, Erzbischof von Paris, hatte den Klerus angewiesen, die Sakramente nur Gläubigen zu spenden, die einem nicht-jansenistischen Priester gebeichtet hatten. Das Pariser Parlament, immer auf Seiten der Jansenisten, verbot den Priestern, diesem Befehl zu gehorchen. Der königliche Staatsrat wiederum befahl dem Parlament, sich aus religiösen Auseinandersetzungen herauszuhalten. Das Parlament bekannte sich zur Loyalität gegenüber dem König, erklärte jedoch zugleich, dass dieser dem Gesetz Gehorsam schulde und dass das Parlament als oberster Gerichtshof Hüter dieses Gesetzes sei. Der Staatsrat ließ darauf die Mitglieder des Parlaments aus Paris verbannen. Auf Druck der Öffentlichkeit wurde die Verbannung wieder aufgehoben. Der Konflikt zwischen Parlament und König schwelte jedoch – bis zum offenen Ausbruch am Vorabend der Revolution – weiter.

S. 192: Der Österreichische Erbfolgekrieg 1740–1748, in dem Frankreich mit Preußen verbündet war und Österreich eine Koalition mit Savoyen, Sachsen und Großbritannien einging, endete mit der österreichischen Abtretung Schlesiens an Preußen und dem Verzicht Frankreichs auf Kolonialgebiete. Der Aufstieg Preußens zur europäischen Großmacht und Großbritanniens zur überlegenen Kolonialmacht war eingeleitet. 1756 brach erneut der Krieg aus, der bis 1763 andauerte (so genannter »Siebenjähriger Krieg«) und zugleich in Europa und in Übersee geführt würde, wo er mit englischen Siegen endet. Nordamerika wird angelsächsisch. Österreich verbündete sich mit Frankreich gegen Preußen; dem Bündnis trat Russland bei, das allerdings nach dem Tod der Zarin Elisabeth die Koalition wieder verließ, während Preußen von Großbritannien Unterstützung erhielt. Der Friedensschluss bringt in Europa keine territorialen Veränderungen. Preußen und Russland gewinnen an

Einfluss. Die enormen finanziellen Verluste Frankreichs verstärken die Kritik am »Ancien régime«.

S. 205: Generalsteuerpächter: Die immer verschuldeten Könige Louis XV. und Louis XVI. sind darauf angewiesen, dass ihnen von Privatleuten hohe Summen zur Verfügung gestellt werden. Diese erhalten dafür vom König das Privileg, Steuern einzutreiben und sich so zu bereichern.

S. 218: Der deutsche Philosoph Immanuel Kant stellt dem Naturgesetz das »Sittengesetz« als »Gesetz der Freiheit« zur Seite, das er ebenso wie Rousseau rein formal definiert als »Handlungsverpflichtung aus Achtung vor dem Gesetz«.

S. 222: Der Jesuitenorden war wegen seiner Fortschrittlichkeit und Weltoffenheit und seiner »Aufgeschlossenheit« gegenüber dem libertinen Lebenswandel seiner adeligen Klientel beim französischen Klerus verhasst. Anstoß erregten insbesondere die jesuitische »Kasuistik« – eine Praxis, durch die die sündhafte Handlung relativiert und zum Interpretationsobjekt des Beichtvaters gemacht wird – und die Auffassung, dass zur Vergebung und Heilserlangung die Reue (selbst wenn es nur Reue aus Angst vor der Höllenstrafe ist) und der Empfang der Sakramente genügte. 1764 verurteilte das Parlament von Paris die Lehre der Jesuiten als »verheerend und abscheulich« und ordnete die Schließung ihrer Schulen an. Noch im gleichen Jahr wurde der Orden aus Frankreich vertrieben.

Gemutmaßt wurde, dass das harte Vorgehen des Parlaments gegen die Jesuiten mit ein Grund für das Verbrennen des *Émile* und den Haftbefehl gegen Rousseau war, da man sich nicht dem Vorwurf aussetzen wollte, einen Orden zu verbieten und auf der anderen Seite eine »atheistische« Schrift zu dulden. Doch waren die Parlamente mit gleicher Schärfe gegen die *Enzyklopädie* und die Schriften Voltaires vorgegangen. Provinzparlamente ließen Calvinisten foltern und hinrichten. Und Claude-Adrien Helvétius konnte nur durch den Widerruf seiner materialistischen Lehre der Folter entgehen.

Bibliographie

Werkausgaben

Die Bekenntnisse, München: dtv, 1981
Émile oder Über die Erziehung, Stuttgart: Philipp Reclam jun., 1968
Schriften. (2 Bände) Herausgegeben von Henning Ritter, Frankfurt/M.-Berlin-Wien: Ullstein, 1981
Werke in 3 Bänden. München: Winkler Verlag, 1981
Korrespondenzen. Eine Auswahl. Leipzig: Reclam Verlag, 1992

Literatur über Rousseau, sowie von und über Zeitgenossen

Badinter, Elisabeth: *Emilie Emilie. Weiblicher Lebensentwurf im 18. Jahrhundert,* München-Zürich: Piper, 1984
Blanchot, Maurice: *Rousseau:* in: Derselbe: *Der Gesang der Sirenen. Essays zur modernen Literatur,* Frankfurt/M.: Fischer, 1988
Borek, Johanna: *Denis Diderot,* Reinbek: Rowohlt, 2000
Borkenau, Franz: *Der Übergang vom feudalen zum bürgerlichen Weltbild,* Darmstadt: Wissenschaftliche Buchgesellschaft, 1971
Boswell, James: *Journal,* Stuttgart: Philipp Reclam jun., 1966
Brandt, Reinhard: *Rousseaus Philosophie der Gesellschaft,* Stuttgart-Bad Cannstatt: frommann-holzboog, 1971
Bubner, Rüdiger: *Rousseau, Hegel und die Dialektik der Aufklärung,* in: Jochen Schmidt (Hrsg.): *Aufklärung und Gegenaufklärung in der europäischen Literatur, Philosophie und Politik, a.a.O.*
Dahmer, Ilse: *Das Phänomen Rousseau,* Weinheim: Julius Beltz, 1962
Durant, Will und Ariel: *Rousseau und die Revolution,* Bern-München: Francke Verlag, 1969
Fetscher, Iring: *Rousseaus politische Philosophie,* Neuwied: Luchterhand, 1960
Feuchtwanger, Lion: *Narrenweisheit oder Tod und Verklärung des Jean-Jacques Rousseau.* Roman, Frankfurt/M.: Fischer, 1984
Franklin, Benjamin: *Autobiographie,* München: C.H. Beck, 2003
Furet, François: *Jean-Jacques Rousseau und die Französische Revolution,* Wien: Passagen Verlag, 1994
Friedrich, Hugo: *Rousseau,* in: Derselbe: *Die Struktur der modernen Lyrik,* Hamburg: rowohlts deutsche enzyklopädie, 1967

Garbe, Christine: *Sophie oder die heimliche Macht der Frauen. Zur Konzeption des Weiblichen bei Jean-Jacques Rousseau*, in: Brehmer/Jacobi-Dittrich/Kleinau/Kuhn (Hrsg.): *Frauen in der Geschichte* IV, Düsseldorf: Schwann-Bagel, 1983

Gaul, Jens-Peter: *Jean-Jacques Rousseau*, München: dtv, 2001

Groethuysen, Bernhard: *Die Entstehung der bürgerlichen Welt- und Lebensanschauung in Frankreich*, Frankfurt/M.: Suhrkamp, 1978

Derselbe: *Philosophie der Französischen Revolution*, Neuwied-Berlin: Luchterhand, 1971

Harig, Ludwig: *Rousseau. Der Roman vom Ursprung der Natur im Gehirn*, München: dtv, 1981

Hempel, Wido: *Zu Voltaires schriftstellerischer Strategie,* in: Jochen Schmidt (Hrsg.): *Aufklärung und Gegenaufklärung in der europäischen Literatur, Philosophie und Politik,* a.a.O.

Hentig, Harmut von: *Rousseau oder die wohlgeordnete Freiheit*, München: C.H.Beck, 2003

Holmsten, Georg: *Jean-Jacques Rousseau*, Reinbek bei Hamburg: Rowohlt, 1972

Jauch, Ursula Pia: *Damenmoral & Männermoral. Von Abbé de Gérard bis Marquis de Sade. Ein Versuch über die lächelnde Vernunft,* Wien: Passagen Verlag, 1991

Kofler, Leo: *Zur Geschichte der bürgerlichen Gesellschaft*, Darmstadt, Neuwied: Luchterhand, 1979

Kofman, Sarah: *Rousseau und die Frauen,* Tübingen: Konkursbuchverlag Claudia Gehrke, 1986

Kosselek, Reinhard: *Kritik und Krise. Eine Studie zur Pathogenese der bürgerlichen Welt*, Frankfurt/M.: Suhrkamp, 1976

Kreuzer, Helmut, Ursula Link-Heer (Hrsg.): *Rousseau und Rousseauismus*, Zeitschrift für Literaturwissenschaft und Linguistik, Jahrgang 16/1986, Heft 63

Manuel, Frank E. und Manuel Fritzie P.: *The Monde Ideal of Jean-Jacques,* in: Dieselben: *Utopian Thought in the Western World*, Oxford: Basil Blackwell, 1979

Marmontel, Jean-François: *Erinnerungen an Philosophen und Aktricen*, Leipzig, 1980

Michelet, Jules: *Die Frauen der Revolution*, Frankfurt/M.: Suhrkamp, 1984

Rang, Martin: *Rousseaus Lehre vom Menschen*, Göttingen: Vandenhoeck & Ruprecht, 1959

Röhrs, Hermann: *J.-J. Rousseau. Vision und Wirklichkeit*, Heidelberg: Quelle & Meyer, 1957

Schäfer, Alfred: *Jean-Jacques Rousseau. Ein pädagogisches Porträt*, Weinheim-Basel: Beltz UTB, 2002

Schmidt, Jochen (Hrsg.): *Aufklärung und Gegenaufklärung in der europäischen Literatur, Philosophie und Politik von der Antike bis zur Gegenwart*, Darmstadt: Wissenschaftliche Buchgesellschaft, 1989

Starobinski, Jean: *Rousseau. Eine Welt von Widerständen*, Frankfurt/M.: Fischer, 1993

Steinbrügge, Lieselotte: *Die Aufteilung des Menschen. Zur anthropologischen Bestimmung der Frau in Diderots Encyclopédie,* in: Brehmer/Jacobi-Dittrich/Kleinau/Kuhn (Hrsg.): *Frauen in der Geschichte* IV, a.a.O.

Steinvorth, Ulrich: *Freiheitstheorien in der Philosophie der Neuzeit*, Darmstadt: Wissenschaftliche Buchgesellschaft, 1987

Strachey, Lytton: *Französische Paradiese*, Berlin: Klaus Wagenbach, o.J.

Sturma, Dieter: *Jean-Jacques Rousseau*, München: C.H. Beck, 2001

Vorländer, Karl: *Philosophie der Neuzeit,* Bde. IV, V, Reinbek bei Hamburg: rowohlts deutsche enzyklopädie, 1968 und 1969

Wille, Hans Julius: *Die Gefährtin. Das Leben der Thérèse Levasseur mit Rousseau*, Berlin: Henschelverlag, 1955

Wimmer, Clemens Alexander: *Rousseau,* in: Derselbe: *Geschichte der Gartentheorie*, Darmstadt: Wissenschaftliche Buchgesellschaft, 1989

Wokler, Robert: *Rousseau*, Freiburg-Basel-Wien: Herder, 1999

Bildnachweis

(1, 2, 3, 5, 6, 7) Jean-Jacques Monney: *Jean-Jacques Rousseau. Sa vie, son œvre. Racontées en un siècle de cartes postales.* Editions Slatkine. Genève 1994. (4) André Maurois: *Histoire de la France.* Hachette, Paris 1957. (8) Georges May: Rousseau. Editions du Seuil 1961 und 1994.

Harald Gerlach
»Man liebt nur, was einen in Freyheit setzt«
Die Lebensgeschichte des Friedrich Schiller
Mit Abbildungen
Gebunden mit Schutzumschlag, 192 Seiten (80877)

Harald Gerlach hat Schiller neu gelesen und beschreibt sein
Leben voller Verehrung für die literarischen und philosophischen
Meisterwerke, jedoch wohltuend frei von Klassiker-Verehrung.
Er bringt uns das rebellische und zugleich melancholische
Lebensgefühl des Menschen Friedrich Schiller nahe, der durch
»Überwindung des Schicksals« – man könnte auch sagen »einer
ziemlich miesen Wirklichkeit« – zu der ersehnten inneren
Freiheit gelangen wollte.

»Harald Gerlachs Darstellung ist eine literarische Biographie in
Einzelessays, kompakt in den Informationen, einfühlsam
nachempfunden, schlüssig und überzeugend.« *Neues Deutschland*

»Gerlach zeigt voller Respekt einen Dichter, der unter
beträchtlichen Widrigkeiten ein gewaltiges Werk schuf. Das liest
sich frisch, da sich Gerlach nicht durch Klassizität einschüchtern
lässt.« *Ostthüringer Zeitung*

»Gerlach folgt Schillers Lebensweg anhand der Probleme, die sein
Dasein bestimmten – unsentimental, genau, fragend.« *Literaturen*
»Von der ersten bis zur letzten Seite nicht bloß informativ
und unterhaltsam, sondern auch höchst spannend.«
Campus Magazin, BR

www.beltz.de
Beltz & Gelberg, Postfach 10 01 54, 69441 Weinheim

Arnulf Zitelmann
Nur daß ich ein Mensch sei
Die Lebensgeschichte des Immanuel Kant
Mit Abbildungen
Broschur, 296 Seiten (80744)

Prediger hätte er werden sollen. Aber Immanuel Kant, der 1724 als
eines von neun Kindern in Königsberg geboren wird, liebäugelte
mit der Medizin. Ein Komet änderte jedoch alles. Kant warf sich
auf die Astronomie, Mathematik, studierte Physik und
Philosophie. Großes wurde von ihm erwartet. Der Magister aber
flanierte mit schönen Damen durch Königsbergs Gärten, spielte
Karten und Billard, trank gern guten Wein. Zur Philosophie fielen
ihm nur kritische Randbemerkungen ein. Jemand schlug dem
Gourmet vor, eine »Kritik der Kochkunst« zu verfassen, statt
dessen brachte Kant die »Kritik der reinen Vernunft« zur Welt.
Mit siebenundfünfzig entpuppte sich der Dilettant als
philosophisches Genie. »Habe Mut, dich deines eigenen
Verstandes zu bedienen«, wie es in einem Essay von ihm heißt,
und »Was kann ich wissen? Was soll ich tun? Was darf ich
hoffen?«, das waren Fragen, die Kant zeitlebens beschäftigten.

»... ein Porträt Kants von erstaunlicher Lebendigkeit, vielleicht
gerade deshalb, weil das Buch auch kritische Passagen hat.«
Geschichte Lernen, 11/02

www.beltz.de
Beltz & Gelberg, Postfach 10 01 54, 69441 Weinheim